D1927254

Heiteres Darüberstehen

Jubiläums-Edition

Heiteres Darüberstehen

Geschichten und Gedichte
zum Vergnügen

Zusammengestellt von
Stephan Koranyi
Mit Vignetten von Gustav Klimt

Philipp Reclam jun. Stuttgart

Alle Rechte vorbehalten
© 1990, 2003 Philipp Reclam jun. GmbH & Co., Stuttgart
Satz und Druck: Reclam, Ditzingen
Buchbinderische Verarbeitung: Kösel, Kempten
Printed in Germany 2003
RECLAM ist eine eingetragene Marke
der Philipp Reclam jun. GmbH & Co., Stuttgart
ISBN 3-15-010529-3

www.reclam.de

Zu diesem Buch

für Dr. Albert Haueis

Humor hat man (oder hat ihn nicht), heiter aber kann man werden. Niemand wußte dies besser als Goethe, der die innere Heiterkeit zum Wesen aller wahren Poesie bestimmte: »Wie ein Luftballon hebt sie uns mit dem Ballast, der uns anhängt, in höhere Regionen, und läßt die verwirrten Irrgänge der Erde in Vogelperspektive vor uns entwickelt daliegen.«

›Heiteres Darüberstehen‹ – eine glückliche Formulierung Theodor Fontanes – meint eben dies: Einsicht in das Getriebe der Welt, mit Gelassenheit, Güte und einem toleranten Blick für die menschlichen Dinge, die, recht wohl betrachtet und mit etwas wissender Distanz, doch ein Lächeln erlauben; dabei sind die düsteren Seiten des Lebens dem Heiteren keineswegs unbekannt. Denn, wie Goethe auch wußte, »auf ernstem Lebensgrunde zeigt sich das Heitere so schön«.

Dieses vergnügliche Buch bietet mit zahlreichen Geschichten und Gedichten aus vielen Epochen und Ländern heitere Anregung. Man führe dies handliche Vademecum allzeit mit sich, damit man werde, was man nicht immer sein kann. »Also sollen wir der Heiterkeit, wann immer sie sich einstellt, Tür und Tor öffnen: denn« – so meinte Schopenhauer zu Recht – »sie kommt nie zur unrechten Zeit.«

Inhalt

Gartenlust und Jahreszeit

Bertolt Brecht: Der Blumengarten *15*
Robert Walser: Der Blumenstrauß *15*
Johann Wolfgang Goethe: Im Frühling *19*
Hugo von Hofmannsthal: Mein Garten *20*
Theodor Storm: Sommermittag *21*
Hans Carossa: Der Garten *22*
Johann Wolfgang Goethe: Blumengruß *27*
Theodor Storm: August *28*
Johann Wolfgang Goethe: Weinlese *28*
Theodor Fontane: O trübe diese Tage nicht *29*
Friedrich von Logau: Die Welt / ein Garten *30*
Detlev von Liliencron: Blümekens *31*

Groß und Klein

Theodor Fontane: Herr von Ribbeck auf Ribbeck im Havelland *35*
Georg Hermann: Der Guckkasten *37*
Peter Altenberg: Die Kinderzeit *41*
Theodor Fontane: Seifenblasen *46*
Ludwig Thoma: Der vornehme Knabe *46*
Günter Bruno Fuchs: Kinderbuch, reich illustriert *57*
Joachim Ringelnatz: Kindergebetchen *57*

Von guten Weibern und bösen Buben

Gottfried August Bürger: Die Weiber von Weinsberg *61*
Ludwig Börne: Über das Schmollen der Weiber *64*

Heinrich von Meißen: Wie tötet man die Sorgen? *68*
Johann Wolfgang Goethe: Wirkung in die Ferne *69*
Marie von Ebner-Eschenbach: Aphorismen *71*
Kurt Tucholsky: Ein Ehepaar erzählt einen Witz *72*
Theodor Fontane: Trost *77*

Von, vor und nach der Reise

Matthias Claudius: Urians Reise um die Welt *81*
Mark Twain: Eine Rigibesteigung *85*
Joseph Roth: Eine Laune der Natur *98*
Alexander Lernet-Holenia: Koffertragödie *102*
Johann Wolfgang Goethe: Weite Welt und breites Leben *105*
Theodor Fontane: Nach der Sommerfrische *106*
Eugen Roth: Der Urlaub *118*
Joachim Ringelnatz: Überall *119*

Jahrmarkt der Eitelkeit

Johann Wolfgang Goethe: Der Narr epilogiert *123*
Martin Luther: Unterschied der Gaben / Niemand ist mit seinem Los zufrieden *124*
Wilhelm Busch: Früher, da ich unerfahren *126*
Erasmus von Rotterdam: Vom Glück der Toren *126*
Anton Tschechow: Der Orden *129*
Georg Christoph Lichtenberg: Aphorismen *134*
Aus dem Novellino: Von zwei Edelleuten, die sich in herzlicher Freundschaft zugetan waren *135*
Robert Musil: Der Mensch ohne Charakter *136*
Adelbert von Chamisso: Tragische Geschichte *145*
Gotthold Ephraim Lessing: Der Geizige *146*

Ludwig Thoma: Auf der Elektrischen *146*
La Rochefoucauld: Maximen und Reflexionen *150*
Guy de Maupassant: Der Schmuck *152*
Wilhelm Busch: Der Einsame *164*
Johann Wolfgang Goethe: Willst du dir ein hübsch Leben zimmern *165*

Essen und Trinken

Martin Montanus: Ein köchin versaltzet alle suppen *169*
Wilhelm Busch: Pfannekuchen und Salat *170*
O. Henry: Frühling à la carte *172*
Heinrich Heine: Sie saßen und tranken am Teetisch *182*
Johann Peter Hebel: Das Mittagessen im Hof *183*
Christian Morgenstern: Der Aromat *184*
Karl Valentin: Semmelknödel *185*
Friedrich Schiller: Punschlied *188*
Georg Britting: Der Sekt der Geizigen *189*
Cicero: Lob der Mäßigkeit *193*
Eugen Roth: Diät *194*
Bertolt Brecht: Fröhlich vom Fleisch zu essen *195*
Matthias Claudius: Erzählung vom Wirt zum Grünen Roß *196*
Annette von Droste-Hülshoff: Trinklied *199*
Eduard Mörike: Restauration *200*

Arbeit macht das Leben süß

Erich Kästner: Bürger, schont eure Anlagen! *203*
Heinrich Spoerl: Freischaffend *204*
Eugen Roth: Ordnung *206*
Georg Christoph Lichtenberg: Aphorismen *207*

Heinrich Böll: Anekdote zur Senkung der Arbeitsmoral *208*
Theodor Fontane: Aber wir lassen es andere machen *211*
Seneca: Vom Übel rastloser Untätigkeit *212*
Georg Weerth: Der Korrespondent *214*
Johann Wolfgang Goethe: Maximen und Reflexionen *222*

Von Menschen und Mäusen

Friedrich Rückert: Parabel *225*
Georg Hermann: Die Pfirsiche *228*
Gottfried Keller: Fabel *230*
Bertolt Brecht: Herrn K.s Lieblingstier *231*
Oskar Maria Graf: Der ungewöhnliche Zeuge *232*
Christian Morgenstern: Die drei Spatzen *237*
Berthold Auerbach: Hausruhm *238*
Theodor Storm: Von Katzen *239*
Kurt Tucholsky: Der Floh *240*
Alphonse Daudet: Die Mauleselin des Papstes *241*
Hans Jacob Christoffel von Grimmelshausen: KOmm Trost der Nacht *255*

Kleine Aufmerksamkeiten

Edward Everett Hale: Tante Karolinens Geschenk *259*
Wolfgang Hildesheimer: Eine größere Anschaffung *270*
Peter Altenberg: Das Hauskonzert *273*
Hermann Burger: Ferrari humanum est *274*
Alfred Polgar: Später Geburtstag *277*
Frank Wedekind: Bajazzo *281*

Lob der Vergänglichkeit

Johann Wolfgang Goethe: Die Jahre *285*
Arthur Schopenhauer: Heiterkeit und Lebensmut *285*
Theodor Fontane: Überlaß es der Zeit *287*
Georg Britting: Der Geheimrat Zet *287*
Ferdinand Raimund: Das Hobellied *290*
Jakob Wassermann: Die Kaunzin *291*
Friedrich Hölderlin: Ehmals und jetzt *297*
Ovid: Philemon und Baucis *298*
Theodor Fontane: Ja, das möcht ich noch erleben *304*
Johann Wolfgang Goethe: Die Jahre nahmen dir *305*

*

Verzeichnis der Autoren, Texte und Quellen *307*

Gartenlust und Jahreszeit

BERTOLT BRECHT

Der Blumengarten

Am See, tief zwischen Tann und Silberpappel
Beschirmt von Mauer und Gesträuch ein Garten
So weise angelegt mit monatlichen Blumen
Daß er vom März bis zum Oktober blüht.

Hier, in der Früh, nicht allzu häufig, sitz ich
Und wünsche mir, auch ich mög allezeit
In den verschiedenen Wettern, guten, schlechten
Dies oder jenes Angenehme zeigen.

ROBERT WALSER

Der Blumenstrauß

Oben auf der Bergweide, wo Hölderlinsche Freiheit herrscht, habe ich einen Strauß von Blumen gesammelt, den ich in die Tasche gesteckt mit nach Hause trug. Das Gewicht war nicht groß. An Baumstämmen hätte ich mehr zu tragen und schleppen gehabt; und es ist mir nicht von fern eingefallen, die

Blumen zu zählen. Kommt es doch bei Blumen nicht so sehr auf pünktliches Zählen an wie z. B. bei Geld, das harter Notwendigkeit zufolge unentbehrlich ist, was vielen von uns leid genug sein muß. Blumen sind weder unentbehrlich noch wichtig und schwerwiegend. Sie spielen keine große Rolle; man vermag sehr gut ohne sie im Leben auszukommen. So schön sie sind, so ungestraft kann man sie vergessen oder mindestens hintanstellen. Viertel- oder halbjahrelang denkt man überhaupt nicht an die Guten und Lieben. Wenn man das oder ähnliches doch auch von Essen und Trinken und lästigem Geschäftemachen sagen könnte. Statt dessen sollen wohl die Rücken ewig gepeitscht und die furchtsamen Gemüter ohne Aufhören gejagt und gequält sein?

Ich habe dann die Blumen, die wunderbar zusammenpassen, in eine Chamermilchbüchse voll Wasser und auf den Tisch gestellt, und sitze nun wieder im Karzer oder Verlies, in der Zelle oder engen Einsiedelei, d. h. in der Stube oder in der Kiste und werfe hin und wieder liebende Blicke auf den Götterstrauß, der mich aufs lebhafteste an Wald und steile Wege, an den Ton von Ziegenglöckchen, an kühle Höhenlüfte, grüne Lustplätze und an alle mögliche Fröhlichkeit erinnert.

An Größe und Ausdehnung nimmt es mein Strauß mit einem Kohlenbergwerk sicher nicht auf, und mit einer Massendemonstration verglichen, muß er sich in seiner Lieblichkeit geradezu verschwindend klein ausnehmen. Flugmaschinen mögen wesentlich stattlicher, mithin imponierender sein wie diese Handvoll anmutiger Löckchen und Flöckchen, und neben Riesenkanonen gestellt, lacht man über die schüchternen Köpfchen einfach hell auf, die am dünnen Hälslein oder Stengel schwankend baumeln, derart, daß man sie mit größter Leichtigkeit beim Schopf oder Kragen nehmen und ihnen den Garaus machen könnte, falls man Lust dazu hätte, was aber gegenüber so zierlichen Geschöpfchen doch wohl hoffentlich allzu barsch und grob wäre.

Was für hübsche, zarte, vielerlei friedliche Farben, und doch sind es kaum mehr wie fünf oder sechserlei Verschiedenheiten, die nur aber eben rund herumlaufen und ungezwungen wiederkehren und auf solche Art eine wimmelnde Buntheit vorstellen. Ausgiebig sind vertreten Rotes, Weißes, Blaues, zweierlei Sorten Violett, ein seidenfeines blasses und ein dunkles ernsthaftes; ein abgesondertes wunderliches schelmisches Fleckchen Grün und überall hübsch dazwischengespielt und -gespickt: helles, frohes, appetitliches Gelb.

Gegensätze herrschen keine; alles hängt schön warm in- und aneinander. Was schreien und keifen möchte, ist ausgeschlossen. Unzufriedenes gibt es nicht; vielmehr ist jedes einzelne Wesen, indem es sich dicht ans andere lehnt, vollauf gesättigt und still vergnügt. Aus reizender Unordnung ergibt sich eine Ordnung, die weder steif, noch hart, noch allzu elegant und glatt ist. Glätte und Fläche sind zur Rundlichkeit gebogen, daß es etwas Erdhaftes hat, und nicht flach scheint. Mannigfaltige kleine Figuren leben in heiterer Angehörigkeit und bilden ein reiches, freies, gesundes Ganzes. Sie vertragen sich gut, da sie einander beleben und ergänzen. Unterordnung aus freien Stücken ist gut und natürlich. Keins ist dem andern im Weg, denn jedes hat seine artige Bestimmung, sein bescheidenes Plätzchen, wo es still ein- und ausatmet. Vernünftigerweise halten sie sich alle für keine Herrschaften, die große breite langfädige Ansprüche machen, sondern für Diener, die sich fürs allgemeine Beste untertänig fühlen; und so sieht denn das Ganze wie ein freundlicher Gedanke aus. Ein guter Gedanke ist immer groß, wie ein großer nie anders als gut sein kann, und im Grunde gibt es weder einen bösen noch kleinen Gedanken, weil alles Böse, zankend Kleine, hadernd Nörglerische auf Gedankenabwesenheit beruht.

Um auf das Blumenbukett zurückzukommen: wie sieht es in seiner Gesamtheit und in all seinen Einzelheiten erquicklich aus. Hier hängt etwas herab, dort will etwas keck hervorragen; bald tritt dieses, bald jenes in Erscheinung, doch keines allzustark. Bald ist's ein Neues, bald ein Voriges und Altes. Jugendlich und gutwillig ist aber eigentlich jedes. Bald will es einem Tellerchen, bald einer Mütze, bald einem Stern ähneln. Bald ist es etwas Glöckchen-, bald etwas Struwelpeterhaftes. Nie ist's ein und dasselbe, doch auch nie ganz und gar ungleich. Alles hat von allem irgend ein gewisses seltsames Gemeinsames, und gerade dies scheint uns ja das Richtige bei der Sache zu sein.

Daß doch auch Menschen sich zu so friedfertiger wohlwollender Gesellschaft und zu so klugem, liebevollem Vertrag verbunden wissen möchten.

JOHANN WOLFGANG GOETHE

Im Frühling

Am 10. Mai

Eine wunderbare Heiterkeit hat meine ganze Seele eingenommen, gleich den süßen Frühlingsmorgen, die ich mit ganzem Herzen genieße. Ich bin allein und freue mich meines Lebens in dieser Gegend, die für solche Seelen geschaffen ist wie die meine. Ich bin so glücklich, mein Bester, so ganz in dem Gefühle von ruhigem Dasein versunken, daß meine Kunst darunter leidet. Ich könnte jetzt nicht zeichnen, nicht einen Strich, und bin nie ein größerer Maler gewesen als in diesen Augenblicken. Wenn das liebe Tal um mich dampft, und die hohe Sonne an der Oberfläche der undurchdringlichen Finsternis meines Waldes ruht, und nur einzelne Strahlen sich in das innere Heiligtum stehlen, ich dann im hohen Grase am fallenden Bache liege, und näher an der Erde tausend mannigfaltige Gräschen mir merkwürdig werden; wenn ich das Wimmeln der kleinen Welt zwischen Halmen, die unzähligen, unergründlichen Gestalten der Würmchen, der Mückchen näher an meinem Herzen fühle, und fühle die Gegenwart des Allmächtigen, der uns nach seinem Bilde schuf, das Wehen des Alliebenden, der uns in ewiger Wonne schwebend trägt und erhält; mein Freund! wenn's dann um meine Augen dämmert, und die Welt um mich her und der Himmel ganz in meiner Seele ruhn wie die Gestalt einer Geliebten – dann sehne ich mich oft und denke: Ach könntest du das wieder ausdrücken, könntest du dem Papiere das einhauchen, was so voll, so warm in dir lebt, daß es würde der Spiegel deiner Seele, wie deine Seele ist der Spiegel des unendlichen Gottes! – Mein Freund – Aber ich gehe darüber zugrunde, ich erliege unter der Gewalt der Herrlichkeit dieser Erscheinungen.

HUGO VON HOFMANNSTHAL

Mein Garten

Schön ist mein Garten mit den goldnen Bäumen,
Den Blättern, die mit Silbersäuseln zittern,
Dem Diamantentau, den Wappengittern,
Dem Klang des Gong, bei dem die Löwen träumen,
Die ehernen, und den Topasmäandern
Und der Volière, wo die Reiher blinken,
Die niemals aus dem Silberbrunnen trinken ...
So schön, ich sehn mich kaum nach jenem andern,
Dem andern Garten, wo ich früher war.
Ich weiß nicht wo ... Ich rieche nur den Tau,
Den Tau, der früh an meinen Haaren hing,
Den Duft der Erde weiß ich, feucht und lau,
Wenn ich die weichen Beeren suchen ging ...
In jenem Garten, wo ich früher war ...

THEODOR STORM

Sommermittag

Nun ist es still um Hof und Scheuer,
Und in der Mühle ruht der Stein;
Der Birnenbaum mit blanken Blättern
Steht regungslos im Sonnenschein.

Die Bienen summen so verschlafen;
Und in der offnen Bodenluk,
Benebelt von dem Duft des Heues,
Im grauen Röcklein nickt der Puk.

Der Müller schnarcht und das Gesinde,
Und nur die Tochter wacht im Haus;
Die lachet still und zieht sich heimlich
Fürsichtig die Pantoffeln aus.

Sie geht und weckt den Müllerburschen,
Der kaum den schweren Augen traut:
»Nun küsse mich, verliebter Junge;
Doch sauber, sauber! nicht zu laut.«

HANS CAROSSA

Der Garten

Von den ersten hellen Märztagen an verbrachten wir alle halbwegs heiteren freien Stunden im Garten. Er lag nicht neben dem Haus; man mußte durch den Hof und einen großen, mit Kastanienbäumen bestandenen Bierkeller gehen, um in dieses Reich der Mutter zu gelangen. Obstgärten der Nachbarn und eine schmale Dorfgasse begrenzten ihn von der andern Seite. In der Mitte stand eine hellgraue quer zersprungene Steinurne, worauf die halbzerfallenen Leiber nackter Kinder gerade noch erkennbar waren. Hier verweilten wir oft am Abend, ehe wir in die Wohnung zurückkehrten, und besprachen die Arbeiten und Aussichten des nächsten Tages.

Unter dem Gartenhimmel war die Mutter ein anderes Wesen als oben in der drogendurchdufteten Wohnung; sie fand sich leichter mit allem ab, scheute die Menschen weniger und ging auch mit mir minder streng um als sonst. Nur duldete sie keineswegs, daß ich mich als müßiger Gast um sie herumtrieb. Sowie das Erdreich umgegraben und in Beete geteilt war, zog sie mich in ihren Dienst.

»Wir müssen uns regen«, sagte sie, »wenn wir schöne Blumen und gutes Gemüse bekommen wollen! Ich zeige dir heute die Blumensamen, merke dir, wie sie aussehen! Im Herbst wirst du sie selber sammeln und unterscheiden!«

Neugierig betrachtete ich die papiernen, in sich geschlossenen Hülsen, deren jede in starken Farben das Bild einer Blütenkrone über einem Namen trug. Eine nach der andern ward eröffnet und der Inhalt in besondere kleine Schalen entleert. Es gab graubraune Kügelchen, Blättchen und winzige vertrocknete Stäbchen; ja manche glichen schmutzigem Häcksel oder Schnupftabak, und mit entzücktem Staunen vernahm ich, daß aus dem krausen mißfarbenen Zeug die nämlichen herrlichen Blumen hervorgehen sollten, die man auf den papiernen Briefchen abgebildet sah. Das Wort der Mutter war untrüglich, und ich gelobte meinen besten Fleiß, damit solche Wunder entstünden. Bald, bedächtig wie die Meisterin selbst, strich ich mit dem Finger gerade Rillen durch die schmalen Rabatten, streute Samen hinein, schrieb Namen auf Stäbe und steckte mit diesen die Gebiete der Arten ab.

Später lehrte sie mich die Pflänzchen auseinanderkennen, die noch so zart waren, daß die künftige Form sich eben erst andeutete. Auch gewöhnte sie mich, den Blick auf jene grünen Räupchen einzustellen, welche, die Farbe der Blätter nachahmend, sie bewohnen und zerfressen; und wenn mir sonst Insekten in die Hand fielen, zeigte sie, wen ich als Pflanzenfeind zu vernichten und wen ich als gleichgültig oder nützlich zu schonen hatte. Der strikte Befehl, alle Schädlinge zu töten, brachte manche Verlegenheit. Nicht immer war die Mutter gerade zugegen, wenn ein verdächtiges Wesen in meine Haft geriet; oft blieb ich beim Urteil auf mich selber angewiesen. War das Schädlingstum nicht unbezweifelbar, sondern bloß wahrscheinlich, so half ich mir, indem ich den Gefangenen mit strengem Wort verwarnte und hierauf, alle Verantwortung abwälzend, in den Garten des Nachbars hinüberwarf. Später verließ ich mich immer mehr auf meine Sinne und glaubte dabei höchsten Eingebungen zu folgen. Alle Tierchen, deren Erscheinung mich erfreute, besonders die zierlichen rot und grün schimmernden Käfer, ließ ich als Gott gewißlich wohlgefällige Wesen unter freundlichen Zurufen ihre Wege ziehen, verhärtete dagegen mein Herz gegen häßliche dunkle Geburten, wie Maulwurfsgrillen, Ohrenschlüpfer, Tausendfüßler, vor allem auch gegen die übermäßig rasch Laufenden, deren Eile ich als ein böses Gewissen ansprach. Stark wirkte schon die Lehre von Himmel und Hölle; die frühe Unbefangenheit gegenüber den Geschöpfen war getrübt, bereits begann ich in den kleinen Ungetümen Abkömmlinge des Teufels zu verfolgen. Manches Jahr mußte vergehen, bis ich wieder begreifen lernte, daß uns vor absonderlichen kleinen Tieren nur darum graut, weil wir den Sinn ihrer Gestalt nicht erkennen und unsere eigene Unruhe in sie hineindichten. Bisweilen tauchten wunderbare Erdspinnen auf, zu deren Vernichtung ich mich niemals überwand, obgleich sie auf der Todesliste der Mutter ganz oben standen. Sie waren hochrot und hatten die feste Weichheit von Samt; als lebendige Juwelen entschlüpften sie dem schwarzen Grund und verschwanden schnell. Gern ließ ich sie den Zeigefinger entlang zur Spitze laufen, bis die Sonne durch ihr kirschrot glühendes Blut schien, und gab sie wieder frei. Gerieten sie aber in die Nähe der Mutter, so bestreute ich sie verstohlen mit Erde.

Als Lohn für meinen Fleiß wurde mir eines Tages in einer Gartenecke ein Stückchen Land angewiesen, darauf durfte ich bauen, was mir beliebte. Wie allen Kindern war mir der Wunsch eingeboren, mich unsichtbar zu machen, aus dunkler Sicherheit gefährlich in hellen Tag hinauszulauern, und so begehrte ich mein kleines Leben mit lauter Gewächsen zu besetzen, die größer wären als ich selber, damit ich mich verstecken könnte wie in einem Walde. Da gab mir die Mutter Pflänzchen von Sonnenblumen und Riesenhanf, dazu türkischen Mohn, um die künftige Wildnis zu verdichten und zu färben.

Unmerklich, durch Sturm und Sonne, drehte sich das Gartenjahr dem Gipfel zu; immer mehr machte ich mich zum Heinzelmännchen, das hinter dem Rücken der Herrin noch emsiger arbeitete als angesichts. Die Zeit kam, wo wir den Segen unserer Mühe ernteten. In derber Kraft standen die Küchengewächse, doch bemerkte man sie kaum; den größten Teil des Bodens überflutete von Zaun zu Zaun ein solches Blühen, daß auch der Geschäftigste davor verweilen mochte. Schweigsam sahen nach Feierabend die Nachbarn herein, Kinder baten um Blumen für ihre Spiele, und vor hohen Festen kamen fremde Gärtner und wählten etwas von unserm Überfluß für Sträuße und Kränze.

Längst war ich davon abgekommen, Tiere zu töten, die für feindselig galten; die aber nun den Garten besuchten, kamen nur, um ihn schöner zu zieren. So flogen zu den lila Dolden, die jetzt aus der Urne herabhingen, sehr scheue Schmetterlinge, die sich niemals niederließen, sondern schwebend sogen, wobei sie, mit Wirbelschnelle flatternd, ihre Form nicht verrieten, immer ein rätselhaftes gelbgraues Nichts.

Auf leichtgewölbten Hügeln wohnten die Portulakröschen, die bei Sonnenschein seidig auseinanderblühen, sich aber in wenigen Minuten zur Knospe zurückfalten, sobald eine große Wolke das Licht vermindert. Um sie herum in schmalem Kreis wuchs der veredelte rote Flachs, ihm folgte nach außen ein Ring starker weißgrauer Blätter, die lang und haarig waren wie die Ohren junger Kaninchen.

Salpiglossis oder Trompetenzunge hieß eine sehr herrliche Blume, deren Erblühungen wir wie Feste begrüßten. Der Innensamt ihrer tiefgezackten Glocken hatte die Farbe großer Nachtfalter; goldgelbe Zeichen waren wie mit feinster Feder darauf eingeschrieben. Überall am Saum der langen Beete standen Stiefmütterchen, deren breite Gesichter sich, wie der Vater behauptete, nicht nach der Sonne wenden, sondern immer dem Wege zu, wo die meisten Menschen vorüber gehen. Zwischen porzellanblauen Kronen und weißgeränderten Purpurbechern erhoben sich die Nordlichtverbenen, deren hohes verschwiegenes Rot nur selten und spät erglomm, dann aber bis in den Herbst hinaus nicht mehr verlosch. Am Zaun stand Eisenhut, der als giftig verrufene, der aber ein Geheimnis verwahrt, nur Kindern bekannt: man braucht ihm nämlich nur seinen Helm abzunehmen und hat nun zwischen den Fingern den zierlichsten violetten Wagen, den winzige Täubchen an langen silbernen Deichseln ziehen. Unscheinbar in einem Winkel wuchsen Stauden, die wir nicht gesetzt hatten; niemand wußte ihren Namen. Ein dunkelroter nackter Schaft, nicht höher als ein Christbaumkerzchen, brach in einen Büschel schmaler harter Blätter wie in eine Krone aus. Diese Blätter waren nach außen gebogen und hatten oben ein glänzendes Ledergrün, unten aber das nämliche Rot wie der Stengel. Das Ganze glich einem Bäumchen und gemahnte mich an die Palmen des Morgenlandes, wie sie in der Schulbibel abgebildet waren. Die Mutter zählte diese Gewächse zu den Unkräutern, ließ sie aber auf mein vieles Bitten hin bestehen.

So spielte der Pflanzengeist in unzähligen allversuchenden Formen um uns, und ich spielte, so gut ich vermochte, mit ihm. Langsam aber gewöhnte mich die Meisterin, gewisse Blüten nur um ihrer schlichten Schönheit willen zu verehren. Im zweiten Jahre sah ich schon manches mit ihren Augen an, und schließlich erlebten wir immer dann unsere höchste Gartenfreude, wenn aller Formentaumel plötzlich aufgehoben schien und nach langem, strengem Knospentum der einfache Gedanke der Rose selig vor uns aufging.

JOHANN WOLFGANG GOETHE

Blumengruß

Der Strauß, den ich gepflücket,
Grüße dich vieltausendmal!
Ich habe mich oft gebücket,
Ach, wohl eintausendmal,
Und ihn ans Herz gedrücket
Wie hunderttausendmal!

THEODOR STORM

August

(Inserat)

Die verehrlichen Jungen, welche heuer
Meine Äpfel und Birnen zu stehlen gedenken,
Ersuche ich höflichst, bei diesem Vergnügen
Womöglich insoweit sich zu beschränken,
Daß sie daneben auf den Beeten
Mir die Wurzeln und Erbsen nicht zertreten.

JOHANN WOLFGANG GOETHE

Weinlese

Wir lernten nun auch mit den Gartengeschäften umgehen, die, weil sie sich jährlich wiederholten, uns endlich ganz bekannt und geläufig wurden. Nach mancherlei Früchten des Sommers und Herbstes war aber doch zuletzt die Weinlese das Lustigste und am meisten Erwünschte; ja es ist keine Frage, daß wie der Wein selbst den Orten und Gegenden, wo er wächst und getrunken wird, einen freiern Charakter gibt, so auch diese Tage der Weinlese, indem sie den Sommer schließen und zugleich den Winter eröffnen, eine unglaubliche Heiterkeit verbreiten. Lust und Jubel erstreckt sich über eine ganze Gegend. Des Tages hört man von allen Ecken und Enden Jauchzen und Schießen, und des Nachts verkünden bald da bald dort Raketen und Leuchtkugeln, daß man noch überall wach und munter diese Feier gern so lange als möglich ausdehnen möchte. Die nachherigen Bemühungen beim Keltern und während der Gärung im Keller gaben uns auch zu Hause eine heitere Beschäftigung, und so kamen wir gewöhnlich in den Winter hinein ohne es recht gewahr zu werden.

THEODOR FONTANE

O trübe diese Tage nicht

O trübe diese Tage nicht,
Sie sind der letzte Sonnenschein;
Wie lange, und es lischt das Licht,
Und unser Winter bricht herein.

Dies ist die Zeit, wo jeder Tag
Viel Tage gilt in seinem Wert,
Weil man's nicht mehr erhoffen mag,
Daß *so* die Stunde wiederkehrt.

Die Flut des Lebens ist dahin,
Es ebbt in seinem Stolz und Reiz,
Und sieh, es schleicht in unsern Sinn
Ein banger, nie gekannter Geiz;

Ein süßer Geiz, der Stunden zählt
Und jede prüft auf ihren Glanz –
O sorge, daß uns keine fehlt,
Und gönn uns jede Stunde *ganz*.

FRIEDRICH VON LOGAU

Die Welt / ein Garten

Ein Garten ist die Welt; der Mensch der ist ein Kraut;
Drinn Unkraut man vielmehr / als nütze Kräuter schaut.

DETLEV VON LILIENCRON

Blümekens

Kleine Blüten, anspruchslose Blumen,
Waldrandschmuck und Wiesendurcheinander,
Rote, weiße, gelbe, blaue Blumen
Nahm ich im Vorbeigehn mit nach Hause.
Kamen alte, liebe Zeiten wieder:
Auf den Feldern wehten grüne Hälmchen,
Süß im Erlenbusche sang der Stieglitz,
Eine ganze Welt von Unschuld sang er
Mir und dir.

Groß und Klein

THEODOR FONTANE

Herr von Ribbeck auf Ribbeck im Havelland

Herr von Ribbeck auf Ribbeck im Havelland,
Ein Birnbaum in seinem Garten stand,
Und kam die goldene Herbsteszeit
Und die Birnen leuchteten weit und breit,
Da stopfte, wenn's Mittag vom Turme scholl,
Der von Ribbeck sich beide Taschen voll,
Und kam in Pantinen ein Junge daher,
So rief er: »Junge, wiste 'ne Beer?«
Und kam ein Mädel, so rief er: »Lütt Dirn,
Kumm man röwer, ick hebb 'ne Birn.«

So ging es viel Jahre, bis lobesam
Der von Ribbeck auf Ribbeck zu sterben kam.
Er fühlte sein Ende. 's war Herbsteszeit,
Wieder lachten die Birnen weit und breit;
Da sagte von Ribbeck: »Ich scheide nun ab.
Legt mir eine Birne mit ins Grab.«
Und drei Tage drauf, aus dem Doppeldachhaus,
Trugen von Ribbeck sie hinaus,
Alle Bauern und Büdner mit Feiergesicht
Sangen »Jesus meine Zuversicht«,
Und die Kinder klagten, das Herze schwer:
»He is dod nu. Wer giwt uns nu 'ne Beer?«

So klagten die Kinder. Das war nicht recht –
Ach, sie kannten den alten Ribbeck schlecht;
Der *neue* freilich, der knausert und spart,

Hält Park und Birnbaum strenge verwahrt.
Aber der *alte*, vorahnend schon
Und voll Mißtraun gegen den eigenen Sohn,
Der wußte genau, was damals er tat,
Als um eine Birn' ins Grab er bat,
Und im dritten Jahr aus dem stillen Haus
Ein Birnbaumsprößling sproßt heraus.

Und die Jahre gehen wohl auf und ab,
Längst wölbt sich ein Birnbaum über dem Grab,
Und in der goldenen Herbsteszeit
Leuchtet's wieder weit und breit.
Und kommt ein Jung' übern Kirchhof her,
So flüstert's im Baume: »Wiste 'ne Beer?«
Und kommt ein Mädel, so flüstert's: »Lütt Dirn,
Kumm man röwer, ick gew' di 'ne Birn.«

So spendet Segen noch immer die Hand
Des von Ribbeck auf Ribbeck im Havelland.

GEORG HERMANN

Der Guckkasten

Ich weiß es noch, als ob es gestern gewesen wäre, trotzdem es jetzt nun schon eine gute Weile her ist. Acht Tage lang hatte man nur von ihm gesprochen, und endlich kam er auch – der Onkel aus Fürstenberg. Ein ganz echter Onkel, wie Onkel Paul, war er ja nun nicht, sondern eigentlich nur so ein angeheirateter Schwager von Mutters Schwester. Ich sah heimlich aus dem Fenster; Onkel stieg aus dem Wagen und zankte sich mit dem Kutscher über den Fahrpreis, während Anna seinen Koffer herauftrug.

Gott, was war das für ein merkwürdiger Onkel! Klein und rund, wie mein Gummiball sah er aus. Und sein Gesicht nun erst; er glänzte ja wie unsere Messingkessel!

Endlich fuhr der Kutscher schimpfend fort, und Onkel kam herauf und sagte Mutter »guten Tag« und Vater »guten Morgen«, mich nahm er auf den Arm und tanzte mit mir im Zimmer herum, daß sich alles – die Möbel, die Fenster, die Gardinen, Papa und Mama – nur so im Kreise drehte und ich hinfiel, der Länge nach, sowie ich wieder Boden unter den Füßen spürte.

Drinnen hatte Mutter schon decken lassen. Nein – wieviel Onkel essen konnte! So etwas hatte ich noch nicht gesehen, und Mutter, anstatt ihm kurzweg zu sagen, daß er nun endlich genug haben könnte, tat ihm immer wieder und wieder von dem guten, dampfenden

Gänsebraten auf. Aber als ich noch etwas nachhaben wollte, da hieß es ganz einfach, ich sollte hintergehen.

Am Nachmittage spielte ich gerade unter dem Eßtisch mit Murmeln, als Onkel zu Mutter sagte: »B'schen« – so nennt sie auch Onkel Paul immer –, »zieh mir den Jungen fein an, ich will mit ihm ins Opernhaus gehen.«

Dann kriecht Onkel zu mir unter den Tisch, greift mich mit beiden Händen um den Leib und schüttelt mich ordentlich.

»Bist du schon mal im Opernhaus gewesen, Junge? Na, du wirst ja staunen, so etwas Schönes kannst du dir gar nicht vorstellen. Denke nur, eine richtige Königin tritt da auf, mit einer goldenen Krone, und ein Ritter mit einer Rüstung aus lauter Kuchenbrezeln. Da gehen wir – wir beide – jetzt hin.«

Und wirklich, Anna zieht mir den blauen Samtanzug mit den Ankerknöpfen an. Die Matrosenmütze muß ich aufsetzen, und sogar die Schuhe werden mir noch einmal geputzt. Und Mama nickt uns aus dem Fenster nach.

Wie ich mich aber freue, ich hüpfe nur so neben Onkel her. Onkel geht ganz langsam, setzt die Füße nach auswärts und pustet bei jedem Schritt. – Was das aber heute für eine weiche Luft ist, und der Himmel: ganz hellblau sieht er aus. Die Linden haben wohl gestern erst ihre Blätter entfaltet; fast so hübsch sind sie wie die, welche mir Mutter immer aus grünem Seidenpapier ausschneidet. Um die Domkuppel jagen sich schreiende Schwalben. Alle Leute schlenkern vergnügt mit den Armen, und so viel pfeifenden Laufburschen bin ich auch noch nie begegnet.

»Höre mal, mein Söhnchen«, beginnt Onkel kleinlaut, »eigentlich hast du ja noch kein Verständnis für die Oper. Es ist ja sehr nett da, aber sie singen alles. Ich will dir einen besseren Vorschlag machen, mein Junge, wir gehen zusammen ins Schauspielhaus, da ist es noch viel schöner, da kommen zwanzig Soldaten auf die Bühne, richtige, lebendige Soldaten.«

»Ach ja, Onkel, ins Schauspielhaus!« stimme ich mit Freuden zu.

Ich bin von jeher mit allem zufrieden gewesen.

An der nächsten Ecke bleibt Onkel stehen.

»Weißt du, ›König Lear‹, das ist ja eigentlich noch gar nichts für dich; dafür bist du noch viel zu klein. Und sieh mal, morgen hast du alles wieder vergessen – aber, Georg, ich will dir eine wirkliche Freude machen, von der du was hast. Wir beide kaufen uns jetzt beim Konditor Weise einen Marzipanpapagei.«

»Einen Marzipanpapagei!« Ich schreie vor Vergnügen.

Wie oft habe ich schon die Tiere im Schaufenster baumeln sehen, mit ihren schwarzen, krillrigen Augen und ihren blauen und roten Schwanzfedern. Und wenn nun gar Frau Weise die Ringe angestoßen hatte, daß sie alle durcheinander wippten, das war erst eine Pracht. – Es gab kleine und große. Natürlich würde er einen großen kaufen.

Seelenvergnügt hüpfe ich neben Onkel her.

Plötzlich bleibt er wieder stehen, legt mir beide Hände auf die Schultern und sieht mir in die Augen.

»Sag mal! Sag mal! Hast du denn eigentlich schon bei Kranzler Eis gegessen? – Nein? Dann gehen wir zu Kranzler. Vanilleeis ist ja das Feinste vom Feinen, das schmeckt tausendmal besser wie das beste Marzipan; aber du darfst es nicht kauen und mußt nur ganz kleine Stückchen nehmen und die dann ganz langsam auf die Zunge zergehen lassen. Das Eis von Kranzler ist ja so berühmt, da läßt sich sogar der Kaiser von China alle Jahr tausend Pfund schicken.«

Eis! Eis! Ja, davon hatte ich schon viel gehört – es sollte ja so wunderbar schmecken. Das war gewiß nur etwas für sehr reiche Leute.

All die Menschen, die heute auf den Beinen sind, so noble Damen mit großen bunten Hüten und die Herren mit Zylindern und in feinen Anzügen: wie glücklich sie alle aussehen; sie wollen gewiß auch zu Kranzler gehen und Eis essen.

Plötzlich hält Onkel an, als ob er sich noch auf etwas sehr Wichtiges besänne.

»Höre mal, mein lieber Junge« – er legt mir väterlich die Hand auf den Kopf –, »eben fällt mir ein, wir können ja gar nicht zu Kranzler gehen. Eis ist nämlich noch gar nichts für dich. Da erkältest du dir nur den Magen, und deine Mutter, Georg, die macht mir ewige Vorwürfe, wenn du krank würdest. Die Verantwortung darf ich keinesfalls übernehmen.

Ich ziehe ein Gesicht.

»Und dann, Herrgott, daß ich das vergessen konnte. Kinder unter fünfzehn Jahren dürfen ja gar nicht zu Kranzler; das hat vorigen Monat die Polizei verboten! Paß auf, wenn wir zu Kranzler gehen, kommt der Schutzmann und nimmt dich mit. Und das willst du doch nicht; aber« – er ging mit mir über den Damm – »hast du denn schon einmal in einen Guckkasten gesehen? Ach, das ist ja wunderschön, noch viel, viel schöner als die ganze Oper und das ganze Theater – wie das Schneewittchen da im Glassarg liegt und die böse Stiefmutter sich in dem Spiegel sieht. Nein, das muß man sehen, das kann man sich so gar nicht vorstellen.«

Ja, so ein Guckkasten, das wäre schon etwas!

Drüben steht ein uralter Mann mit einem schneeweißen Bart, wie der liebe Gott. Er hat nur ein richtiges Bein und einen Stelzfuß wie unsere Spülbank. Vor ihm ist so eine Art schwarzer Leierkasten auf einem Holzstühlchen aufgebaut. Eine Unmenge Kinder umringen ihn in lautloser Erwartung.

Ehrfürchtig machen sie vor Onkel und mir Platz, der alte Mann nickt mir so recht vergnügt zu und dreht eilfertig an einer Schraube seines Kastens.

»Kann der Kleine mal hier in den Guckkasten sehen?«

»Jawoll! Jawoll!«

»Was kostet es denn?«

»Man eenen Jroschen!«

Onkel dreht sich ganz schnell auf den Hacken herum. »Äh! Is mich zu teuer!«

PETER ALTENBERG

Die Kinderzeit

Meine wunderschöne Mama trug ein weites Kleid aus dunkelbraunem Tüll mit hellbraunen Samtbändchen durchzogen. Man sagte, der Hofmeister der Familie W. mache ihr riesig den Hof. Wir verstanden das Wort »Hof« nicht. Eines Vormittags wurden wir zu dem Viadukt von vierzig Metern Höhe über dem Schwarzatal geführt, wo zwei Lastenzüge aufeinander aufgefahren waren. Die eine Berglokomotive hatte die andere direkt bestiegen. Wir nahmen zum Andenken sehr viel Zigarettenpapierschachteln mit, die einem Waggon entstürzt waren. Wir waren erstaunt, keine Leichen zu sehen. Selbst der Lokomotivführer war »mit dem Schrecken davongekommen«. Papa schenkte ihm einen Gulden. Als Belohnung, davongekommen zu sein.

Eines Tages wurde berichtet, die Raupen der Kohlweißlinge fräßen alle Felder ab. Infolgedessen fingen wir alle Kohlweißlinge an den Fenstern des schrecklich heißen Speisesaales weg und zertraten sie, obzwar sie schon über die Schädlichkeit hinüber waren und nur mehr die unschädlichen Ideale ihrer Art repräsentierten. Die Raupen waren uns zu unappetitlich, sie zu vernichten. Um halb 12 Uhr vormittags kam der Bäcker mit den warmen, duftenden, vierfach eingekerbten Wecken. Da aßen wir heißhungrig zwei, worauf der Kellner vier auf die Rechnung stellte.

»Kinder, Kinder, da könnt ihr ja keinen Appetit zum Mittagessen haben – – –«, sagte die Mama. Aber Pudding mit Himbeersaft fraßen wir doch noch zweimal und dreimal. Auf der sonnigen sandigen Straße zwischen den Wiesen interessierten uns die Sandläufer, die sprangen und flogen und nach Moschus dufteten und mattgrün schimmerten. Ferner die Admirale, schwarzrot, und die Dukatenfalter. Alles saß am liebsten an den trockenen Wagenrinnen der Lastwagen. Da konnte man ganz nahe hinschleichen. Wie gebannt von der Hitze saßen sie. Aber im letzten Moment kam der Selbsterhaltungstrieb über sie, und sie flogen wieder auf. Der Hofmeister der Familie W. ging immer öfter und öfter mit uns. Aber wir machten uns nichts aus ihm. Eines Tages wurde der geliebte Hund »Wolf« meiner Schwester in einem Bottich im Garten ertränkt gefunden. Die Gouvernante meiner Schwester weinte noch viel mehr als meine Schwester. Denn sie weinte wegen »Wolf« und zugleich wegen meiner Schwester. Während meine Schwester nur wegen »Wolf« zu weinen hatte – – –.

Ich selbst sah nur den »aufgedunsenen Kadaver« und hatte keinerlei Mitgefühl. So verteilt sich alles verschieden in derselben Angelegenheit. In einer Allee von gelben Rispenstauden stachen die Bienen und die Wespen viele Vorübergehende. Da bat ich ein wunderschönes Mäderl der Familie K., dort ja nicht hindurchzugehen, und sie mußte mir darauf einen heiligen Eid schwören. Das Mäderl erzählte es ihren Eltern. Diese besprachen es mit meinen Eltern, und infolgedessen wurde uns der Verkehr verboten, weil solche »romantischen Beziehungen« ungesund seien. Was geht es ihn an, wenn sie zerstochen wird?!? Dazu ist die Gouvernante da. Der Hofmeister der Familie B. kam für vier Wochen zu uns als Aushilfe für unseren geliebten Hofmeister, der verreisen mußte. Er sagte: »Gnädige Frau, Ihre Kinder sind Prachtexemplare.« Jedenfalls betrachteten wir es als Ferialwochen. Im Walde nach dem Regen roch es immer wunderbar. Nach Schwämmen, feuchter Erde, feuchtem Moos und Erdbeeren. Im Kuhstalle roch es auch wunderbar und im Pferdestalle und in dem Schupfen, in dem Holz gesägt wurde, und in der Mehlmühle und auf der Wiese am Bache, wenn die Sonne hinsengte. Dann der Duft aus der heißen eleganten Hotelküche und der Duft der Zimmer nach den Kretonmöbeln und den Zirbelkieferkästen. Alle diese Gerüche gehörten zu dem Ferienglück mit dazu. Ja, sie waren sogar ein wesentlicher Bestandteil desselben. Von dem Geruche der Bahnhofshalle und des Waggons und dem schneidig-frischen Duft der Gebirgsluft in Station Payerbach gar nicht zu reden. Mama trug oft das braune Tüllkleid mit den hellbraunen Samtbändern. Der Aushilfshofmeister wollte uns immer für sich gewinnen, aber es war gar nicht nötig, denn wir hatten ihn auch von selbst sehr gern. Er sagte zum Beispiel: »Siehst du, was mir gestern besonders an dir gefallen hat – – –« Und dann kam eine Sache herausgestrichen, die gar nicht von Bedeutung war. Oder er sagte: »Gnädige Frau, ich muß Ihnen einen reizenden Zug Ihres Söhnchens mitteilen, auf die Gefahr hin – – –«

Die Gouvernante meiner Schwester sagte zu ihm: »Monsieur, weshalb dienen?! Machen Sie doch Ihre Prüfungen!« – »Ich stehe mich so bedeutend besser«, erwiderte der Aushilfshofmeister. Im Hirschpark senkte einmal plötzlich der Vierzehnender den Kopf, fegte mit dem Geweih flach am Boden gegen mich her und hatte bereits stiere, glotzende Augen. Ich machte im letzten Moment einen Sprung zur Tür, und er fuhr krachend gegen die Planken. Infolgedessen wurde er erschossen, und ich bekam am nächsten Abend zum Souper ein Stückchen meines Mörders zu essen. Der Hofmeister sagte: »Hirsche sind gefährlicher als Tiger, weil man sie eben bloß für Hirsche hält, während man beim Tiger immer weiß, daß es ein Tiger ist!« Ich hielt diesen Satz damals für vollkommen unverständlich. Aber Mama sagte: »Wunderbar. Ist es nicht auch so mit den Menschen?!?« Worauf der Aushilfshofmeister ein verzücktes Gesicht machte und Mama die Hand küßte. Wir waren paff. Sehr beliebt war die Jagd auf die »Nußhäher«, die zum »Raubzeug« zählen, zum Raubgetier. Es war schwer, sich das von dem schönen Vogel mit den kleinen blauschwarzen Federchen vorzustellen. Aber wenn er am

Boden lag, sagte die Jäger oft: »Du arger Sünder!« Abends, wenn es stark geregnet hatte, tappten Salamander über den Waldboden. Man hatte die Empfindung von vorsintflutlichen Welten: der feuchtwarme stille Wald und die schwarzgelben Molche – – –. Auch die Kreuzspinne war unheimlich, und man hoffte es immer, daß Regen und Wind sie vom Netze treiben würden. Aber es war wie aus Tauen gedreht, schaukelte und brach nicht im Sturm. Die ersten Herbstzeitlosen machten uns ganz gedrückt. Wir hatten uns so riesig an das geliebte Reichenau wieder attachiert wie alle herrlichen Sommer hindurch unserer Kindheit. Und an dem ersten Abend wieder in der Stadt waren wir immer tief unglücklich, obzwar es große Nüsse, Isenbartbirnen, kaltes Poulard und Sachertorte gab vor dem Schlafengehen – – –. Auch Mama war recht traurig und nachdenklich.

THEODOR FONTANE

Seifenblasen

Kinder, ihre Lust zu zeigen,
Ließen Seifenblasen steigen.
Wie das schimmert im Sonnenschein; –
Ein'ge groß und ein'ge klein.
Die geblasen mit Durchschnittsmunde,
Hielten sich eine volle Sekunde;
Mehrere aber waren dabei,
Ja, – das hielt sich bis zu zwei!
Eine stieg so hoch wie das Haus,
Da stieß sie an, da war es aus.

LUDWIG THOMA

Der vornehme Knabe

Zum Scheckbauern ist im Sommer eine Familie gekommen. Die war sehr vornehm, und sie ist aus Preußen gewesen.

Wie ihr Gepäck gekommen ist, war ich auf der Bahn, und der Stationsdiener hat gesagt, es ist lauter Juchtenleder, die müssen viel Gerstl haben.

Und meine Mutter hat gesagt, es sind feine Leute, und du mußt sie immer grüßen, Ludwig.

Er hat einen weißen Bart gehabt, und seine Stiefel haben laut geknarrzt.

Sie hat immer Handschuhe angehabt, und wenn es wo naß war auf dem Boden, hat sie huh! geschrien und hat ihr Kleid aufgehoben.

Wie sie den ersten Tag da waren, sind sie im Dorf herumgegangen. Er hat die Häuser angeschaut und ist stehengeblieben. Da habe ich gehört, wie er gesagt hat: »Ich möchte nur wissen, von was diese Leute leben.«

Bei uns sind sie am Abend vorbei, wie wir gerade gegessen haben. Meine Mutter hat gegrüßt und Ännchen auch. Da ist er hergekommen mit seiner Frau und hat gefragt: »Was essen Sie da?«

Wir haben Lunge mit Knödel gegessen, und meine Mutter hat es ihm gesagt.

Da hat er gefragt, ob wir immer Knödel essen, und seine Frau hat uns durch einen Zwicker angeschaut. Es war aber kein rechter Zwicker, sondern er war an einer kleinen Stange, und sie hat ihn auf- und zugemacht.

Meine Mutter sagte zu mir: »Steh auf, Ludwig, und mache den Herrschaften dein Kompliment«, und ich habe es gemacht.

Da hat er zu mir gesagt, was ich bin, und ich habe gesagt, ich bin ein Lateinschüler. Und meine Mutter sagte: »Er war in der ersten Klasse und darf aufsteigen. Im Lateinischen hat er die Note zwei gekriegt.«

Er hat mich auf den Kopf getätschelt und hat gesagt: »Ein gescheiter Junge; du kannst einmal zu uns kommen und mit meinem Arthur spielen. Er ist so alt wie du.«

Dann hat er meine Mutter gefragt, wieviel sie Geld

kriegt im Monat, und sie ist ganz rot geworden und hat gesagt, daß sie hundertzehn Mark kriegt.

Er hat zu seiner Frau hinübergeschaut und hat gesagt: »Emilie, noch nicht fünfunddreißig Taler.«

Und sie hat wieder ihren Zwicker vor die Augen gehalten.

Dann sind sie gegangen, und er hat gesagt, daß man es noch gehört hat: »Ich möchte bloß wissen, von was diese Leute leben.«

Am andern Tag habe ich den Arthur gesehen. Er war aber nicht so groß wie ich und hat lange Haare gehabt bis auf die Schultern und ganz dünne Füße. Das habe ich gesehen, weil er eine Pumphose anhatte. Es war noch ein Mann dabei mit einer Brille auf der Nase. Das war sein Instruktor, und sie sind beim Rafenauer gestanden, wo die Leut Heu gerecht haben.

Der Arthur hat hingedeutet und hat gefragt: »Was tun die da machen?«

Und der Instruktor hat gesagt: »Sie fassen das Heu auf. Wenn es genügend gedörrt ist, werden die Tiere damit gefüttert.«

Der Scheck Lorenz war bei mir, und wir haben uns versteckt, weil wir so gelacht haben.

Beim Essen hat meine Mutter gesagt: »Der Herr ist wieder da gewesen und hat gesagt, du sollst nachmittag seinen Sohn besuchen.«

Ich sagte, daß ich lieber mit dem Lenz zum Fischen gehe, aber Anna hat mich gleich angefahren, daß ich nur mit Bauernlümmeln herumlaufen will, und meine Mutter sagte: »Es ist gut für dich, wenn du mit feinen Leuten zusammen bist. Du kannst Manieren lernen.«

Da habe ich müssen, aber es hat mich nicht gefreut. Ich habe die Hände gewaschen und den schönen Rock angezogen, und dann bin ich hingegangen. Sie waren gerade beim Kaffee, wie ich gekommen bin. Der Herr war da und die Frau und ein Mädchen; das war so alt wie unsere Anna, aber schöner angezogen und viel dicker. Der Instruktor war auch da mit dem Arthur.

»Das ist unser junger Freund«, sagte der Herr. »Arthur, gib ihm die Hand!« Und dann fragte er mich: »Nun, habt ihr heute wieder Knödel gegessen?«

Ich sagte, daß wir keine gegessen haben, und ich habe mich hingesetzt und einen Kaffee gekriegt. Es ist furchtbar fad gewesen. Der Arthur hat nichts geredet und hat mich immer angeschaut, und der Inspektor ist auch ganz still dagesessen.

Da hat ihn der Herr gefragt, ob Arthur sein Pensum schon fertig hat, und er sagte, ja, es ist fertig; es sind noch einige Fehler darin, aber man merkt schon den Fortschritt.

Da sagte der Herr: »Das ist schön, und Sie können heute nachmittag allein spazieren gehen, weil der junge Lateinschüler mit Arthur spielt.«

Der Instruktor ist aufgestanden, und der Herr hat ihm eine Zigarre gegeben und gesagt, er soll Obacht geben, weil sie so gut ist.

Wie er fort war, hat der Herr gesagt: »Es ist doch ein Glück für diesen jungen Menschen, daß wir ihn mitgenommen haben. Er sieht auf diese Weise sehr viel Schönes.«

Aber das dicke Mädchen sagte: »Ich finde ihn gräßlich, er macht Augen auf mich. Ich fürchte, daß er bald dichtet, wie der letzte.« Der Arthur und ich sind bald aufgestanden, und er hat gesagt, er will mir seine Spielsachen zeigen.

Er hat ein Dampfschiff gehabt. Das wenn man aufgezogen hat, sind die Räder herumgelaufen, und es ist schön geschwommen. Es waren auch viele Bleisoldaten und Matrosen darauf, und Arthur hat gesagt, es ist ein Kriegsschiff und heißt »Preußen«. Aber beim Scheck war kein großes Wasser, daß man sehen kann, wie weit es schwimmt, und ich habe gesagt, wir müssen zum Rafenauer hingehen, da ist ein Weiher, und wir haben viel Spaß dabei.

Es hat ihn gleich gefreut, und ich habe das Dampfschiff getragen.

Sein Papa hat gerufen: »Wo geht ihr denn hin, ihr Jungens?«

Da habe ich ihm gesagt, daß wir das Schiff in Rafenauer seinem Weiher schwimmen lassen.

Die Frau sagte: »Du darfst es aber nicht tragen, Arthur. Es ist zu schwer für dich.« Ich sagte, daß ich es trage, und sein Papa hat gelacht und hat gesagt: »Das ist ein starker Bayer; er ißt alle Tage Lunge und Knödel. Hahaha!«

Wir sind weiter gegangen hinter dem Scheck, über die große Wiese.

Der Arthur fragte mich: »Gelt, du bist stark?«

Ich sagte, daß ich ihn leicht hinschmeißen kann, wenn er es probieren will.

Aber er traute sich nicht und sagte, er wäre auch gerne so stark, daß er sich von seiner Schwester nichts mehr gefallen lassen muß.

Ich fragte, ob sie ihn haut.

Er sagte nein, aber sie macht sich so gescheit, und wenn er eine schlechte Note kriegt, redet sie darein, als ob es sie was angeht.

Ich sagte, das weiß ich schon; das tun alle Mädchen, aber man darf sich nichts gefallen lassen. Es ist ganz leicht, daß man es ihnen vertreibt, wenn man ihnen rechte Angst macht.

Er fragte, was man da tut, und ich sagte, man muß ihnen eine Blindschleiche in das Bett legen. Wenn sie darauf liegen, ist es kalt, und sie schreien furchtbar. Dann versprechen sie einem, daß sie nicht mehr so gescheit sein wollen.

Arthur sagte, er traut sich nicht, weil er vielleicht Schläge kriegt. Ich sagte aber, wenn man sich vor den Schlägen fürchten möchte, darf man nie keinen Spaß haben, und da hat er mir versprochen, daß er es tun will.

Ich habe mich furchtbar gefreut, weil mir das dicke Mädchen gar nicht gefallen hat, und ich dachte, sie wird ihre Augen noch viel stärker aufreißen, wenn sie eine Blindschleiche spürt. Er meinte, ob ich auch gewiß eine finde. Ich sagte, daß ich viele kriegen kann, weil ich in der Sägmühle ein Nest weiß.

Und es ist mir eingefallen, ob es nicht vielleicht gut ist, wenn er dem Instruktor auch eine hineinlegt.

Das hat ihm gefallen, und er sagte, er will es gewiß tun, weil sich der Instruktor so fürchtet, daß er vielleicht weggeht.

Er fragte, ob ich keinen Instruktor habe, und ich sagte, daß meine Mutter nicht so viel Geld hat, daß sie einen zahlen kann.

Da hat er gesagt: »Das ist wahr. Sie kosten sehr viel und man hat bloß Verdruß davon. Der letzte, den wir gehabt haben, hat immer Gedichte auf meine Schwester gemacht, und er hat sie unter ihre Kaffeetasse gelegt; da haben wir ihn fortgejagt.«

Ich fragte, warum er Gedichte gemacht hat, und warum er keine hat machen dürfen.

Da sagte er: »Du bist aber dumm. Er war doch verliebt

in meine Schwester, und sie hat es gleich gemerkt, weil er sie immer so angeschaut hat. Deswegen haben wir ihn fortjagen müssen.«

Ich dachte, wie dumm es ist, daß sich einer so plagen mag wegen dem dicken Mädchen, und ich möchte sie gewiß nicht anschauen und froh sein, wenn sie nicht dabei ist.

Dann sind wir an den Weiher beim Rafenauer gekommen, und wir haben das Dampfschiff hineingetan. Die Räder sind gut gegangen, und es ist ein Stück weit geschwommen.

Wir sind auch hinein gewatet, und der Arthur hat immer geschrien: »Hurra! Gebt's ihnen, Jungens! Klar zum Gefecht! Drauf und dran, Jungens, gebt ihnen noch eine Breitseite! Brav, Kinder!« Er hat furchtbar geschrien, daß er ganz rot geworden ist, und ich habe ihn gefragt, was das ist.

Er sagte, es ist eine Seeschlacht, und er ist ein preußischer Admiral. Sie spielen es immer in Köln; zuerst ist er bloß Kapitän gewesen, aber jetzt ist er Admiral, weil er viele Schlachten gewonnen hat. Dann hat er wieder geschrien: »Beidrehen! Beidrehen! Hart an Backbord halten! Feuer! Sieg! Sieg!«

Ich sagte: »Das gefällt mir gar nicht; es ist eine Dummheit, weil sich nichts rührt. Wenn es eine Schlacht ist, muß es krachen. Wir sollen Pulver hinein tun, dann ist es lustig.«

Er sagte, daß er nicht mit Pulver spielen darf, weil es gefährlich ist. Alle Jungen in Köln machen es ohne Pulver.

Ich habe ihn aber ausgelacht, weil er doch kein Admiral ist, wenn er nicht schießt.

Und ich habe gesagt, ich tue es, wenn er sich nicht

traut; ich mache den Kapitän, und er muß bloß kommandieren.

Da ist er ganz lustig gewesen und hat gesagt, das möchte er. Ich muß aber streng folgen, weil er mein Vorgesetzter ist, und Feuer geben, wenn er schreit.

Ich habe ein Paket Pulver bei mir gehabt. Das habe ich immer, weil ich so oft Speiteufel mache. Und ein Stück Zündschnur habe ich auch dabei gehabt.

Wir haben das Dampfschiff hergezogen. Es waren Kanonen darauf, aber sie haben kein Loch gehabt. Da habe ich probiert, ob man vielleicht anders schießen kann. Ich meinte, man soll das Verdeck aufheben und darunter das Pulver tun. Dann geht der Rauch bei den Luken heraus, und man glaubt auch, es sind Kanonen darin.

Das habe ich getan. Ich habe aber das ganze Paket Pulver hineingeschüttet, damit es stärker raucht. Dann habe ich das Verdeck wieder darauf getan und die Zündschnur durch ein Loch gesteckt.

Arthur fragte, ob es recht knallen wird, und ich sagte, ich glaube schon, daß es einen guten Schuß tut. Da ist er geschwind hinter einen Baum und hat gesagt, jetzt geht die Schlacht an.

Und er hat wieder geschrien: »Hurra! Gebt's ihnen, tapferer Kapitän!«

Ich habe das Dampfschiff aufgedreht und gehalten, bis die Zündschnur gebrannt hat.

Dann habe ich ihm einen Stoß gegeben, und die Räder sind gegangen, und die Zündschnur hat geraucht.

Es war lustig, und der Arthur hat sich auch furchtbar gefreut und hinter dem Baum immer kommandiert.

Er fragte, warum es nicht knallt. Ich sagte, es knallt schon, wenn die Zündschnur einmal bis zum Pulver hinbrennt.

Da hat er seinen Kopf vorgestreckt und hat geschrien: »Gebt Feuer auf dem Achterdeck!«

Auf einmal hat es einen furchtbaren Krach getan und hat gezischt, und ein dicker Rauch ist auf dem Wasser gewesen. Ich habe gemeint, es ist etwas bei mir vorbeigeflogen, aber Arthur hat schon gräßlich geheult, und er hat seinen Kopf gehalten. Es war aber nicht arg. Er hat bloß ein bißchen geblutet an der Stirne, weil ihn etwas getroffen hat. Ich glaube, es war ein Bleisoldat.

Ich habe ihn abgewischt, und er hat gefragt, wo sein Dampfschiff ist. Es war aber nichts mehr da; bloß der vordere Teil war noch da und ist auf dem Wasser geschwommen. Das andere ist alles in die Luft geflogen.

Er hat geweint, weil er geglaubt hat, daß sein Vater schimpft, wenn kein Schiff nicht mehr da ist. Aber ich habe gesagt, wir sagen, daß die Räder so gelaufen sind, und es ist fortgeschwommen, oder er sagt gar nichts und geht erst heim, wenn es dunkel ist. Dann weiß es niemand, und wenn ihn wer fragt, wo das Schiff ist, sagt er, es ist droben, aber er mag nicht damit spielen. Und wenn eine Woche vorbei ist, sagt er, es ist auf einmal nicht mehr da. Vielleicht ist es gestohlen worden.

Der Arthur sagte, er will es so machen und warten, bis es dunkel wird.

Wie wir das geredet haben, da hat es hinter uns Spektakel gemacht.

Ich habe geschwind umgeschaut, und da habe ich auf einmal gesehen, wie der Rafenauer hergelaufen ist. Er hat geschrien: »Hab ich enk, ihr Saububen, ihr miserabligen!«

Ich bin gleich davon, bis ich zum Heustadel gekommen bin. Da habe ich mich geschwind versteckt und hingeschaut. Der Arthur ist stehengeblieben, und der

Rafenauer hat ihm die Ohrfeigen gegeben. Er ist furchtbar grob.

Und er hat immer geschrien: »De Saububen zünden noch mein Haus o. Und meine Äpfel stehlen s' und meine Zwetschgen stehlen s', und mei Haus sprengen s' in d' Luft!«

Er hat ihm jedesmal eine Watschen gegeben, daß es geknallt hat.

Ich habe schon gewußt, daß er einen Zorn auf uns hat, weil ich und der Lenz ihm so oft seine Äpfel stehlen, und er kann uns nicht erwischen.

Aber den Arthur hat er jetzt erwischt, und er hat alle Prügel gekriegt.

Wie der Rafenauer fertig war, ist er fortgegangen. Aber dann ist er stehengeblieben und hat gesagt: »Du Herrgottsakerament!« und ist wieder umgekehrt und hat ihm nochmal eine hineingehauen.

Der Arthur hat furchtbar geweint und hat immer geschrien: »Ich sage es meinem Papa!« Es wäre gescheiter gewesen, wenn er fortgelaufen wäre; der Rafenauer kann nicht nachkommen, weil er so schnauft. Man muß immer um die Bäume herumlaufen, dann bleibt er gleich stehen und sagt: »Ich erwisch enk schon noch einmal.«

Ich und der Lenz wissen es; aber der Arthur hat es nicht gewußt.

Er hat mich gedauert, weil er so geweint hat, und wie der Rafenauer fort war, bin ich hingelaufen und habe gesagt, er soll sich nichts daraus machen. Aber er hat nicht aufgehört und hat immer geschrien: »Du bist schuld; ich sage es meinem Papa.«

Da habe ich mich aber geärgert, und ich habe gesagt, daß ich nichts dafür kann, wenn er so dumm ist.

Da hat er gesagt, ich habe das Schiff kaputt gemacht,

und ich habe so geknallt, daß der Bauer gekommen ist und er Schläge gekriegt hat.

Und er ist schnell fortgelaufen und hat geweint, daß man es weit gehört hat. Ich möchte mich schämen, wenn ich so heulen könnte wie ein Mädchen. Und er hat gesagt, er ist ein Admiral.

Ich dachte, es ist gut, wenn ich nicht gleich heimgehe, sondern ein bißchen warte.

Wie es dunkel war, bin ich heimgegangen, und ich bin beim Scheck ganz still vorbei, daß mich niemand gemerkt hat.

Der Herr war im Gartenhaus, und die Frau und das dicke Mädchen. Der Scheck war auch dabei. Ich habe hineingeschaut, weil ein Licht gebrannt hat. Ich glaube, sie haben von mir geredet. Der Herr hat immer den Kopf geschüttelt und hat gesagt: »Wer hätte es gedacht! Ein solcher Lausejunge!« Und das dicke Mädchen hat gesagt: »Er will, daß mir Arthur Schlangen ins Bett legt. Hat man so was gehört?«

Ich bin nicht mehr eingeladen worden, aber wenn mich der Herr sieht, hebt er immer seinen Stock auf und ruft: »Wenn ich dich mal erwische!« Ich bin aber nicht so dumm wie sein Arthur, daß ich stehen bleibe.

GÜNTER BRUNO FUCHS

Kinderbuch, reich illustriert

Der Vater ist erwachsen. Der Vater fragt den Sohn: »Haben wir heute Donnerstag?«

»Wir haben«, sagt der Sohn, »eine Tüte Pflaumen.«

»Gut«, sagt der Vater, »wir haben eine Tüte Pflaumen und hoffentlich Donnerstag.«

»Vater«, sagt der Sohn zum Vater, »möchtest du eine Pflaume haben?«

»Ach«, ruft der Vater, »heute nicht, vielleicht morgen. Da haben wir hoffentlich Freitag, da bekomme ich eine Pflaume von dir.«

»Nein«, sagt der Sohn, »morgen, das ist zu spät für dich, morgen ist nichts mehr da!«

JOACHIM RINGELNATZ

Kindergebetchen

Lieber Gott, ich liege
Im Bett. Ich weiß, ich wiege
Seit gestern fünfunddreißig Pfund.
Halte Pa und Ma gesund.
Ich bin ein armes Zwiebelchen,
Nimm mir das nicht übelchen.

Von guten Weibern und bösen Buben

GOTTFRIED AUGUST BÜRGER

Die Weiber von Weinsberg

Wer sagt mir an, wo Weinsberg liegt?
Soll sein ein wackres Städtchen,
Soll haben, fromm und klug gewiegt,
Viel Weiberchen und Mädchen.
Kömmt mir einmal das Freien ein,
So werd ich eins aus Weinsberg frein.

Einstmals der Kaiser Konrad war
Dem guten Städtlein böse
Und rückt' heran mit Kriegesschar
Und Reisigengetöse,
Umlagert' es mit Roß und Mann
Und schoß und rannte drauf und dran.

Und als das Städtlein widerstand
Trotz allen seinen Nöten,
Da ließ er, hoch von Grimm entbrannt,
Den Herold 'nein trompeten:
Ihr Schurken, komm ich 'nein, so wißt,
Soll hängen, was die Wand bepißt.

Drob, als er den Avis also
Hinein trompeten lassen,
Gab's lautes Zetermordio
Zu Haus und auf den Gassen.
Das Brot war teuer in der Stadt;
Doch teurer noch war guter Rat.

»O weh, mir armem Korydon!
O weh mir!« die Pastores
Schrien: »Kyrie Eleison!
Wir gehn, wir gehn kapores!
O weh, mir armem Korydon!
Es juckt mir an der Kehle schon.«

Doch wenn's Matthä' am letzten ist,
Trotz Raten, Tun und Beten,
So rettet oft noch Weiberlist
Aus Ängsten und aus Nöten.
Denn Pfaffentrug und Weiberlist
Gehn über alles, wie ihr wißt.

Ein junges Weibchen lobesan,
Seit gestern erst getrauet,
Gibt einen klugen Einfall an,
Der alles Volk erbauet;
Den ihr, sofern ihr anders wollt,
Belachen und beklatschen sollt.

Zur Zeit der stillen Mitternacht
Die schönste Ambassade
Von Weibern sich ins Lager macht
Und bettelt dort um Gnade.
Sie bettelt sanft, sie bettelt süß,
Erhält doch aber nichts als dies:

»Die Weiber sollten Abzug han
Mit ihren besten Schätzen,
Was übrigbliebe, wollte man
Zerhauen und zerfetzen.«
Mit der Kapitulation
Schleicht die Gesandtschaft trüb davon.

Drauf, als der Morgen bricht hervor,
Gebt Achtung! Was geschiehet?
Es öffnet sich das nächste Tor,
Und jedes Weibchen ziehet,
Mit ihrem Männchen schwer im Sack,
So wahr ich lebe! huckepack. –

Manch Hofschranz suchte zwar sofort
Das Kniffchen zu vereiteln;
Doch Konrad sprach: »Ein Kaiserwort
Soll man nicht drehn noch deuteln.
Ha bravo!« rief er, »bravo so!
Meint' unsre Frau es auch nur so!«

Er gab Pardon und ein Bankett,
Den Schönen zu gefallen.
Da ward gegeigt, da ward trompet't,
Und durchgetanzt mit allen.
Wie mit der Burgemeisterin,
So mit der Besenbinderin.

Ei! sagt mir doch, wo Weinsberg liegt?
Ist gar ein wackres Städtchen.
Hat, treu und fromm und klug gewiegt,
Viel Weiberchen und Mädchen.
Ich muß, kömmt mir das Freien ein,
Fürwahr! muß eins aus Weinsberg frein.

LUDWIG BÖRNE

Über das Schmollen der Weiber

Meine ehemalige Braut nannte ich, wie es bei allen kultivierten Völkern Sitte ist, einen Engel; meine jetzige Frau nenne ich, wenn ich böse auf sie bin, einen gefallenen Engel, ist das Ehewetter aber heiter, einen gestutzten. »Warum gestutzter?« fragte mich Wilhelmine, als ich mich zum ersten Male dieses Ausdrucks bediente. Ich ward verlegen, denn ich hatte mich noch nicht zu verstellen gelernt, ich wußte noch nicht, wie gut in der Ehe oft das Lügen sei und wie ohne diesen Lichtschirm der Wahrheit rote Augen noch häufiger wären. »Teure Wilhelmine!« – sagte ich, indem ich ihr ein Stückchen Zucker, den sie sehr liebt, in den Purpurmund steckte – »liebes Vögelchen, müßte ich nicht zittern für mein Glück, wenn deine Engelsflügel nicht etwas gestutzt wären? Müßte ich nicht fürchten, du entflattertest« ... und flögest den Himmel hinauf, wo deine Heimat ist – wollte ich höchst poetischer Weise hinzusetzen. Aber meine gute Frau ließ mich nicht ausreden. »Du fürchtest also, ich könnte dir untreu werden?« fragte sie, wartete aber auf keine Antwort, sondern nahm ihr Gesicht zusammen, verschloß den Mund und *schmollte*. Vergebens war mein Flehen, mein Drohen, mein Reden, mein Schweigen sogar, sie schmollte fort. Ich ging mit starken Schritten das Zimmer auf und ab; in *Engels Mimik* ist keine Bewegung geschildert, die ich nicht mit der größten Naturtreue darstellte: Liebe, Haß, habe ich denn viele trübe Schmolltage in meinem Hauskalender einzutragen, und beim Schlusse des Jahres fällt die meteorologische Bilanz nicht immer zu meinem Vorteile aus. Was aber meinem Kalender ein noch seltsameres und traurigeres Ansehen gibt, ist, daß ich zwar Tag und Stunde bezeichnen kann, wo meine Wilhelmine zu schmollen angefangen, aber weder Stunde noch Tag, wo sie zu schmollen aufgehört. Sie vergrollt so leise und allmählich, daß nicht zu bestimmen ist, wann der letzte Laut ihrer Unzufriedenheit verschallte, und plötzlich befinde ich mich mitten in meinem gewohnten Glücke, ohne zu wissen, wie ich hineingekommen. Sie hat mir einmal anvertraut, daß es alle Weiber so machten, die, wenn sie ihr stillstehendes Herz wieder aufziehen, alle ganze, halbe und viertel Stunden, über welche der Zeiger rücke, schlagen ließen, bis der Zeiger auf der Stunde der Liebe stände. Sie müßten das so machen, um die Uhr ihrer Seele nicht zu verderben.

Wenn mich meine gute Wilhelmine aus dem Paradiese, das sie mir selbst geschaffen, auf Stunden und Tage hinausschmollt, so ist das nur meine eigene Schuld. Ich habe unbesonnen meiner häuslichen Verfassung die Fehler der spanischen gegeben. Meine Frau und ich bilden nur *eine Kammer*, und so muß denn geschehen, was in solchen Fällen immer geschieht: das demokratische Prinzip gewinnt die Herrschaft über das aristokratische. Das weibliche Herz ist ein atheniensischer Markt – unter einem herrlichen blauen Himmel, liebliche Blumensträuße, duftende Südfrüchte, holde Anmut, Geist, Witz, Empfindung; aber auch Tücke, Launen, Wankelmütigkeit und Undankbarkeit. Wo aber die häusliche Gesetzgebung weise in *zwei Kammern* getrennt ist, wo der Mann das Oberhaus und die Frau das Unterhaus bildet, da werden, wie ein bairischer Pair unvergleichlich schön gesungen hat, die Wogen der Demokratie sich an den Felsen der Aristokratie brechen, auf welchen Felsen der Thron gebaut ist und der Frieden!

HEINRICH VON MEISSEN

Wie tötet man die Sorgen?
Wie wird verwunden alles Leid?
Wie leichtert man die Schwere
Und lindert große Mühsamkeit?
Wie löscht man grimmen Zornes Glut?
Wie wird verwehrt, daß Treue herb muß klagen?
Wie kann man Tröstung bringen?
Wie wird verjagt der böse Neid?
Wie salbt man bittre Wunden?
Wie gibt man Herzen Sänftigkeit,
Die Liebenssehnen heilen tut?
Wer mich drum fleht, dem will ich alles sagen.
Seht, wie die Sonn erleuchtet
Die Luft und alle Finsternis,
So dürren Sinn befeuchtet
Ein reines Angesichte.
Das taut und regnet süße Lust
In Mannes Herz, in Mannes Brust:
Ja, Weibes Nam strahlt über allem Lichte.

JOHANN WOLFGANG GOETHE

Wirkung in die Ferne

Die Königin steht im hohen Saal,
Da brennen der Kerzen so viele;
Sie spricht zum Pagen: »Du läufst einmal
Und holst mir den Beutel zum Spiele.
Es liegt zur Hand
Auf meines Tisches Rand.«
Der Knabe, der eilt so behende,
War bald an des Schlosses Ende.

Und neben der Königin schlürft zur Stund
Sorbett die schönste der Frauen.
Da brach ihr die Tasse so hart an dem Mund,
Es war ein Greuel zu schauen.
Verlegenheit! Scham!
Ums Prachtkleid ists getan!
Sie eilt und fliegt so behende
Entgegen des Schlosses Ende.

Der Knabe zurück zu laufen kam
Entgegen der Schönen in Schmerzen;
Es wußt es niemand, doch beide zusamm,
Sie hegten einander im Herzen;
Und o des Glücks,
Des günstgen Geschicks!
Sie warfen mit Brust sich zu Brüsten
Und herzten und küßten nach Lüsten.

Doch endlich beide sich reißen los;
Sie eilt in ihre Gemächer,
Der Page drängt sich zur Königin groß
Durch alle die Degen und Fächer.
Die Fürstin entdeckt
Das Westchen befleckt:
Für sie war nichts unerreichbar,
Der Königin von Saba vergleichbar.

Und sie die Hofmeisterin rufen läßt:
»Wir kamen doch neulich zu Streite,
Und Ihr behauptetet steif und fest,
Nicht reiche der Geist in die Weite;
Die Gegenwart nur,
Die lasse wohl Spur,
Doch niemand wirk in die Ferne,
Sogar nicht die himmlischen Sterne.

Nun seht! Soeben ward mir zur Seit
Der geistige Süßtrank verschüttet,
Und gleich darauf hat er dort hinten so weit
Dem Knaben die Weste zerrüttet. –
Besorg dir sie neu!
Und weil ich mich freu,
Daß sie mir zum Beweise gegolten,
Ich zahl sie! sonst wirst du gescholten.«

MARIE VON EBNER-ESCHENBACH

Aphorismen

Eine gescheite Frau hat Millionen geborener Feinde: – alle dummen Männer.

*

Ehen werden im Himmel geschlossen, aber daß sie gut geraten, darauf wird dort nicht gesehen.

*

Es gibt mehr naive Männer als naive Frauen.

*

Es ist schlimm, wenn zwei Eheleute einander langweilen; viel schlimmer jedoch ist es, wenn nur einer von ihnen den andern langweilt.

*

Die Liebe überwindet den Tod, aber es kommt vor, daß eine kleine üble Gewohnheit die Liebe überwindet.

*

Ganz aufgehen in der Familie heißt ganz untergehen.

*

Heitere Resignation – es gibt nichts Schöneres.

KURT TUCHOLSKY

Ein Ehepaar erzählt einen Witz

»Herr Panter, wir haben gestern einen so reizenden Witz gehört, den *müssen* wir Ihnen ... also den *muß* ich Ihnen erzählen. Mein Mann kannte ihn schon ... aber er ist zu reizend. Also passen Sie auf.

Ein Mann, Walter, streu nicht den Tabak auf den Teppich, da! Streust ja den ganzen Tabak auf den Teppich, also ein Mann, nein, ein Wanderer verirrt sich im Gebirge. Also der geht im Gebirge und verirrt sich, in den Alpen. Was? In den Dolomiten, also nicht in den Alpen, ist ja ganz egal. Also er geht da durch die Nacht, und da sieht er ein Licht, und er geht grade auf das Licht zu ... laß mich doch erzählen! das gehört dazu! ... geht drauf zu, und da ist eine Hütte, da wohnen zwei Bauersleute drin. Ein Bauer und eine Bauersfrau. Der Bauer ist alt, und sie ist jung und hübsch, ja, sie ist jung. Die liegen schon im Bett. Nein, die liegen noch nicht im Bett ...«

»Meine Frau kann keine Witze erzählen. Laß mich mal. Du kannst nachher sagen, obs richtig war. Also nun werde ich Ihnen das mal erzählen.

Also, ein Mann wandert durch die Dolomiten und verirrt sich. Da kommt er – du machst einen ganz verwirrt, so ist der Witz gar nicht! Der Witz ist ganz anders. In den Dolomiten, so ist das! In den Dolomiten wohnt ein alter Bauer mit seiner jungen Frau. Und die haben gar nichts mehr zu essen; bis zum nächsten Markttag haben sie bloß noch eine Konservenbüchse mit Rindfleisch. Und die sparen sie sich auf. Und da kommt ... wieso? Das ist ganz richtig! Sei mal still ..., da kommt in der Nacht ein Wandersmann, also da klopft es an die Tür, da steht ein Mann, der hat sich verirrt, und der bittet um Nachtquartier. Nun haben die aber gar kein Quartier, das heißt, sie haben nur ein Bett, da schlafen sie zu zweit drin. Wie? Trude, das ist doch Unsinn ... Das kann sehr nett sein!«

»Na, ich könnte das nicht. Immer da einen, der – im Schlaf strampelt ..., also ich könnte das nicht!«

»Sollst du ja auch gar nicht. Unterbrich mich nicht immer.«

»Du sagst doch, das wär nett. Ich finde das nicht nett.«

»Also ...«

»Walter! Die Asche! Kannst du denn nicht den Aschbecher nehmen?«

»Also ... der Wanderer steht da nun in der Hütte, er trieft vor Regen, und er möchte doch da schlafen. Und da sagt ihm der Bauer, er kann ja in dem Bett schlafen, mit der Frau.«

»Nein, so war das nicht. Walter, du erzählst es ganz falsch! Dazwischen, zwischen ihm und der Frau – also der Wanderer in der Mitte!«

»Meinetwegen in der Mitte. Das ist doch ganz egal.«

»Das ist gar nicht egal ... der ganze Witz beruht ja darauf.«

»Der Witz beruht doch nicht darauf, wo der Mann schläft!«

»Natürlich beruht er darauf! Wie soll denn Herr Panter den Witz so verstehen ... laß mich mal – ich werd ihn mal erzählen! – Also der Mann schläft, verstehen Sie, zwischen dem alten Bauer und seiner Frau. Und draußen gewittert es. Laß mich doch mal!«

»Sie erzählt ihn ganz falsch. Es gewittert erst gar nicht, sondern die schlafen friedlich ein. Plötzlich wacht der Bauer auf und sagt zu seiner Frau – Trude, geh mal ans Telefon, es klingelt. – Nein, also das sagt er natürlich nicht ... Der Bauer sagt zu seiner Frau ... Wer ist da? Wer ist am Telefon? Sag ihm, er soll später noch mal anrufen – jetzt haben wir keine Zeit! Ja. Nein. Ja. Häng ab! Häng doch ab!«

»Hat er Ihnen den Witz schon zu Ende erzählt? Nein, noch nicht! Na, erzähl doch!«

»Da sagt der Bauer: Ich muß mal raus, nach den Ziegen sehn – mir ist so, als hätten die sich losgemacht, und dann haben wir morgen keine Milch! Ich will mal sehn, ob die Stalltür auch gut zugeschlossen ist.«

»Walter, entschuldige, wenn ich unterbreche, aber Paul sagt, nachher kann er nicht anrufen, er ruft erst abends an.«

»Gut, abends. Also der Bauer – nehmen Sie doch noch ein bißchen Kaffee! – Also der Bauer geht raus, und kaum ist er rausgegangen, da stupst die junge Frau ...«

»Ganz falsch. Total falsch. Doch nicht das erstemal! Er geht raus, aber sie stupst erst beim drittenmal – der Bauer geht nämlich dreimal raus – das fand ich so furchtbar komisch! Laß mich mal! Also der Bauer geht raus, nach der Ziege sehn, und die Ziege ist da; und er kommt wieder rein.«

»Falsch. Er bleibt ganz lange draußen. Inzwischen sagt die junge Frau zu dem Wanderer –«

»Gar nichts sagt sie. Der Bauer kommt rein ...«

»Erst kommt er nicht rein!«

»Also ... der Bauer kommt rein, und wie er eine Weile schläft, da fährt er plötzlich aus dem Schlaf hoch und sagt: Ich muß doch noch mal nach der Ziege sehen – und geht wieder raus.«

»Du hast ja ganz vergessen, zu erzählen, daß der Wanderer furchtbaren Hunger hat!«

»Ja. Der Wanderer hat vorher beim Abendbrot gesagt, er hat so furchtbaren Hunger, und da haben die gesagt, ein bißchen Käse wäre noch da ...«

»Und Milch!«

»Und Milch, und es wär auch noch etwas Fleischkonserve da, aber die könnten sie ihm nicht geben, weil die eben bis zum nächsten Markttag reichen muß. Und dann sind sie zu Bett gegangen.«

»Und wie nun der Bauer draußen war, da stupst sie den, also da stupst die Frau den Wanderer in die Seite und sagt: Na ...«

»Keine Spur! Aber keine Spur! Walter, das ist doch falsch! Sie sagt doch nicht: Na ...!«

»Natürlich sagt sie: Na ...! Was soll sie denn sagen?«

»Sie sagt: Jetzt wäre so eine Gelegenheit ...«

»Sie sagt im Gegenteil: Na ... und stupst den Wandersmann in die Seite ...«

»Du verdirbst aber wirklich jeden Witz, Walter!«

»Das ist großartig! Ich verderbe jeden Witz? *Du* verdirbst jeden Witz – ich verderbe doch nicht jeden Witz! Da sagt die Frau ...«

»Jetzt laß *mich* mal den Witz erzählen! Du verkorkst ja die Pointe ...!«

»Also jetzt mach mich nicht böse, Trude! Wenn ich einen Witz anfange, will ich ihn auch zu Ende erzählen ...«

»Du hast ihn ja gar nicht angefangen ... *ich* habe ihn angefangen!« – »Das ist ganz egal – jedenfalls will ich die Geschichte zu Ende erzählen; denn du kannst keine Geschichten erzählen, wenigstens nicht richtig!« – »Und ich erzähle eben meine Geschichten nach meiner Art und nicht nach deiner, und wenn es dir nicht paßt, dann mußt du eben nicht zuhören ...!« – »Ich will auch gar nicht zuhören ... ich will sie zu Ende erzählen – und zwar so, daß Herr Panter einen Genuß von der Geschichte hat!« – »Wenn du vielleicht glaubst, daß es ein Genuß ist, dir zuzuhören ...« – »Trude!« – »Nun sagen Sie, Herr Panter – ist das auszuhalten! Und so nervös ist er schon die ganze Woche ... ich habe ...« – »Du bist ...« – »Deine Unbeherrschtheit ...« – »Gleich wird sie sagen: Komplexe! Deine Mutter nennt das einfach schlechte Erziehung ...« – »Meine Kinderstube ...!« – »Wer hat denn die Sache beim Anwalt rückgängig gemacht? Wer denn? Ich vielleicht? Du! Du hast gebeten, daß die Scheidung nicht ...« – »Lüge!« – Bumm: Türgeknall rechts. Bumm: Türgeknall links.

Jetzt sitze ich da mit dem halben Witz.

Was hat der Mann zu der jungen Bauersfrau gesagt?

THEODOR FONTANE

Trost

Tröste dich, die Stunden eilen,
Und was all dich drücken mag,
Auch das Schlimmste kann nicht weilen,
Und es kommt ein andrer Tag.

In dem ew'gen Kommen, Schwinden,
Wie der Schmerz liegt auch das Glück,
Und auch heitre Bilder finden
Ihren Weg zu dir zurück.

Harre, hoffe. Nicht vergebens
Zählest du der Stunden Schlag:
Wechsel ist das Los des Lebens,
Und – es kommt ein andrer Tag.

Von, vor und nach der Reise

MATTHIAS CLAUDIUS

Urians Reise um die Welt

Wenn jemand eine Reise tut,
So kann er was erzählen;
Drum nahm ich meinen Stock und Hut
Und tät das Reisen wählen.

Tutti

Da hat Er gar nicht übel dran getan;
Verzähl' Er doch weiter, Herr Urian!

Zuerst ging's an den Nordpol hin;
Da war es kalt, bei Ehre!
Da dacht' ich denn in meinem Sinn,
Daß es hier besser wäre.

Tutti

Da hat Er gar nicht übel dran getan;
Verzähl' Er doch weiter, Herr Urian!

In Grönland freuten sie sich sehr,
Mich ihres Orts zu sehen,
Und setzten mir den Trankrug her;
Ich ließ ihn aber stehen.

Tutti

Da hat Er gar nicht übel dran getan;
Verzähl' Er doch weiter, Herr Urian!

Die Esquimaux sind wild und groß,
Zu allem Guten träge;
Da schalt ich Einen einen Kloß,
Und kriegte viele Schläge.

Tutti

Da hat Er gar nicht übel dran getan;
Verzähl' Er doch weiter, Herr Urian!

Nun war ich in Amerika;
Da sagt' ich zu mir: Lieber!
Nordwestpassage ist doch da;
Mach dich einmal darüber!

Tutti

Da hat Er gar nicht übel dran getan;
Verzähl' Er doch weiter, Herr Urian!

Flugs ich an Bord und aus ins Meer,
Den Tubus festgebunden,
Und suchte sie die Kreuz und Quer,
Und hab' sie nicht gefunden.

Tutti

Da hat er gar nicht übel dran getan;
Verzähl' Er doch weiter, Herr Urian!

Von hier ging ich nach Mexiko;
Ist weiter als nach Bremen,
Da, dacht' ich, liegt das Gold wie Stroh;
Du sollst 'n Sack voll nehmen.

Tutti

Da hat Er gar nicht übel dran getan;
Verzähl' Er doch weiter, Her Urian!

Allein, allein, allein, allein,
Wie kann ein Mensch sich trügen!
Ich fand da nichts als Sand und Stein
Und ließ den Sack da liegen.

Tutti

Da hat Er gar nicht übel dran getan;
Verzähl' Er doch weiter, Herr Urian!

Drauf kauft' ich etwas kalte Kost,
Und Kieler Sprott und Kuchen,
Und setzte mich auf Extrapost,
Land Asia zu besuchen.

Tutti

Da hat Er gar nicht übel dran getan;
Verzähl' Er doch weiter, Herr Urian!

Der Mogul ist ein großer Mann
Und gnädig über Maßen
Und klug; er war itzt eben dran,
'n Zahn ausziehn zu lassen.

Tutti

Da hat Er gar nicht übel dran getan;
Verzähl' Er doch weiter, Herr Urian!

Hm! dacht' ich, der hat Zähnepein,
Bei aller Größ' und Gaben!

Was hilft's denn auch noch: Mogul sein?
Die kann man so wohl haben.

Tutti

Da hat Er gar nicht übel dran getan;
Verzähl' Er doch weiter, Herr Urian!

Ich gab dem Wirt mein Ehrenwort,
Ihn nächstens zu bezahlen;
Und damit reist' ich weiter fort
Nach China und Bengalen.

Tutti

Da hat Er gar nicht übel dran getan;
Verzähl' Er doch weiter, Herr Urian!

Nach Java und nach Otaheit,
Und Afrika nicht minder;
Und sah bei der Gelegenheit
Viel Städt' und Menschenkinder;

Tutti

Da hat Er gar nicht übel dran getan;
Verzähl' Er doch weiter, Herr Urian!

Und fand es überall wie hier,
Fand überall 'n Sparren,
Die Menschen grade so wie wir
Und eben solche Narren.

Tutti

Da hat Er übel übel dran getan;
Verzähl' Er nicht weiter, Herr Urian!

MARK TWAIN

Eine Rigibesteigung

Der Rigi kann mittels Eisenbahn, zu Pferde oder zu Fuß erstiegen werden, je nach Belieben des Reisenden. Ich und mein Freund warfen uns in Touristenanzüge und fuhren an einem herrlichen Morgen mit dem Dampfboot den See hinauf. In Weggis, einem Dorfe am Fuße des Berges, dreiviertel Stunden von Luzern, gingen wir an Land.

Bald ging's behaglich und stetig den schattigen Fußweg hinauf, und unsere Zungen waren wie gewöhnlich in schönster Bewegung. Alles ließ sich herrlich an, und wir versprachen uns nicht wenig, sollten wir doch zum erstenmal den Genuß eines Sonnenaufgangs in den Alpen erleben; das war ja der Zweck unserer Tour. Wir hatten anscheinend keinen triftigen Grund zu eilen, unser Reisehandbuch hatte den Weg von Weggis bis zum Gipfel als nur dreieinviertel Stunden weit angegeben. Anscheinend, sage ich, weil uns der Baedeker schon einmal angeführt hatte.

Als wir etwa eine halbe Stunde gegangen waren, kamen wir in die richtige Stimmung für das Unternehmen und trafen Anstalten zum Steigen, das heißt, wir mieteten einen Burschen zum Tragen der Alpenstöcke, Reisetaschen und Überzieher, wodurch wir die Hände frei bekamen.

Wahrscheinlich haben wir häufiger im schönen schattigen Gras geruht, um ein paar Züge aus unseren Pfeifen zu tun, als unser Führer gewohnt war, denn plötzlich fuhr er uns mit der Frage an, ob wir ihn nach dem Tarif oder fürs Jahr mieten wollten. Wir sagten, er solle nur vorangehen, wenn er Eile habe. Er erwiderte, Eile habe er eigentlich nicht, doch möchte er den Berg hinaufkommen, solange er noch jung sei. Wir sagten ihm, er möge nur vorausgehen, das Gepäck im obersten Hotel abgeben und unsere baldige Ankunft melden. Er meinte, Zimmer wolle er für uns schon bestellen; wenn aber alles voll sei, wolle er ein neues Hotel bauen lassen und dafür sorgen, daß Maler- und Gipserarbeit trocken wären, bis wir ankämen. Unter solchen Bemerkungen verließ er uns und war bald unseren Augen entschwunden.

Um sechs Uhr waren wir schon ein gutes Stück in der Höhe und die Aussicht hatte an Reiz und Umfang bedeutend zugenommen. Bei einem kleinen Wirtshaus machten wir Halt, genossen im Freien Brot, Käse und ein oder zwei Liter frische Milch, und dazu das großartige Panorama; dann setzten wir uns wieder in Bewegung.

Nach zehn Minuten begegneten wir einem Engländer mit heißem, kupferrotem Gesicht, der in mächtigen Sätzen den Berg herabstürmte, indem er sich an seinem Stock immer eine tüchtige Strecke vorwärts schwang. Atemlos und schweißtriefend hielt er bei uns an und fragte, wie weit es bis Weggis sei.

»Drei Stunden!«

»Was? Der See scheint ja so nahe, als ob man einen Kieselstein hineinwerfen könnte. Ist das ein Wirtshaus?«

»Ja.«

»Das ist recht! Ich kann es nicht noch einmal drei Stunden aushalten.«

Auf meine Frage, ob wir wohl nahe am Gipfel seien,

rief er: »Meiner Treu! Ihr habt ja eben erst angefangen zu steigen!«

Ich schlug deshalb meinem Reisegenossen Harris vor, auch in besagtem Wirtshaus zu bleiben. Wir kehrten um, ließen uns ein warmes Nachtessen bereiten und verlebten mit dem Engländer einen lustigen Abend.

Die deutsche Wirtin gab uns hübsche Zimmer und gute Betten, und ich und mein Freund legten uns nieder mit dem Entschluß, früh genug aufzustehen, um unseren ersten Sonnenaufgang in den Alpen nicht zu versäumen. Aber wir waren todmüde und schliefen wie Nachtwächter; folglich war es, als wir am Morgen erwachten und ans Fenster stürzten, für den Sonnenaufgang schon zu spät – es war halb zwölf Uhr. Das war ein harter Schlag, doch trösteten wir uns mit der Aussicht auf ein gutes Frühstück und beauftragten die Wirtin, den Engländer zu rufen; aber sie erzählte uns, daß dieser unter allerlei Verwünschungen schon bei Tagesanbruch auf und davon gegangen sei. Wir konnten nicht auf den Grund seiner Erregung kommen. Er hatte die Wirtin nach der genauen Höhe des Wirtshauses über dem See gefragt und sie hatte tausendvierhundertfünfundneunzig angegeben; diese Zahl mußte ihn ganz außer Rand und Band gebracht haben, denn er habe hinzugefügt: »In einem Lande wie diesem können Narren und Reisehandbücher einem in vierundzwanzig Stunden mehr Bären aufbinden als anderswo in einem Jahr.«

Gegen Mittag nahmen wir den Weg wieder unter die Füße und strebten frischen gewaltigen Schrittes dem Gipfel zu. Als wir etwa zweihundert Meter marschiert waren und anhielten, um zu rasten, blickte ich beim Anzünden meiner Pfeife von ungefähr nach links und entdeckte in einiger Entfernung eine Rauchsäule, die wie ein langer schwarzer Wurm lässig den Berg hinaufkroch. Das konnte nur der Rauch einer Lokomotive sein. Auf unsere Ellbogen gestützt, stierten wir das uns völlig neue Mirakel dieser Bergbahn an. Es erschien unglaublich, daß das Ding auf einer schiefen Ebene, steil wie ein Dach, schnurgerade aufwärts kriechen konnte; es geschah aber vor unseren Augen: ein leibhaftiges Wunder.

Noch ein paar Stunden, und wir erreichten ein schönes zephyrumsäuseltes Hochtal, wo die Dächer der kleinen Sennhütten mit großen Steinen belegt waren, um sie am Grund und Boden festzuhalten, wenn die großen Stürme toben. Weit weg am andern Ufer des Sees konnten wir einige Dörfer erblicken und jetzt zum erstenmal ihre zwerghaften Häuser mit den Bergriesen vergleichen, an deren Fuße sie schliefen.

Wenn man sich inmitten eines solchen Dorfes befindet, kommt es einem ziemlich ausgedehnt vor und die Häuser erscheinen stattlich, selbst im Verhältnis zu den hereinragenden Bergen; aber von unserm hohen Platze aus, welch eine Veränderung! Die Berge erschienen massiger und großartiger, dagegen waren die Dörfer so klein geworden, beinahe unsichtbar und lagen so dicht am Boden, daß ich sie nur vergleichen kann mit winzigen Erdarbeiten von Ameisen, überschattet von dem himmelanstrebenden Bau eines Münsters. Die Dampfboote, welche drunten den See durchschnitten, erschienen in der Entfernung nur noch so groß wie Kinderspielzeuge und die Segel- und Ruderboote wie winzige Fahrzeuge, bestimmt für die Elfen, die in Lilienkelchen haushalten und auf Brummhummeln zu Hofe reiten.

Wir gingen weiter und stießen bald auf ein halbes Dutzend Schafe, die unter dem Gischt eines Gießbaches weideten, der wohl hundert Fuß hoch sich am Felsen herabstürzte. Doch horch! Ein melodisches »Lal . . . l . . . l . . . lal . . . loil-lahi-o-o-o-o!« trifft unser Ohr. Wir hören zum erstenmal das berühmte Alpenjodeln inmitten der wilden Gebirgsgegend, in der es heimisch ist. Es ist jenes seltsame Gemisch von Bariton und Falsett, das wir zu Hause Tiroler Triller nennen.

Das Gejodel war hübsch und munter anzuhören, und bald erschien der Jodler – ein Sennbub von sechzehn Jahren. In unserer Freude und Dankbarkeit gaben wir ihm einen Franken, damit er weiter jodle. Er jodelte und wir lauschten. Er jodelte großmütig weiter, als wir schon außer Sicht waren. Ebenso der zweite, auf den wir eine Viertelstunde später stießen, und dem wir seine Kunst mit einem halben Franken bezahlten.

Von nun an begegneten wir alle zehn Minuten einem Jodler; dem ersten gaben wir acht Rappen, dem zweiten sechs, dem dritten vier, dem vierten einen und Nummer fünf, sechs und sieben erhielten gar nichts! Für den Rest des Tages erkauften wir das Stillschweigen der übrigen Jodler mit einem Franken pro Kopf. Man bekommt es unter solchen Umständen schließlich doch satt.

Zehn Minuten nach sechs Uhr erreichten wir die Kaltbadstation, wo ein geräumiges Hotel mit Veranden steht, die einen weiten Umblick auf Berge und Seen gestatten. Wir waren nicht so sehr ermüdet, aber, um am andern Morgen ja den Sonnenaufgang nicht zu verschlafen, kürzten wir unsere Mahlzeit ab und eilten zu Bett. Es war unaussprechlich angenehm, unsere steifen Glieder in den kühlfeuchten Betten auszustrecken. Und wie fest wir schliefen! Kein Schlaftrunk wirkt so trefflich wie eine solche Alpenfußtour.

Morgens erwacht, waren wir beide mit einem Sprung aus den Federn und an den Fenstern; wir zerrten die

Vorhänge zurück, erfuhren aber leider eine neue herbe Enttäuschung: es war nämlich schon halb vier Uhr nachmittags. In sehr mürrischer Laune kleideten wir uns an, wobei jeder dem andern die Schuld in die Schuhe schob. Harris meinte, wenn ich ihm gefolgt wäre und wir den Reisebegleiter mitgenommen hätten, wäre uns dieser Sonnenaufgang nicht entgangen. Ich behauptete dagegen, daß dann einer von uns hätte aufbleiben müssen, um den Begleiter zu wecken, außerdem hätten wir auf dieser Klettertour auch ohne die Sorge für einen Reisebegleiter Mühe genug mit uns selbst.

Das Frühstück regte unsere Lebensgeister wieder etwas an, besonders auch die beruhigende Versicherung im Baedeker, oben auf dem Rigi brauche der Reisenden nicht besorgt zu sein, daß er den Sonnenaufgang verschlafe, er werde vielmehr beizeiten von einem Mann geweckt, der mit einem großen Alphorn von Zimmer zu Zimmer gehe und seinem Instrument Töne entlocke, die imstande seien, Tote zu erwecken. Und noch eine andere Bemerkung des Reisehandbuches tröstete uns, die Versicherung nämlich, daß oben in den Rigi-Hotels die Gäste sich morgens nicht ganz anzukleiden brauchen, sondern sich einfach ihrer roten Bettdecken bemächtigen und mit diesen, wie Indianer drapiert, ins Freie stürmen. Oh, das muß schön und romantisch sein! Zweihundertfünfzig Personen auf dem windigen Gipfel gruppiert, mit fliegenden Haaren und wehenden roten Bettdecken, in der feierlich ernsten Gegenwart der schneebedeckten Bergspitzen, beleuchtet von den ersten Strahlen der aufgehenden Sonne, das muß ein herrlicher und denkwürdiger Anblick sein! Unter diesen Umständen war es fast ein Glück, daß wir die früheren Sonnenaufgänge verfehlt hatten.

Nach dem Reisehandbuch waren wir nun dreitausendzweihundertachtundzwanzig Fuß über dem Spiegel des Sees und konnten somit volle zwei Drittel unserer Wanderung als vollendet betrachten. Wir brachen kurz nach vier Uhr nachmittags von neuem auf; etwa hundert Schritte über dem Hotel verzweigte sich die Bahnlinie, der eine Arm ging gerade aufwärts den steilen Berg hinan, der andere bog in ziemlich sanfter Steigung nach rechts ab; wir folgten dem letzteren über eine Meile, bogen um eine Felsecke und kamen in Sicht eines neuen hübschen Hotels. Wären wir gleich weitergegangen, so hätten wir den Gipfel erreicht, aber Harris wollte allerhand Erkundigungen einziehen. Er wurde belehrt – und zwar falsch, wie gewöhnlich –, daß wir umkehren und den andern Weg gehen müßten. Dies kostete uns eine schwere Menge Zeit.

Wir kletterten und kletterten; wir kamen wohl über vierzig Hügel, aber immer erschien ein neuer, so groß wie die frühern. Es begann zu regnen; wir wurden durch und durch naß und es war bitter kalt. Dampfende Nebelwolken deckten bald den ganzen Abgrund zu; der Eisenbahndamm, auf welchen wir stießen, war unser einziger Wegweiser! Manchmal krochen wir längs desselben ein Stück weit fort, allein als sich der Nebel etwas zerteilte, bemerkten wir mit Schrecken, daß wir uns mit dem linken Ellbogen über einem bodenlosen Abgrund befanden, weshalb wir eiligst wieder den Bahndamm zu erreichen trachteten.

Die Nacht brach ein, rabenschwarz, neblig und kalt. Etwa um acht Uhr abends hob sich der Nebel etwas und ließ uns einen ziemlich undeutlichen Pfad erblicken, der links aufwärts führte. Diesen Weg einschlagend, waren wir eben weit genug vom Eisenbahndamm entfernt, um diesen nicht wieder finden zu können, als sich auch schon wieder eine Nebelwolke ausbreitete und alles in undurchdringliches Dunkel hüllte.

Wir befanden uns an einem rauhen, dem Unwetter vollkommen preisgegebenen Ort, waren genötigt, auf und ab zu gehen, um uns warm zu machen, obgleich wir dadurch Gefahr liefen, gelegentlich in einen Abgrund zu verschwinden.

Um neun Uhr machten wir die wichtige Entdeckung, daß wir jeden Pfad verloren hatten. Wir krochen auf Händen und Knien umher, konnten ihn aber nicht mehr finden; somit setzten wir uns wieder in das nasse Gras und warteten das Weitere ab. Plötzlich jagte uns eine ungeheure dunkle Masse, die vor uns auftauchte, nicht geringen Schrecken ein; sie verschwand aber alsbald wieder im Nebel. Es war, wie wir später erfuhren, das längst ersehnte Rigi-Kulm-Hotel, aber die nebelhafte Vergrößerung ließ es uns als den gähnenden Rachen eines tödlichen Abgrundes erscheinen.

Da saßen wir nun eine lange Stunde mit klappernden Zähnen und zitternden Knien, den Rücken gegen den vermeintlichen Abgrund gekehrt, weil von dorther etwas Zugluft zu verspüren war. Dabei ereiferten wir uns leidenschaftlich, denn jeder wollte dem andern die Dummheit in die Schuhe schieben, den Bahnkörper verlassen zu haben. Nach und nach wurde der Nebel dünner, und als Harris zufällig um sich blickte, stand das große, hell erleuchtete Hotel da, wo vorher der Abgrund gewesen war. Man konnte beinahe Fenster und Kamine zählen.

Unser erstes Gefühl war tiefer, unaussprechlicher Dank, unser zweites rasende Wut, weil das Hotel wahrscheinlich schon seit fast dreiviertel Stunden sichtbar gewesen war, während wir pudelnaß dasaßen und uns zankten.

Ja, es war das Rigi-Kulm-Hotel auf dem Gipfel des Rigi, und wir fanden dort die Zimmer, die unser Bursche für uns bestellt hatte – allerdings bekamen wir zuvor die hochmütige Ungefälligkeit des Portiers und des sonstigen Dienstpersonals gründlich zu kosten.

Wir verschafften uns trockene Kleider, und während unser Abendbrot bereitet wurde, irrten wir einsam durch eine Anzahl Wohnräume, von denen einer einen Ofen besaß. Dieser Ofen in einer Ecke des Zimmers war von einer lebendigen Wand der allerverschiedensten Menschenkinder umgeben. Da wir nun nicht ans Feuer herankommen konnten, wandelten wir in den arktischen Regionen der weiten Säle umher, unter einer Menge Menschen, die schweigend, in sich verloren und wie versteinert das Problem zu ergründen suchten, warum sie wohl solche Narren gewesen waren, hierherzukommen. Einige davon waren Amerikaner, einige Deutsche, die weitaus überwiegende Mehrzahl aber waren Engländer. In einem der Räume drängte sich alles um die *Souvenirs du Righi*, die dort feilgeboten werden. Ich wollte zuerst auch ein geschnitztes Falzbein mit Gemshorngriff mitnehmen; dann sagte ich mir jedoch, daß mir der Rigi mit seinen Annehmlichkeiten wohl auch ohnedies in guter Erinnerung bleiben würde, und erstickte deshalb das Gelüst.

Das Abendessen erwärmte uns, und wir gingen sofort zu Bett – das heißt, nachdem ich an Baedeker noch einige Zeilen geschrieben hatte. Dieser ersucht nämlich die Touristen, ihn auf etwaige Irrtümer in seinem Reisehandbuch aufmerksam zu machen. Ich schrieb ihm, daß er sich, indem er den Weg von Weggis bis zum Gipfel nur mit dreieinviertel Stunden angebe, genau um drei Tage geirrt habe. Eine Antwort habe ich nie erhalten, auch ist im Buche nichts geändert worden – mein Brief muß also verlorengegangen sein.

Wir waren so todmüde, daß wir sofort einschliefen und uns nicht regten noch bewegten, bis die herrlichen Töne des Alphorns uns weckten. Man kann sich denken, daß wir keine Zeit verloren, sondern schnell ein paar Kleidungsstücke überwarfen, uns in die praktischen roten Decken wickelten und unbedeckten Hauptes in den pfeifenden Wind hinausstürzten. Wir erblickten ein großes hölzernes Gerüst, gerade am höchsten Punkt der Spitze. Dorthin lenkten wir unsere Schritte, krochen die Stufen hinauf und standen da, erhaben über der weiten Welt, mit fliegenden Haaren und im Wind flatternden roten Decken.

»Mindestens fünfzehn Minuten zu spät!« sagte Harris mit trauriger Stimme, »die Sonne steht schon über dem Horizont.«

»Schadet nichts«, erwiderte ich, »es ist dennoch ein großartiges Schauspiel, und wir wollen es noch weiter genießen, bis die Sonne höher steht.«

Einige Minuten waren wir tief ergriffen von dem wunderbaren Anblick und für alles andere tot. Die große, klare Sonnenscheibe stand jetzt dicht über einer unendlichen Anzahl Zipfelmützen – bildlich gesprochen. Es war ein wogendes Chaos riesiger Bergmassen, die Spitzen geschmückt mit ewigem Schnee und umflutet von der goldenen Pracht des zitternden Lichtes, während die glänzenden Sonnenstrahlen durch die Risse einer der Sonne vorgelagerten schwarzen Wolkenmasse aufschossen zum Zenit.

Wir konnten nicht sprechen, ja kaum atmen; wir standen in trunkener Verzückung und sogen diese Schönheit ein, als Harris plötzlich schrie: »Verd-! sie geht ja unter!«

Wahrhaftig, wir hatten das Morgenhornblasen überhört, hatten den ganzen Tag geschlafen und waren erst beim Blasen des Abendhorns aufgewacht: das war niederschmetternd.

Auf einmal sagte Harris: »Allem Anschein nach ist nicht die Sonne der Gegenstand der Aufmerksamkeit der unter uns versammelten Menschen, sondern wir, hier oben auf diesem Gerüst, in diesen eselhaften Decken. Zweihundertfünfzig feingekleidete Herren und Damen starren uns an und kümmern sich kein Haar um Sonnenauf- oder -niedergang, solange wir ihnen ein derart lächerliches Schauspiel bieten. Die ganze Gesellschaft birst ja vor Lachen und das junge Mädchen dort wird nächstens platzen. In meinem Leben ist mir kein solcher Mensch vorgekommen wie Sie!«

»Was habe ich denn getan?« erwiderte ich erregt.

»Sie sind um halb acht Uhr abends aufgestanden, um den Sonnenaufgang zu sehen, ist das nicht genug?«

»Und haben Sie nicht dasselbe getan? möchte ich wissen; ich bin immer mit der Lerche aufgestanden, bis ich unter den versteinernden Einfluß Ihres ausgetrockneten Gehirns kam.«

»Schämen Sie sich nicht, in diesem Aufzug auf einem vierzig Fuß hohen Schafott auf dem Gipfel der Alpen zu stehen, unter uns eine endlose Zuschauermenge? Ist das der Schauplatz für derartige Experimente?« So ging der Streit in diesem Maskenanzug weiter. Als die Sonne untergegangen war, schlichen wir uns ins Hotel zurück und wieder zu Bett. Wir begegneten unterwegs dem

Alphornbläser, und er versprach, uns am nächsten Morgen sicher zu wecken.

Er hielt Wort; wir hörten das Alphorn und standen sofort auf; es war finster und kalt. Als ich nach den Zündhölzchen suchend mit schlotternden Händen eine Anzahl Dinge zerbrach und zu Boden warf, wünschte ich, die Sonne möchte bei Tag aufgehen, wo es hell, warm und angenehm ist.

Es gelang uns endlich, uns beim zweifelhaften Licht zweier Kerzen anzukleiden; doch konnten wir mit unsern zitternden Händen nichts zuknöpfen; ich überlegte, wieviel glückliche Menschen in Europa, Asien, Amerika undsoweiter jetzt friedlich in ihren Betten ruhten und nicht aufzustehen brauchten, um den Rigi-Sonnenaufgang zu sehen. In diesen Gedanken versunken, hatte ich etwas zu ausgiebig gegähnt, so daß ich mit einem meiner Zähne an einem Nagel über der Tür hängen blieb. Während ich auf einen Stuhl stieg, um mich loszumachen, zog Harris die Vorhänge zurück und sagte: »Oh, welches Glück, wir brauchen ja nicht einmal das Zimmer zu verlassen – da unten liegen die Berge in ihrer ganzen Ausdehnung!«

Es war erfreulich: in der Tat, man konnte die großen Alpenmassen sich in unsichern Umrissen gegen das schwarze Firmament abheben und einen oder zwei Sterne durch das Morgengrauen schimmern sehen. Gut angekleidet und warm versorgt in den wollenen Decken stellten wir uns mit brennenden Pfeifen und unterhaltendem Geplauder ans Fenster, in behaglicher Erwartung eines Sonnenaufgangs bei Kerzenbeleuchtung. Nach und nach verbreitete sich ein leichtes ätherisches Licht in unmerklicher Steigerung über die luftigen Spitzen der

Schneewüste – doch auf einmal schien ein Stillstand eingetreten zu sein. Ich sagte:

»Mit diesem Sonnenaufgang scheint etwas nicht zu stimmen. Es will nicht recht gehen. Was meinen Sie, was schuld sei?«

»Ich weiß nicht, es macht den Eindruck, wie wenn irgendwo Feuer wäre. Ich sah nie einen solchen Sonnenaufgang.«

»Nun, was mag wohl der Grund sein?«

Harris sprang jetzt mit einemmal auf und rief: »Ich hab's! Ich hab's! Wir sehen ja dorthin, wo gestern abend die Sonne unterging!«

»Vollkommen richtig! Warum haben Sie das nicht früher gemerkt? Jetzt haben wir wieder einen verfehlt; und alles durch Ihre Dummheit. Ja! Das sieht nur Ihnen gleich, eine Pfeife anzuzünden und den Sonnenaufgang im Westen zu erwarten.«

»Es sieht mir auch gleich, den Irrtum entdeckt zu haben; Sie hätten das doch nie gemerkt! Ich muß alle diese Dummheiten entdecken!«

»Sie machen sie alle! Aber wir wollen die Zeit nicht mit Streiten verlieren, vielleicht kommen wir doch noch rechtzeitig!« Allein es war zu spät, die Sonne war schon weit oben, als wir auf den Platz kamen. Wir begegneten der heimkehrenden Menge – Herren und Damen in komischer Bekleidung und mit frierenden Gesichtern.

Etwa ein Dutzend waren noch auf dem Platze. Sie versuchten, mittels Reisehandbuch und Panorama jeden Berg zu bestimmen und die verschiedenen Namen und Formen ihrem Gedächtnis einzuprägen.

Es war ein betrüblicher Anblick.

Nach meiner Schätzung brauchten wir einen Tag, um zu Fuß nach Weggis oder Vitznau zu kommen; sicher dagegen war, daß wir mit der Bahn etwa eine Stunde brauchen würden – deshalb wählten wir das letztere.

Eine herrliche Talfahrt auf der schwindelnden Bergbahn, die uns eine Wunderwelt gleich einer Reliefkarte zu unsern Füßen ausgebreitet sehen ließ, bildete den würdigen Schluß unserer ereignisreichen Rigibesteigung mit ihrem verunglückten Sonnenaufgang.

JOSEPH ROTH

Eine Laune der Natur

Eine halbe Minute vor Abgang des Zuges sprang er ins Coupé, ein großkariertes Plaid über dem Arm. Den kleinen Lederkoffer versorgte er schwungvoll kühn im grünen, nachzitternden Gepäcknetz. Im Nu veränderte sich die ganze Welt; das heißt das Abteil. Bis zum Eintritt des Fremden war es nur ein Eisenbahnabteil gewesen, erster Klasse zwar, aber ein Eisenbahnabteil. In dem Augenblick, in dem der Fremde einstieg, begann es, sich selbst zu übertreffen. Es wurde eine Klasse, die es im ganzen Eisenbahnwesen nicht gibt, eine Eins-A-Klasse. Meine eigene bescheidene Erscheinung hatte das Coupé eher degradiert als erhoben. Als aber mein Reisegenosse sich setzte, begann sein Glanz auch auf mich überzuströmen, und ich adelte mich in seiner Vornehmheit. Eingehüllt saß er im silbrigen Schimmer seines hellgrauen Reiseanzugs. Ein herbsüßer distinguierter Geruch von einem fremden Haarwasser entströmte seinem Haupt, so unermüdlich, in immer neueren Duftwellen, daß ich zur Überzeugung kam, sein Gehirn erzeugte selbst den Duft und das Material für die Haarpflege von innen her, in gewissen geregelten Zeitabständen. Oben im Netz leuchtete gelb der Koffer. Über die linke Brusttasche hing ein charmanter Zipfel eines verwöhnten Taschentuchs, weiß, mit violettem Rand. Auf dem Boden die gelben Schuhe schienen die Geschwister des Koffers über dem Kopf zu sein. Seidene graue Strümpfe füllten mit zarter Innigkeit die Pause zwischen dem Halbschuh und der emporgezogenen Hose aus. Der letzte Westenknopf war von Anfang an offen, obwohl ein korrespondierendes leeres Knopfloch ständig bereit war, ihn aufzunehmen. Im Westenausschnitt blühte der Knoten einer dunkelgrünen Krawatte, wie eine köstliche, in Wintergärten gezüchtete Knospe. Darüber ruhte hart, breit, aber mit einem versöhnlichen Grübchen geziert, ein glattrasiertes gepudertes Kinn. Der Mund war charaktervoll geschlossen, die Nase kühn und bebend, die Augen grau, heiter, unerbittlich: Kein Zweifel, ich befand mich einem echten Mann von Welt gegenüber.

Er lächelte, während er las, weiße, ebenmäßige Vorderzähne leuchteten zwischen den roten Lippen auf. Er schlug mit Grazie ein Bein über das andere. Sein Fuß tippte einen gleichmäßigen Takt auf den Boden, als summte eine Melodie selbständig in seinem Gehirn. Es wurde dunkel. Mit heiterer Selbstverständlichkeit, ohne einen Augenblick nach dem Schalter zu suchen, griff er nach der Türleiste, knipste selbst die Lampe an, und ich entnahm daraus, daß er ein weitgereister Mann war, der die Gebräuche der Verkehrsmittel schon seit Jahren kannte.

Eine halbe Stunde später sah er mich an, mit seinen lächelnden hellen Augen, und ließ ein einziges Wort ertönen. Es lautete: »Gestatten?« und ersetzte einen ganzen Satz. Ihm laut zu erwidern hätte ich mich geschämt, und ich nickte ein stummes Bitte, bei dem ich mir selbst äußerst distinguiert vorkam. Er löschte die Lampe, streckte sich aus und schlief sofort ein, ein geübter Coupéschläfer.

Mitten in der Nacht erwachte ich. Ich vernahm ein merkwürdiges Geräusch, ein Potpourri aus Katzenmiauen, dem Winseln junger Hunde und dem Brüllen alter Löwen. Eine Weile später wußte ich, daß mein Nachbar schnarchte – – und ich war gekränkt.

Ich war gekränkt, beleidigt, erbittert. Keinem anderen hätte ich eine banale Äußerung der Atmungsorgane übel genommen. Man sah den offenen Mund des Herrn, zwei Goldplomben, eine Krone rechts, obwohl nur das flaue Nachtlicht leuchtete. Die Brust, die Weste mit dem letzten offenen Knopf, der kostbare Knoten der Krawatte, alles hob und senkte sich regelmäßig. Regelmäßig kam ein gewaltiges Stöhnen aus dem Herrn, wie von einem gewaltigen Alpdruck. Kein Zweifel: Der Herr schnarchte nicht nur, er träumte sogar dazu, wahrscheinlich entsprechende Träume, alltägliche vulgäre Verworrenheiten.

Dieser Fall war ohne Zweifel eine boshafte Laune der Natur. Sie stattete einen mit allen Tugenden aus, mit einem dufterzeugenden Hirn, mit unverwüstlichen Bügelfalten, mit einem harten, siegreichen Lächeln um

Augen und Mund, mit männlich-mondäner Schönheit – – und lockerte, während er ahnungslos schlief, seine Hemmungen und lockte das Allzumenschliche aus seinen unbewußten Tiefen. Diese Überlegung ließ mich nicht weiterschlafen. In schmerzlicher Enttäuschung erwartete ich den Morgen und das Erwachen des Herrn.

Er erwachte, setzte sich mit einem gewöhnlichen, noch nicht beherrschten Ruck auf den Sitz, gähnte laut und schlug währenddessen mit der flachen Hand ein paarmal gegen den offenen Mund, derart, daß er kleine Gähn-Wellchen erzeugte. Sein Angesicht war fahlgrau. Der Bart wucherte schwarz aus zehntausend Poren und füllte das Grübchen im Kinn aus. Die dunklen Haare kräuselten sich in entstellender Verwirrung auf dem Kopf, aus dem es nicht mehr so überzeugend duftete. Der Blick wischte nachlässig über das Fenster und die Landschaft, Staub lag auf den gelben Stiefeln, als wäre der Herr nachtsüber gewandert und nicht gelegen. – – Seine Stimmung war miserabel.

Dann gab er sich noch einen Ruck, stand auf, holte seinen Koffer und verschwand im Korridor. Es dauerte lange, bis ich ihn wiedersah. Endlich kam er, und nun erkannte ich ihn. Rasiert, duftend, mit wieder funktionierenden Hemmungen, renovierten Ventilen stand er vor mir, genau wie gestern abend. Sein Auge blickte kalt, grau, lächelnd einem baldigen Ziel entgegen, einem siegreichen Tag, einem mondänen Leben und wer weiß, welchen Abenteuern …

ALEXANDER LERNET-HOLENIA

Koffertragödie

Von einem Gute in Oberösterreich, wo sie Gäste gewesen waren, kehrten im Herbste vor etlichen Jahren einige Leute wieder nach Wien zurück; und zwar bestand die Reisegesellschaft aus einem Herrn von Baumgarten, Baron und Baronin Le Cor und einem Baumeister Brandejs, der im Gästehaus des Gutes Veränderungen vorzunehmen gehabt hatte und nun mit den andern, die nur zu ihrem Vergnügen auf dem Lande gewesen waren, heimreiste. Man fuhr zwar bloß dritter Klasse, plauderte aber die meiste Zeit sehr angeregt, denn die Baronin, eine äußerst liebenswürdige Frau von achtundzwanzig oder dreißig Jahren, verstand es, mit den Herren die angenehmste Konversation zu machen.

In Linz jedoch ereignete sich das Folgende: der Zug, um sich einige Minuten in der Station aufzuhalten, hielt an, und Baumgarten, indem er sagte, er wolle Zeitungen kaufen, stieg aus. Auch Le Cor und der Baumeister gingen ein paarmal vor dem Zug auf und ab, und die Baronin sah aus dem Wagenfenster. Die Herren, Zigaretten rauchend, holten einige auf das frühere allgemeine Gespräch bezügliche Bemerkungen intimerer Natur, die sie vor der Baronin nicht hatten machen können oder wollen, nach und stiegen dann wieder ein. Auch die Baronin trat vom Gangfenster zurück und nahm von neuem im Abteil Platz.

Bald darauf hatte man das Gefühl, daß der Zug im

Drauf, als der Morgen bricht hervor,
Gebt Achtung! Was geschiehet?
Es öffnet sich das nächste Tor,
Und jedes Weibchen ziehet,
Mit ihrem Männchen schwer im Sack,
So wahr ich lebe! huckepack. –

Manch Hofschranz suchte zwar sofort
Das Kniffchen zu vereiteln;
Doch Konrad sprach: »Ein Kaiserwort
Soll man nicht drehn noch deuteln.
Ha bravo!« rief er, »bravo so!
Meint' unsre Frau es auch nur so!«

Er gab Pardon und ein Bankett,
Den Schönen zu gefallen.
Da ward gegeigt, da ward trompet't,
Und durchgetanzt mit allen.
Wie mit der Burgemeisterin,
So mit der Besenbinderin.

Ei! sagt mir doch, wo Weinsberg liegt?
Ist gar ein wackres Städtchen.
Hat, treu und fromm und klug gewiegt,
Viel Weiberchen und Mädchen.
Ich muß, kömmt mir das Freien ein,
Fürwahr! muß eins aus Weinsberg frein.

LUDWIG BÖRNE

Über das Schmollen der Weiber

Meine ehemalige Braut nannte ich, wie es bei allen kultivierten Völkern Sitte ist, einen Engel; meine jetzige Frau nenne ich, wenn ich böse auf sie bin, einen gefallenen Engel, ist das Ehewetter aber heiter, einen gestutzten. »Warum gestutzter?« fragte mich Wilhelmine, als ich mich zum ersten Male dieses Ausdrucks bediente. Ich ward verlegen, denn ich hatte mich noch nicht zu verstellen gelernt, ich wußte noch nicht, wie gut in der Ehe oft das Lügen sei und wie ohne diesen Lichtschirm der Wahrheit rote Augen noch häufiger wären. »Teure Wilhelmine!« – sagte ich, indem ich ihr ein Stückchen Zucker, den sie sehr liebt, in den Purpurmund steckte – »liebes Vögelchen, müßte ich nicht zittern für mein Glück, wenn deine Engelsflügel nicht etwas gestutzt wären? Müßte ich nicht fürchten, du entflattertest« ... und flögest den Himmel hinauf, wo deine Heimat ist – wollte ich höchst poetischer Weise hinzusetzen. Aber meine gute Frau ließ mich nicht ausreden. »Du fürchtest also, ich könnte dir untreu werden?« fragte sie, wartete aber auf keine Antwort, sondern nahm ihr Gesicht zusammen, verschloß den Mund und *schmollte*. Vergebens war mein Flehen, mein Drohen, mein Reden, mein Schweigen sogar, sie schmollte fort. Ich ging mit starken Schritten das Zimmer auf und ab; in *Engels Mimik* ist keine Bewegung geschildert, die ich nicht mit der größten Naturtreue darstellte: Liebe, Haß,

Zorn, Wut, Verzweiflung; aber meine gute Wilhelmine sprach kein Wort. Bei dieser Gelegenheit lernte ich das berühmte Schmollen der Weiber kennen, und seitdem verlernte ich es nicht mehr. Es war der dreißigste Tag nach meiner Hochzeit, da mein Glück in den Wendepunkt des Krebses trat. Anfänglich hatte meine teure Wilhelmine nur einen Schmollstuhl, dann nahm sie einen Schmollwinkel ein, später verschloß sie sich in ein Schmollkämmerchen, bis sie endlich es durch Übung dahin gebracht, im ganzen Hause zu schmollen.

Ich habe mich in der theoretischen wie in der praktischen Philosophie etwas umgesehen, Metaphysik, Logik, Anthropologie, empirische Psychologie sind mir nicht ganz fremd; aber mit der Theorie des weiblichen Schmollens konnte ich bis jetzt noch nicht ins reine kommen. Doch will ich die wenigen unstreitigen Grundsätze, die ich mir aus meinen Erfahrungen abgezogen, gern mitteilen; sie sind in der gegenwärtigen Lage von Europa vielleicht nicht ohne Nutzen. Staatspapier-Händler oder Staats-Papierhändler (ich weiß nicht, welche Schreibart die richtigere ist) fragen sich und andere jetzt oft: welchen Ausgang wird der Krieg gegen Spanien haben? O beneidenswerte Unwissenheit! Nur wer nicht verheiratet ist, kann zweifeln, jeder Ehemann aber weiß es bestimmt, daß die Franzosen verlieren werden. Das Schmollen der Weiber ist nichts als ein Guerillaskrieg, den sie gegen die konzentrierte Macht der Männer führen, ein Krieg, in dem sie immer siegen. Was nützt euch eure schwere Artillerie, wenn Mücke nach Mücke die Hände, welche die Lunten anlegen, stechen und verwirren? Was helfen euch dreimal hunderttausend gut bewaffnete Gründe? Die Weiber, als hätten sie mit dem Bösen ein Bündnis geschlossen, sind gründefest, es dringt keiner durch. Ihre gefährlichste Waffe ist der Mund, sie mögen ihn zum Reden oder zum Schweigen gebrauchen. Reden sie, und ihr habt viel Verstand und Geduld, dann könnt ihr sie zuweilen zum Schweigen bringen; schweigen sie aber (welches in der häuslichen Kriegskunst Schmollen heißt), ist alle Mühe vergebens, sie zum Reden zu bringen, ihr müßt euch zurückziehen und schließt um jede Bedingung einen pyrenäischen Frieden.

Der zürnende Mann ragt wenigstens mit dem Kopfe über die Wolken seines Zornes hinaus, das eheliche Gewitter grollt nur unter seinen Füßen; die Frau aber steht mit dem Kopfe unter dem donnernden Gewölke, und kein Strahl des Friedens beleuchtet ihr finsteres Gesicht. Wenn ich mit meiner guten Wilhelmine zanke, weiß ich, daß ich in einer Viertelstunde wieder versöhnt sein werde. Mein schmollender Engel aber hat gar keine Vorstellung davon, daß sie mir je wieder gut werden könnte. Ein komisches Mißverständnis trägt gewöhnlich dazu bei, sie noch mehr aufzubringen. Ich pflege nämlich meine teure Gattin *Wilhelmine* zu nennen; aber sooft sie zankt, rufe ich sie *Minchen*. Dieses Wort macht sie nur unversöhnlicher, denn sie wähnt, ich bediene mich der liebkosenden Verkleinerung nur aus Spott, und die gute Seele wird aus dem Morgenblatt erfahren, daß ich sie, wenn sie schmollt, nur darum Minchen nenne, weil sie mir dann als ein kleiner *Mina* vorkömmt – so geschickt weiß sie den Guerillaskrieg zu führen.

Ich habe meiner lieben Frau schon oft vorgeschlagen, ich wollte mich auf ihr Schmollen monatlich abonnieren, indem ich ihr immer dreißig Tage voraus recht gäbe, und dabei meinte ich, würden wir uns besser stehen; aber sie wollte von einem solchen Vertrage nichts hören. So

Begriffe sei, die Station wieder zu verlassen. Wagentüren wurden zugeschlagen, und Leute, die eingestiegen waren, eilten am Abteil vorbei. Baumgarten jedoch war noch nicht da. Man stellte diesen Umstand mit Besorgnis fest, sprang auf und sah aus dem Zuge: tatsächlich gab ein Beamter soeben das Zeichen zur Abfahrt, indem er ein an einen Zielerlöffel erinnerndes Gebilde hochhob – das Trompetenblasen, das bis dahin die Abfahrt jedes Zuges eingeleitet hatte, war knapp vor dieser Zeit abgestellt worden –, kurz: verhältnismäßig lautlos ging der Zug an. Die beiden Le Cor und der Baumeister schrien dem Beamten, der den Zielerlöffel hochhielt, zu, es fehle eine Person; da sie aber alle durcheinanderschrien, so verstand der Beamte sie nicht und sah sie bloß fragend an. »Baumgarten!« brüllte der Baron. Nirgends aber war Baumgarten zu sehen. »Wir müssen«, schrie der Baumeister, »wenigstens sein Gepäck ...«, und schon stürzten die beiden Herren in das Abteil zurück, ergriffen Baumgartens zwei Handkoffer und warfen sie, während der Zug bereits mit der Schnelligkeit eines mit trabenden Pferden bespannten Wagens aus der Station rollte, auf den Bahnsteig hinaus. Der Beamte mit dem Zielerlöffel sah fassungslos staunend, wie die Koffer aus dem Zug flogen. Er konnte sich die Ursache davon nicht erklären. Die beiden Le Cor und der Baumeister steckten die Köpfe aus dem Fenster und sahen den sich überschlagenden Koffern nach. Als sie aber die Köpfe wieder in den Wagen zogen, trat durch die Verbindungstür Baumgarten auf sie zu. Er hatte Zeitungen gekauft, dann in einem anderen Wagen des Zuges einen Bekannten sitzen sehen, zu dem er eingestiegen war und mit dem er ein paar Worte gewechselt hatte, und nun kehrte er zu seiner früheren Gesellschaft zurück. Die dreie, als sie ihn eintreten sahen, dachten, es träfe sie der Schlag.

Bis hierher könnte man immer noch meinen, daß die Absicht dieser Erzählung eine spaßhafte sei; ich habe jedoch die Schilderung vom Hinauswerfen der Koffer nur geben müssen, um zur eigentlichen und erstaunlichen Seite dieses Berichtes zu kommen: die dreie nämlich, Le Cor, seine Frau und der Baumeister, die doch, da Baumgarten schon vor ihnen stand, keine Zeit mehr hatten, sich miteinander zu verständigen, entschlossen sich sofort und ganz ohne sich verständigt zu haben, Herrn von Baumgarten zu verheimlichen, was sie mit seinen Koffern getrieben hatten. Man hätte zwar, von der nächsten Station aus, das Gepäck telephonisch sicherstellen können, dennoch schwiegen die drei, das Sachliche war ihnen egal, das Vermeiden persönlicher Unannehmlichkeiten bedeutete ihnen alles, und die Gleichartigkeit, mit der in jedem der dreie der Mut zum Eingeständnis des Begangenen zusammenbrach und der Entschluß da war, die eigene Haut auf Baumgartens, der sich immer weiter und weiter von seinem Gepäck entfernte, ständig steigende Kosten zu salvieren, war ganz erstaunlich. Baumgarten, jedenfalls, bemerkte nicht, daß seine Koffer nicht mehr da waren. Immerhin saßen die drei andern bis Wien wie auf Nadeln. Das Geringste, das er hätte aus den Koffern brauchen können, lasen sie ihm von den Augen ab: Zigaretten, Obst, Bücher wurden ihm fortwährend angeboten, damit er nur bestimmt nicht auf die Idee käme, etwas davon etwa aus den Koffern zu holen; und bevor man Wien erreichte, brachten die drei es zustande, unter Mitnahme ihres Gepäckes lautlos aus dem Abteil und dem Wagen zu verschwinden und Baumgarten alleine sitzen zu lassen. Was er getan, als er die

Abgängigkeit der Koffer entdeckt und dann auch die Aufführung seiner Freunde erfahren, weiß ich nicht. Auch kann ich nicht sagen, ob er sich mit der Reisegesellschaft je wieder getroffen. Es ist dies aber auch nicht mehr sonderlich interessant. Die Vorgänge jedoch in den Seelen derjenigen, die sein Gepäck aus dem Fenster geworfen, waren so einzigartig menschlich und so großartig unheroisch, daß sie schon wieder, wie die wirklich großen und heroischen Taten der Menschheit, der Erinnerung wert sind.

JOHANN WOLFGANG GOETHE

Weite Welt und breites Leben,
Langer Jahre redlich Streben,
Stets geforscht und stets gegründet,
Nie geschlossen, oft geründet,
Ältestes bewahrt mit Treue,
Freundlich aufgefaßtes Neue,
Heitern Sinn und reine Zwecke:
Nun! man kommt wohl eine Strecke.

THEODOR FONTANE

Nach der Sommerfrische

»Wir sind nun also wieder da, Eveline«, sagte der Hofrat Gottgetreu zu seiner Frau, denselben Abend noch, wo beide, nach einem sechswöchentlichen Aufenthalt in Ilmenau, wieder in die Residenz zurückgekehrt waren.

»Wir sind nun also wieder da. Und es ist auch *gut*, daß wir wieder da sind, was ich hier aussprechen darf, ohne mich irgendeiner Undankbarkeit gegen die schönen Wochen schuldig zu machen, die jetzt hinter uns liegen. Ja, schöne Wochen! Ich war ein andrer Mensch, und nicht ein einziges Mal hab' ich von dem herrlichen Kickelhahnkamm in das Waldesmeer und die Waldesruhe niedergeblickt, ohne die Schönheit und Tiefe der dort oben eingerahmten Dichterzeilen an mir selber empfunden zu haben. ›Über allen Gipfeln ist Ruh.‹ Ach, mehr als das; es war mir immer, als ob ich es selber hätte schreiben können. Aber dies mag eine Täuschung sein, und wie mir krankhafter Ehrgeiz überhaupt fremd ist, so noch ganz im besonderen der dichterische. Der meinige, wie du weißt, hält sich innerhalb vorgesteckter und erreichbarer Grenzen. Und ich hoffe, *daß* ich es erreiche. Freilich, all das liegt noch weit hinaus und ist im übrigen nicht *das*, worüber ich mich heute zu dir aussprechen möchte. Was mich heute beherrscht und erfüllt, ist ausschließlich ein Gefühl des Dankes und der Freude. Denn, um es zu wiederholen, ich war ein andrer Mensch dort oben, eingehender auf deine Wünsche, gerechter gegen deine Vorzüge, vielleicht auch zärtlicher, wenn ich mich dessen rühmen darf.«

Eveline sah vor sich hin.

»Es waren schöne Wochen, und dies Anerkenntnis ist und bleibt unerschüttert. Aber je lebhafter ich dies alles empfinde, je lebhafter empfind' ich auch, wie gut es ist, daß wir wieder da sind. Ich sehne mich nach Arbeit und nach Betätigung einer erneuten Kraft, einer wiederhergestellten Gesundheit, und wenn es mir eine Freude war, die Federn aus der Hand zu legen, so find' ich es eine noch größere fast, sie wieder aufnehmen und einer intensiven und bedeutenden Gedankenreihe, die mittlerweile höheren Orts für das Ganze gedacht wurde, Form und Ausdruck geben zu können. Und an welcher Stelle geschähe das hingebender als an der, der ich anzugehören das Glück und den Vorzug habe. Ja, meine Teure, keinem anderen Zweige der Verwaltung möcht' ich angehören; es ist der einzige, darin noch die Traditionen einer alten und besseren Zeit lebendig sind, ebenso der einzige, mein' ich, an dessen Aufsaugung und Einverleibung von seiten des Fürsten noch nicht gedacht worden ist. Und vielleicht auch, daß er an unserem stillen Widerstande scheitern würde.«

Eveline lächelte.

»Wir sind nun also wieder da, und es ist gut, *daß* wir wieder da sind. Aber so gut es ist, und sosehr ich mich dieser Wiedereinkehr in einen Zustand gewohnter Ordnung und erquicklicher, gesellschaftlicher Gliederung freue, *doch* Eveline, dieser Aufenthalt in Gottes freier Natur, dies stündliche Stahlbad, dieser unausgesetzte Heilungsprozeß in Luft und Licht, all das, mein' ich, darf nicht plötzlich wieder ein Ende haben. Ich will wieder ein bescheidenes Rad sein in der staatlichen Maschine, meinetwegen auch, wie die Malkontenten es ausdrücken, in der Alltagsmühle des Hergebrachten und immer Wiederkehrenden, aber in meinem häuslichen und privaten Leben, wenn du mir ein Ausharren in dem eben zitierten Bilde gestatten willst, möcht' ich nicht *Rad* in der Mühle, sondern ein in einer ewigen frischen Brise gehender Windmühl*flügel* sein. Es ist eben, wie du längst bemerkt haben wirst, ein unbezähmbares Luft- und Bewegungsbedürfnis in diesen letzten Wochen über mich gekommen, und in dieser erfrischenden und mich beglückenden Rotation möcht' ich bleiben, bis die Welle abgelaufen ist.«

»Du willst also, lieber Hermann, wenn ich dich recht verstehe, den Dauerlauf in Permanenz erklären.«

»Ungefähr das ... Und so gestatte mir denn die Spezifizierung eines Programms, das ich deiner Begutachtung beziehungsweise deiner Zustimmung unterbreiten möchte. Denn ohne diese geht es nicht. Eine staatliche Reform läßt sich erzwingen, eine Hausreform aber ermöglicht sich nur auf dem Wege friedlicher Kompromisse.«

»So laß mich hören.«

»Ich fange natürlich mit dem Anfang an. Es muß ein Ende haben mit dem ewigen Morgenschlaf und dem Einmummeln und der ganzen Bärenhäuterei. Nichts mehr von achteinhalb oder neun. Um sechs heraus. Und kein Unterschied, ob Winter oder Sommer, und ein nasses Laken um und scharf abgerieben. Und dann eine starke Bewegung, ein energischer Übungsmarsch.«

»Ohne Frühstück?«

»Ohne Früchstück; ausgenommen ein Glas von unsrem Sprudel. Und dann vorwärts. Und jeder Platz ist gut. Ich denke, wir nehmen Schöneberg, immer an dem Botanischen vorbei, bis Steglitz oder Wilmersdorf. Oder auch den Lehrter Bahnhof. Es muß nur eine freie Stelle sein, an die die Luft heran kann, und ein erfrischender Morgenwind. Und wenn es regnet, ich meine wirklich regnet, so haben wir die Halle mit dem Doppelperron und sehen, wie der Zug abgeht. Ich sehe nichts lieber als das, und ist mir immer, als reist' ich mit jedem einzelnen mit. Und dann zurück, und dann unser Frühstück, das in solchem Momente wieder einen Ernst und eine Bedeutung gewinnt und jenes Dankesgefühl anregt, das in sich selber einer Andacht nahekommt. Und auch daran liegt mir. Denn ich hab' es satt, Eveline, so beziehungslos zu dem, was doch schließlich immer das Höchste bleibt, in den Tag hineinzuleben. Ich will Stellung nehmen, und wenn es sein muß (aber selbstverständlich ohne mich vorzudrängen), ein Zeugnis ablegen.«

»Und dann?«

»Und dann ins Bureau, freudig und frisch. Und mit dem Kopfweh, denk' ich, soll es vorbei sein. Ein für allemal. Ich bilde mir ein, mich auf Präzisierung eines Gedankens zu verstehn und unter Umständen ein Widerspruchsvolles ins Lichtvolle kleiden zu können; aber es ist doch ein Unterschied, ob man sich am Stabe der Kritik ängstlich zu diesem Lichtpunkte heranfühlt oder ob es Flügel der Morgenröte sind, auf denen wir, wie vom Geiste getragen, unserm Ziele mühelos entgegeneilen. Ich verspreche mir von dem Leben in und mit der Natur ein leichteres und besseres Arbeiten und erinnere mich dabei mit Vorliebe jener allbekannten Zusammenhänge zwischen der physischen und geistigen Welt. An der Frage ›gefrühstückt oder nicht‹ haben mehr als einmal Entscheidungsschlachten gehangen, und ich sehe nicht ein, warum nicht an einem geschehenen oder nichtgeschehenen Morgenspaziergang ein mehr oder weniger klares oder unklares Reskriptum hängen soll. Es gibt ein Gedicht, in dem es immer wiederkehrend heißt: ›Ich fühle so frisch mich, so jung‹; – in dieser Zeile hast du meine Situation. Und so gewiß mir die Konservierung eines solchen Zustandes eine heilige Pflicht ist, so gewiß auch seien diese Thüringer Tage gesegnet, die mir den Weg und die Mittel dazu gezeigt haben. In jener ebenmäßigen Anspannung, die das Leben in der Natur mit sich führt, erfrischt sich unsere Kraft nicht nur, sie steigert sich auch, und du mußt selbst die Wahrnehmung davon gemacht haben.«

Eveline, die keine Freundin von Reflexionen, aber desto gespannter auf die weiteren Programmeinzelheiten war, entgegnete lediglich: »Und wie denkst du dir unsren Nachmittag?«

»Als ein Kette bescheidener Vergnügungen, wie sie sich für unser Lebensalter und unsere Verhältnisse schikken. Um drei Uhr nach Haus; um dreieinhalb Uhr haben wir abgegessen und nehmen unsren Morgenspaziergang in Gestalt einer kleinen Nachmittagsreise wieder auf.«

»Aber du bist seit Jahren an eine Nachmittagsruhe gewöhnt und wirst müde sein.«

»Ich werde *nicht* müde sein, *weil* ich nicht müde sein will. Es ist zuletzt alles Sache des Willens; *er* allein regiert, und in nichts zeigt er sich größer als in der Ertötung des natürlichen Triebes. Wohin ich auch den Schlaf rechne. Nebenher aber bekenn' ich dir gerne, bei meiner neuen Entschlußfassung auch eine gewisse Lebensbegehrlichkeit mit zu Rate gezogen zu haben. Es wird dir bekannt sein, daß ein erheblicher Bruchteil aller Schlagflüsse mit dem Nachmittagsschlafe zusammenhängt. Und ist auch das Folgerichtige. Denn es rächt sich jeder Abfall von der Natur und ihrem Gesetz. Die Nacht ist Schlafenszeit und nicht der Tag. Ich entsinne mich einer Stelle bei Shakespeare, wo dieser in einer beträchtlichen Anzahl von Zeilen den Schlaf apostrophiert und den Schiffsjungen beneidet, der im Halbschlummer in den Raaen hängt. Er geht dabei durch alle möglichen und nicht möglichen Situationen und sagt, wie gewöhnlich, unendlich viel Schönes und Großes; aber vom Nachmittagsschlaf sagt er *nichts*. Und warum nicht? Weil der Nachmittagsschlaf ein superfluum ist und ein periculum. Also nichts mehr von ihm. An seine Stelle treten Exkursionen und Partien.«

»Aber wohin?«

»Unter Vermeidung des Tiergartens, in dem der Moder brütet, überallhin, wo Wasser oder Wind ihr Tummelfeld haben. Ich sage Tummelfeld, denn auf das Moment der Bewegung kommt es an. Ein stehendes Wasser ist Tod, ein bewegtes Wasser ist Leben. Also Stralau, Treptow, Eierhäuschen. Am liebsten aber auf die Höhen, ohne Rücksicht ob Tempelhof oder Tivoli. Da hast du Natur und Freiheit und schaust entweder unter dir auf das beherrschte Samos hin oder wendest dich und siehst die Drachen steigen. Und dies ist das schönste. Denn je höher er steigt, und je strammer und unsichtbarer die Strippe wird, desto sicherer sind wir eines Lebens- und Atmungsprozesses in einer reineren und allerreinsten Luft. Und du weißt, wieviel ich dieser Luft verdanke. Sage selbst.«

»Und wielange bleiben wir auf Tivoli?«

»Bis es dunkelt.«

»Es wird dann zu spät sein, um noch etwas vorzunehmen.«

»Aber muß denn etwas vorgenommen werden? Ich bitte dich, Eveline. Hat es denn nicht Zeiten gegeben ohne Konzert und ohne Theater? Ach, meine Teure, das ist ja gerade das Schöne dieser zurückliegenden Tage, daß ich den Weg zur Natur und zur Einfachheit des Daseins zurückgefunden habe. Muß es denn immer wieder ein Czardas sein? Oder die Neunte Symphonie? Oder das Mysterium, erster und zweiter Tag? Oder gar ein Buffet? Ich bitte dich, Eveline, wenn es etwas gibt, das ich hasse, so ist es der große Lachs auf seinem Paradebett von Petersilie. Nein, nein. Und die vier aufgespießten Krebse wie Schildhalter!«

»Aber du wirst doch, lieber Hermann, unsere Gesellschaften nicht abschaffen wollen? Und auch nicht ein anständiges Abendbrot.,«

»Im Gegenteil. Nur glaube mir, es gibt nichts Schwierigeres als eine Feststellung auf diesem Gebiet und die Beantwortung der einfachen Frage: ›Was ist ein anständiges Abendbrot?‹ Ich kenne nur *eins:* eine saure Milch und ein geriebenes Schwarzbrot, nicht zu frisch, aber auch nicht zu alt. Und nun wolle mir nicht einwenden, es gäbe dergleichen nicht mehr. In einer Stadt mit dreißig Kasernen und einer immer vollzähliger werdenden Garde muß sich doch schließlich ein Schwarzbrot auftreiben lassen. Und ich fordere dies geradezu von deiner Liebe. Vor allem aber, und darauf leg' ich den Hauptakzent, brech' ich von heut ab ein für allemal mit dem Tee, diesem undeutschesten aller Getränke, das in seiner harmloseren Gestalt ein absurdes Absud von Hollunder und Johannisbrot, und in seiner perniziösen Form ein türkisch-orientalischer Haschisch ist, an den ich nicht Lust habe meine wiederhergestellten Nerven zu setzen. Und so resümier' ich denn in aller Kürze: regelmäßiger und an keine Bedingungen geknüpfter Morgenspaziergang, absolute Vermeidung alles Nachmittagsschlafes und Einführung einer sauren oder süßen Milch an Stelle des Tees. Und um neun Uhr zu Bett.«

Und er erhob sich, um den letzten Punkt seines Programms sofort ins Werk zu setzen.

Und andern Tages auch den Rest.

In aller Frühe war er auf, und da seine Rückkehr aus dem Thüringischen in die Manövertage gefallen war, wo schon um fünf Uhr ein endloses Trommeln und Pfeifen das ganze Stadtquartier aus dem Schlafe rüttelte, so war er nicht bloß in der angenehmen Lage, rasch und mühelos aufstehen, sondern auch den abziehenden Bataillonen eine Stunde lang folgen zu können.

Aber kaum daß die Manövertage vorüber und die fremdherrlichen Offiziere wieder abgereist waren, um daheim ihrer hier geäußerten Bewunderung einige kritische Bemerkungen anfügen zu können, als auch schon das Kaiser-Wilhelms-Wetter umschlug und eine Regensaison einsetzte.

Die Rätin, sosehr sie sonst auf helle Tage hielt, hatte diesem Wechsel, als dem einfachsten und natürlichsten Mittel zur Wiederherstellung eines status quo ante sehnsüchtig entgegengesehen, aber freilich nur um nachträglich einer allerempfindlichsten Täuschung zu begegnen. Wie die meisten Frauen, hatte sie zwanzig Jahre lang an ihres Mannes Seite gelebt, ohne von seiner Eigenart auch nur annähernd eine richtige Vorstellung gewonnen zu haben. Er war eben ein Charakter. Und dessen sollte sie jetzt gewahr werden.

»Es regnet heute, lieber Hermann. Ich will dich nicht zurückhalten. Aber du solltest wenigstens ...«

»... Die Gummischuhe ... Nicht wahr? Ich bitte

dich, komme mir nicht mit solchen Weichlichkeiten. Außerdem ist der Gummischuh, was du nicht zu wissen scheinst, ein sanitätlich überwundener Standpunkt. Es gilt vom Fuße genau dasselbe, was vom ganzen Menschen gilt: er braucht Freiheit und Luft. Einpferchung ist die Brutstätte jeder Krankheit.«

Und so brach er denn auf und ging weit, erst den Asphalt und dann die Chaussee hinunter, bis er ins Freie kam, wo nichts mehr war und nur noch der Sperling auf dem Telegraphendrahte saß und bei des einsamen Wanderers Anblick sagen zu wollen schien: »Ist es möglich?«

In dieser Weise verlief der erste Regentag, und dem ersten folgte der zweite. Wohl unterblieben die Nachmittagspartien, aber in allem andern, insonderheit in der Abendverpflegung, wurde keine Veränderung vorgenommen, und die Milch, die, bei der herrschenden Kälte, nicht Zeit gehabt hatte, ganz zu gerinnen, erschien nach wie vor auf dem Tisch.

»Ungeronnene Milch ...«

»Auch *das* ist ein überwundener Standpunkt«, entgegnete Gottgetreu, während er die Satte heranzog und es sich schmecken ließ. Oder sich wenigstens das Ansehen davon gab.

Als aber der dritte Regentag zur Rüste ging und der Rat sich wieder an seine Mahlzeit setzte, war es ihm, als ob die Milch ebenso blau sei wie die Satte selbst. Und als er sich nichtsdestoweniger bezwungen und gegessen und den Löffel wieder niedergelegt hatte, sah Eveline, daß er in ein Schwanken kam und immer zuckte.

»Gott, Hermann, du zuckst ja. Lieber Mann, es ist ja, wie wenn dir der Tod über den Rücken liefe.«

Der so zärtlich und ängstlich zugleich Angesprochene versuchte zu lächeln. Aber seine Kraft war augenscheinlich im Abzug, und er litt es, daß man ihn zu Bette brachte. Kein Wort wurde laut, und während er im Schüttelfroste lag, schrieb Eveline folgende Zeilen an den alten Geheimrat Krukenberg: »Lieber Geheimrat! Ich belästige Sie nicht gern, aber mein Mann ist, fürcht' ich, ernstlich erkrankt. Er kam schwer erkältet hier an und nahm diesen Erkältungszustand für eine Form höherer Gesundheit. Und seitdem hat er sich immer weiter abgehärtet und die Niederlage vorbereitet, die nun da ist. Ach, daß doch die besten Menschen so widerborstig sind. Ich bin recht in Sorge. Darf ich hoffen, Sie morgen mit herankommen zu sehn? Ihre Eveline G.«

Und um die Mittagsstunde fuhr der alte Krukenberg vor, der schon im Hause von Evelinens Eltern als eine damals erst werdende Berühmtheit aus und ein gegangen war und in gnädiger Erinnerung an alte Zeiten eine Vorliebe für die ganze Familie (die Gottgetreus mit eingeschlossen) bewahrt hatte, trotzdem sie mehr oder weniger »außerhalb seiner Sphäre« lag. Und die Rätin nahm ihn beiseit und berichtete kurz und hastig, wie's mit ihrem Manne stände. Denn der alte Krukenberg, obwohl er sich in eigener Person die höchste Weitschweifigkeit gestattete, hielt doch bei seinen Patienten auf einen allerlapidarsten Lapidarstil. Und nun trat er zu dem Kranken selber heran, der in jenem bekannten drusligen Fieberzustande dalag, in dem man Sterne fallen oder durch einen schweren und graugelben Nebel hin allerhand Feuerpferde galoppieren sieht.

»Nun, Gottgetreu. Wie geht es?«

»O gut genug ... Es muß etwas in der Milch gewesen sein ...«

»Allerdings. In der Milch ist immer etwas. Und wäre ja sonst kein Nahrungsmittel. Aber suchen wir die

Schuld nicht an falscher Stelle; die Schuld liegt in der Regel an und in uns selber. Ich bitte Sie, Gottgetreu, Sie sind doch nun auch gegen funfzig ...«

»Zweiundfunfzig«, simperte der Angeklagte ziemlich kleinlaut vor sich hin.

»Umso schlimmer. Und anfällig wie Sie sind, mit Ihrer natürlichen Beanlagung für Asthma und Rheumatismus, *Sie* wollen einen alten Turnvater spielen und ohne Halstuch, frisch, fromm und frei, bei Sturm und Regen, in einem wahren Sintflutwetter, auf dem Kurfürstendamm spazierengehn? Oder gar bis Wilmersdorf. Und abends eine Satte saure Milch? Und alles bloß, weil Sie draußen in Thüringen ein paar hustenlose Tage gehabt haben? Es ist zum Lachen. Und nun hören Sie, wenn wir gute Freunde bleiben sollen: es wird morgens wieder ausgeschlafen, je länger, je besser; und danken Sie Gott, daß Sie nicht vor zehn Uhr früh an die Mitregierung des preußischen Staates heranmüssen. Und wenn Sie zwischen drei und vier, wie meine sächsischen Landsleute sagen, wieder ›daheeme‹ sind und sich's haben schmekken lassen – denn Ihre Frau versteht es; das weiß ich noch aus alten Zeiten und aus der Rosenthaler Straße her –, dann legen Sie sich aufs Ohr und gönnen sich den Schlaf und die Ruhe des Gerechten.«

Es schien, daß Gottgetreu replizieren wollte.

Der alte Geheimrat ließ es aber nicht dazu kommen und fuhr in superiorem Tone fort: »Ich weiß, was Sie sagen wollen. Immer der alte Unsinn von Schlaf und Schlagfluß. Aber die Sache liegt einfach so: die meisten kriegen ihn von zu *wenig*. Und *wenn* ich ihn denn schon kriegen soll, ich meine den Schlagfluß, so krieg' ich ihn lieber mit einem Rückblick auf glücklich ausgeruhte, als mit einem Rückblick auf fieberhaft abgehaspelte

Stunden. Und das mit der Milch ist die Torheit in der höchsten Potenz und eigentlich schon ein halbes Verbrechen. Unser Magen ist keine Molkerei, nicht einmal eine Selbelanger, und der zivilisierte Mensch trinkt abends eine Tasse Tee; das erwärmt ihn und regt ihn an. Und dazu Brot und Fleisch. Oder doch etwas Tödterschen Aufschnitt. Ohne das geht es nicht, und ich sag' Ihnen geradezu, ohne Tödter töten Sie sich.«

In diesem Wortspiele hatte der alte Geheimrat seine gute Laune wiedergefunden und setzte, während er des Kranken Hand nahm, um noch einmal seinen Puls zu fühlen, in freundlicherem Tone hinzu: »Soviel also für die Zukunft und ins Allgemeine. Für den Augenblick aber erbitt' ich mir ein absolutes Stilliegen und immerbishundertzählen und ein dickes Federdeckbett anstelle dieser nichtssagenden Steppdecke. Denn Sie schleppen einen wahren Erkältungsriesen mit sich herum, einen siebenmal aufeinandergetürmten Katarrh. Und der muß erst heraus. Ich kenne die *Sommerfrischlinge*.«

Diese letzten Worte waren eigentlich schon im Vorzimmer gesprochen worden, und Eveline, die dem alten Freunde die Hand drückte, frug ihn ängstlich mit ihren Augen. »Is nichts«, beruhigte dieser. »Aber es war doch nötig, ihm den Kopf zu waschen. Er wird sonst rückfällig.«

Und den dritten Tag danach saß der leidlich wiederhergestellte Rat in einem Polsterstuhl am Fenster, ein schottisches Reiseplaid um die Füße gewickelt. Es war immer noch ein Wetter zum Erbarmen. Eveline las ihm die Zeitung vor und sagte, während sie hinauswies: »Ich denke, Hermann, wir lassen ein Feuer machen. Es ist doch nichts behaglicher als ein warmer Ofen, und eine Lampe mit durchbrochenem Schirm und ein dampfender Teekessel und – Reisepläne für den nächsten Sommer.«

Er aber nickte nur und sagte: »Wie du willst«, und bezeugte durch eine bedingungslose Nachgiebigkeit in diesem und jedem andern Stück, daß das »innere Düppel« einer starken Mannesseele gebrochen war.

EUGEN ROTH

Der Urlaub

Ein Mensch, vorm Urlaub, wahrt sein Haus,
Dreht überall die Lichter aus,
In Zimmern, Küche, Bad, Abort –
Dann sperrt er ab, fährt heiter fort.
Doch jäh, zu hinterst in Tirol,
Denkt er voll Schrecken: »Hab ich wohl?«
Und steigert wild sich in den Wahn,
Er habe dieses *nicht* getan.
Der Mensch sieht, schaudervoll, im Geiste,
Wie man gestohlen schon das meiste,
Sieht Türen offen, angelweit.
Das Licht entflammt die ganze Zeit!
Zu klären solchen Sinnentrug,
Fährt heim er mit dem nächsten Zug
Und ist schon dankbar, bloß zu sehn:
Das Haus blieb wenigstens noch stehn!
Wie er hinauf die Treppen keucht:

Kommt aus der Wohnung kein Geleucht?
Und plötzlich ists dem armen Manne,
Es plätschre aus der Badewanne!
Die Ängste werden unermessen:
Hat er nicht auch das Gas vergessen?
Doch nein! Er schnuppert, horcht und äugt
Und ist mit Freuden überzeugt,
Daß er – hat ers nicht gleich gedacht? –
Zu Unrecht Sorgen sich gemacht.
Er fährt zurück und ist nicht bang. –
Jetzt brennt das Licht vier Wochen lang.

JOACHIM RINGELNATZ

Überall

Überall ist Wunderland.
Überall ist Leben.
Bei meiner Tante im Strumpfenband.
Wie irgendwo daneben.
Überall ist Dunkelheit.
Kinder werden Väter.
Fünf Minuten später
Stirbt sich was für einige Zeit.
Überall ist Ewigkeit.

Wenn du einen Schneck behauchst,
Schrumpft er ins Gehäuse,
Wenn du ihn in Kognak tauchst,
Sieht er weiße Mäuse.

Jahrmarkt der Eitelkeit

JOHANN WOLFGANG GOETHE

Der Narr epilogiert

Manch gutes Werk hab ich verricht,
Ihr nehmt das Lob, das kränkt mich nicht:
Ich denke, daß sich in der Welt
Alles bald wieder ins gleiche stellt.
Lobt man mich, weil ich was Dummes gemacht,
Dann mir das Herz im Leibe lacht;
Schilt man mich, weil ich was Gutes getan,
So nehm ichs ganz gemächlich an.
Schlägt mich ein Mächtiger, daß es schmerzt,
So tu ich, als hätt er nur gescherzt;
Doch ist es einer von meinesgleichen,
Den weiß ich wacker durchzustreichen.
Hebt mich das Glück, so bin ich froh
Und sing in dulci Jubilo;
Senkt sich das Rad und quetscht mich nieder,
So denk ich: Nun, es hebt sich wieder!
Grille nicht bei Sommersonnenschein,
Daß es wieder werde Winter sein;
Und kommen die weißen Flockenscharen,
Da lieb ich mir das Schlittenfahren.
Ich mag mich stellen, wie ich will,
Die Sonne hält mir doch nicht still,
Und immer gehts den alten Gang
Das liebe lange Leben lang.
Der Knecht so wie der Herr vom Haus
Ziehen sich täglich an und aus;
Sie mögen sich hoch oder niedrig messen:

Müssen wachen, schlafen, trinken und essen.
Drum trag ich über nichts ein Leid.
Machts wie der Narr, so seid ihr gescheit!

MARTIN LUTHER

Unterschied der Gaben

Es ward geredet, wie so ein großer Unterschied unter den Gelehrten wäre, daß sie nicht alle gleich wären, die da studierten, und mancherlei unterschiedliche Köpfe wären, und nicht alle würden mit ihrer Kunst Tote aufwecken. Da sprach D. Martinus Luther: Es ist nicht allen, noch einem jeglichen gegeben; wem's Gott gibt, der hat's. Dennoch hat's Gott sehr fein ausgeteilt, daß der Gelehrtere dem Ungelehrten dienen, der Ungelehrte sich vor dem Gelehrten demütigen muß, dessen er bedarf. Wenn alle Menschen gleich wären, so könnte niemand aufkommen, niemand würde dem andern dienen, kein Friede würde sein.

Der Pfau klagte, daß er nicht der Nachtigall Stimme hätte. Darum hat Gott mit der Ungleichheit die größte Gleichheit gemacht. Denn wir sehen, wenn einer etwas Vortreffliches ist, hat er mehr und größere Gaben als ein anderer, so wird er hoffärtig und stolz, will über die andern alle herrschen und sie verachten und regieren. Er meint, sein Dreck stinke alleine. Darum hat Gott sehr fein und wohl die menschliche Gesellschaft untereinander an den Gliedern des menschlichen Leibes abgemalt und dargestellt, da viele und ungleiche Glieder sind, und eines muß dem andern die Hand reichen und helfen, keins kann des andern entbehren.

Niemand ist mit seinem Los zufrieden

Das ist der Teufel mit uns, daß niemand genug hat! Wie es Gott mit einem schickt, so gefällt es ihm nicht. Das Los der anderen gefällt uns immer besser: die ergiebigere Saat steht immer auf fremdem Felde; und der Nachbar hat immer das fruchtbarere Vieh.

So ist es auch auf unserem Gebiet: Niemand ist mit seinem Beruf zufrieden: das träge Rind möchte gern einen Sattel tragen, und das Reitpferd möchte vor den Pflug gespannt werden. Je mehr wir haben, um so mehr wollen wir haben.

WILHELM BUSCH

Früher, da ich unerfahren
Und bescheidner war als heute,
Hatten meine höchste Achtung
Andre Leute.

Später traf ich auf der Weide
Außer mir noch mehre Kälber,
Und nun schätz ich, sozusagen,
Erst mich selber.

ERASMUS VON ROTTERDAM

Vom Glück der Toren

Doch sich täuschen zu lassen gilt nach landläufiger Auffassung als elend. Ich behaupte dagegen, daß es das größte Unglück ist, über alle Täuschung erhaben zu sein. Die das Glück des Menschen im Wesen der Dinge selbst suchen, sind wirklich nicht recht gescheit. Es kommt nur auf die Auffassungen an. Die menschlichen Verhältnisse sind nämlich so dunkel und verworren, daß klare Einsicht gar nicht möglich ist. Das haben schon meine Akademiker, die unter den

Philosophen am wenigsten überheblich sind, richtig erkannt. Wenn aber eine klare Erkenntnis möglich ist, stört sie meist die Behaglichkeit des Lebens. Der Geist des Menschen ist nun einmal so angelegt, daß der Schein ihn mehr fesselt als die Wahrheit. Wer den handgreiflichen Beweis dafür haben will, braucht sich in den Kirchen nur die Predigten anzuhören. Sobald es dort um einen ernsten Gegenstand geht, schläft und gähnt alles voll Widerwillen. Wenn aber der Schreier – Verzeihung, ich wollte sagen der Redner – nach beliebtem Brauch auf eine abgedroschene Anekdote kommt, wacht man auf und hört mit offenem Munde zu. Ein von Wundergeschichten und Legenden umwobener Heiliger, wie zum Beispiel Georg, Christophorus oder Barbara, wird auch eifriger verehrt als Petrus, Paulus oder selbst Christus. Doch das gehört nicht hierher. Wieviel weniger kostspielig ist der Weg zu diesem Glück? Dagegen dringt man nur in seltenen Fällen und unter großer Mühe in das Wesen auch der einfachsten Dinge ein, wie zum Beispiel der Grammatik. Die Einbildung kostet fast gar nichts und führt doch zu gleichem, wenn nicht zu reicherem Glück. Wenn einer gern stinkenden Fisch ißt, den der andere nicht einmal riechen mag, und dabei Ambrosia zu schmecken meint, bitte, was schadet das dem Glück? Wenn man dagegen beim Sterlet ein Gefühl des Ekels nicht loswird, was bedeutet er dann für den behaglichen Lebensgenuß? Bedeutet eine auffallend häßliche Frau dem Manne, der in ihr eine Rivalin der Venus selbst sieht, nicht ebensoviel wie eine tatsächlich hübsche? Ein anderer bewundert andächtig eine Tafel mit einem üblen Geschmiere aus Mennige und Lehm und ist überzeugt, daß es ein Gemälde des Apelles oder Zeuxis ist. Ist er nicht glücklicher als der Kunstfreund, der unter großen

Kosten das Werk jener Künstler erworben und an dem Schaustück vielleicht weniger Vergnügen hat? Ich kenne einen Namensvetter, der seiner jungen Braut einige unechte Steine schenkte und ihr in seiner neckischen Art einredete, es seien nicht nur echte, sondern sogar Unica von unschätzbarem Wert. Bitte, was bedeutet es für das Mädchen, daß es Herz und Augen an dem Glas nicht weniger behaglich weidete und den Tand wie einen ausgezeichneten Schatz aufhob und hütete? Der Gatte hatte die Kosten gespart und seinen Nutzen von dem Irrtum der Frau. Dabei war sie ihm nicht weniger verbunden, als wenn er große Ausgaben für ein Geschenk gemacht hätte. Welchen Unterschied seht ihr denn zwischen den Höhlenbewohnern Platons, die die Vielfalt der Schatten und Bilder bewundern, dabei wunschlos glücklich sind und mit sich selbst im reinen, und dem Weisen, der die Höhle verläßt und das Wesen der Dinge erblickt? Wenn der Mycillus des Lukian seinen goldenen Reichtumstraum immerfort hätte träumen dürfen, hätte nichts seine Gedanken auf ein anderes Glück gerichtet. Entweder besteht kein Unterschied, oder wenn es einen Unterschied gibt, ist die Lage der Toren sogar besser.

ANTON TSCHECHOW

Der Orden

Lew Pustjakow, Lehrer am Militär-Progymnasium und Kollegienregistrator, wohnte neben seinem Freunde, dem Leutnant Ledenzow. Und am Neujahrsmorgen begab er sich zu ihm.

»Hör mal, worum ich dich bitten will, Grischa«, sprach er zum Leutnant nach den üblichen Neujahrsglückwünschen, »ich würde dich nicht damit behelligen, wenn es nicht unbedingt nötig wäre. Leih mir doch für heute, mein Täubchen, deinen Stanislausorden. Ich esse nämlich heute bei dem Kaufmann Spitschkin zu Mittag. Und du kennst doch diesen Gauner, den Spitschkin: er liebt Orden und hält alle Menschen fast für Spitzbuben, die nicht am Halse oder im Knopfloch irgend so etwas baumeln haben. Und außerdem hat er ja zwei Töchter ... du weißt, Nastja und Sina ... Ich bitte dich darum als Freund ... Du wirst mich verstehen, mein Lieber. Tu mir den Gefallen!«

Verlegen errötend und stockend brachte Pustjakow seine Bitte vor, wobei er scheu nach der Tür blickte. Der Leutnant schimpfte zwar, willigte aber schließlich ein.

Um zwei Uhr mittags begab sich Pustjakow in einer Droschke zu den Spitschkins; er hatte den Pelz über der Brust ein wenig geöffnet und sah an sich selber herab. Auf seiner Brust funkelte golden und schimmerte mit seinen Emaillefarben der fremde Stanislaus.

›Man fühlt doch irgendwie mehr Achtung vor sich selber!‹ dachte der Lehrer und räusperte sich. ›Ein kleines Ding ist es, höchstens fünf Rubel kann es wert sein und verursacht dennoch soviel Aufsehen!‹

Als er das Haus der Spitschkins erreicht hatte, schlug er den Pelz weit auseinander und machte sich gemächlich daran, den Kutscher zu bezahlen. Ihm schien, daß der Kutscher beim Anblick der Epauletten, der Knöpfe und des Stanislaus zu Stein wurde. Selbstgefällig räusperte sich Pustjakow und trat ins Haus. Er nahm im Vorzimmer seinen Pelz ab und sah in den Salon hinein. Dort saßen bereits einige fünfzehn Menschen an der langen Mittagstafel und speisten. Man hörte Sprechen und Tellerklirren.

»Wer hat dort geläutet?« hörte man die Stimme des Hausherrn. »Ah, Lew Nikolaitsch! Treten Sie nur ein. Sie haben sich ein wenig verspätet, aber das macht nichts... Wir haben uns soeben erst zu Tisch gesetzt.«

Pustjakow reckte den Kopf in die Höhe, streckte die Brust heraus und betrat händereibend den Saal. Aber dort gewahrte er etwas Entsetzliches. Denn am Tisch saß neben Sina sein Dienstkamerad Tremblent, Lehrer der französischen Sprache. Dem Franzosen den Orden zeigen, bedeutete nichts anderes, als eine Menge unangenehmer Fragen hervorrufen, bedeutete letzten Endes, sich auf ewig lächerlich und verächtlich machen ... Pustjakows erster Gedanke war, den Orden abzureißen oder hinauszulaufen; allein der Orden war sehr kräftig angenäht, und ein Rückzug war bereits unmöglich. Schleunigst mit der rechten Hand den Orden verdekkend, kroch er fast in sich zusammen, machte ungeschickt eine allgemeine Verbeugung und setzte sich, ohne jemand die Hand zu reichen, schwer auf den einzigen freien Stuhl, der genau gegenüber dem Platze stand, auf dem sein Dienstkamerad, der Franzose, saß.

»Offenbar zuviel getrunken!« dachte Spitzschkin, als er sein verwirrtes Gesicht sah.

Man stellte vor Pustjakow einen Teller Suppe. Er nahm den Löffel mit der linken Hand, doch da ihm noch zur rechten Zeit einfiel, daß man in ordentlicher Gesellschaft nicht mit der linken Hand essen dürfe, erklärte er, daß er bereits zu Mittag gespeist habe und nicht mehr essen könnte.

»Ich habe bereits gesessen ... Merci ...« stammelte er. »Ich hatte meinem Onkel, dem Oberpriester Jelejew, einen Besuch gemacht, und er bestand darauf, daß ich ... daß ich ... bei ihm zu Mittag speise.«

Pustjakows Busen war voll quälender Sehnsucht und ärgerlichem Mißmut: die Suppe roch so gut, und der gedämpfte Stör strömte einen ungewöhnlich appetitlichen Duft aus. Der Lehrer versuchte, seine rechte Hand freizumachen und den Orden mit der Linken zu bedecken, allein auch dies schien ihm nicht recht passend zu sein.

›Man wird es bemerken ... Denn dann wird meine linke Hand über meiner ganzen Brust liegen, als schickte ich mich an, zu singen. Mein Gott, wenn doch nur das Mittagessen schneller zu Ende wäre! Ich könnte dann im Gasthaus essen!‹

Nach dem dritten Gang blickte er scheu, sozusagen nur mit einem Auge, den Franzosen an. Tremblent, der verwirrt zu sein schien, blickte ihn ebenfalls an und aß auch nichts. Und nachdem die beiden einander angeschaut, wurden sie noch verwirrter und hefteten die Augen auf ihre leeren Teller.

›Er hat es bemerkt, der Schuft!‹ dachte Pustjakow. ›Ich seh es ihm an der Nase an, daß er es bemerkt hat! Der

Gauner ist dabei ein Intrigant. Schon morgen wird er es dem Direktor hinterbringen!‹

Die Gastgeber und ihre Gäste waren bereits beim vierten Gang und machten sich, wie es das Schicksal bestimmt hatte, auch über einen fünften her ...

Ein langer Herr mit breiten, haarigen Nüstern, einer Adlernase und von Geburt an verkniffenen Äuglein erhob sich. Er strich sich über den Kopf und rief:

»Äh – äh – äh ... ich ... ich ... äh schlage vor, äh, auf das Wohl der hier sitzenden Damen zu trinken!«

Geräuschvoll standen die Herren auf und erhoben ihre Pokale. Ein lautes »Hurra« scholl durch das Zimmer. Die Damen lächelten und gestatteten, mit ihnen anzustoßen. Pustjakow erhob sich ebenfalls und nahm sein Glas in die linke Hand.

»Lew Nikolaitsch, wollen Sie so gut sein, dieses Glas Nastassja Timofejewna zu übergeben!« wandte sich ein Herr an ihn und reichte ihm gleichzeitig einen Pokal. »Veranlassen Sie sie, zu trinken!«

Zu seinem größten Entsetzen war Pustjakow dieses Mal gezwungen, seinen rechten Arm ins Treffen zu führen. Und endlich sah der Stanislaus mit dem zerknitterten roten Bändchen das Licht des Tages und strahlte auf. Der Lehrer erblaßte, beugte das Haupt und sah scheu zum Franzosen hin. Dieser dagegen blickte ihn erstaunt und mit fragenden Augen an. Seine Lippen verzogen sich zu einem schlauen Lächeln, und langsam wich die Verwirrung von seinem Antlitz ...

»Julij Awgustowitsch!« wandte sich der Hausherr zum Franzosen. »Bitte, stellen Sie doch diese Flasche an ihren Platz!«

Tremblent streckte unschlüssig den rechten Arm nach der Flasche aus und ... o welches Glück! Pustjakow erblickte einen Orden auf seiner Brust, und das war nicht nur ein Stanislaus, es war gleich eine ganze Anna! Mithin hatte auch der Franzose geschwindelt! Vor Vergnügen brach Pustjakow in ein Gelächter aus und setzte sich endlich bequem auf seinen Stuhl ... Jetzt war es nicht mehr nötig, den Stanislaus zu verbergen! Beide hatten sich die gleiche Sünde zuschulden kommen lassen, und mithin konnte keiner den andern verlästern oder lächerlich machen ...

»Ah, ah ... hm ...!« brummte Spitschkin, als er den Orden auf der Brust des Lehrers sah.

»Tja!« sagte Pustjakow. »Ist es nicht erstaunlich, Julij Awgustowitsch! Wie wenige von uns wurden vor den Feiertagen in Vorschlag gebracht! Wie groß ist unsere Schar, und dennoch haben nur Sie und ich einen bekommen! Eine ganz er-staun-li-che Sache!«

Heiter nickte Tremblent mit dem Kopf und schob dabei seinen linken Aufschlag vor, auf dem ein Annenorden Dritter Klasse prangte.

Nach dem Mittagessen schwirrte Pustjakow durch alle Zimmer und zeigte den jungen Damen seinen Orden. Seine Seele war leicht und frei, obwohl sein Magen ihm hörbar zu schaffen machte.

›Wenn ich den Schwindel geahnt hätte‹, dachte er, neidisch Tremblent anblickend, der sich soeben mit Spitschkin über Orden unterhielt, ›dann hätte ich mir einfach den Wladimir angesteckt. Schade, daß ich es nicht geahnt habe!‹

Nur dieser Gedanke beunruhigte ihn. In jeder andern Hinsicht war er vollkommen glücklich.

GEORG CHRISTOPH LICHTENBERG

Aphorismen

Hüte dich, daß du nicht durch Zufälle in eine Stelle kommst, der du nicht gewachsen bist, damit du nicht scheinen mußt, was du nicht bist. Nichts ist gefährlicher und stört alle innere Ruhe mehr, ja ist aller Rechtschaffenheit mehr nachteilig als dieses, und endigt gemeiniglich mit einem gänzlichen Verlust des Kredits.

*

Wenn man gerne wissen will, was andere Leute über eine gewisse Sache denken, die einen selbst angeht, so denke man nur, was wir unter gleichen Umständen von ihnen denken würden. Man halte niemanden für moralisch besser in diesem Stück, als man selbst ist, und niemand für einfältiger. Die Leute merken öfter, als man glaubt, solche Dinge, die wir vor ihnen mit Kunst versteckt zu haben denken. Von dieser Bemerkung ist mehr als die Hälfte wahr, und das ist allemal viel für eine Maxime, die jemand in seinem dreißigsten Jahr festsetzt, so wie ich diese.

*

Jeder Mensch hat auch seine moralische Backside, die er nicht ohne Not zeigt, und die er so lange als möglich mit den Hosen des guten Anstandes zudeckt.

AUS DEM NOVELLINO

Von zwei Edelleuten, die sich in herzlicher Freundschaft zugetan waren

Zwei Edelleute waren sich in herzlicher Freundschaft zugetan; der eine mit Namen G., der andere Herr S. Als sie schon lange miteinander befreundet waren, machte sich der eine Gedanken und sagte bei sich: »Mein Freund S. hat ein schönes Reitpferd. Wenn ich ihn darum bäte, würde er es mir wohl geben?« Und er überlegte hin und her und kam abwechselnd zu verschiedenen Ergebnissen: »Ja, nein, ja, nein, ...« Schließlich setzte sich in ihm die Überzeugung fest, daß jener es ihm nicht geben würde. Das bekümmerte ihn, und sein Verhalten gegenüber dem Freund veränderte sich und war nicht mehr wie früher. Der Gedanke wurde zur fixen Idee und quälte ihn von Tag zu Tag mehr. Er sprach nicht mehr mit dem Freund und wandte sich ab, wenn er ihn vorbeikommen sah. Die Leute waren verwundert, und er selbst am meisten.

Sein Freund S., der Besitzer des Reitpferdes, konnte diesen Zustand eines Tages nicht länger ertragen. Er ging zu ihm und fragte: »Mein Freund, warum sprichst du nicht mehr mit mir? Was bekümmert dich?« Und jener antwortete: »Daß ich dich um dein Reitpferd gebeten habe und du es mir abgeschlagen hast.« Da antwortete der Freund: »Dem ist nie und nimmer so! Mein Pferd gehört dir ebenso wie ich selbst; denn ich liebe dich wie mich selbst.« Da versöhnte sich der Edelmann mit seinem Freund, und er erkannte, daß er nicht richtig von ihm gedacht hatte, und ihre Freundschaft war wieder wie früher.

ROBERT MUSIL

Der Mensch ohne Charakter

Ich habe mehrere Freunde, welche keinen Charakter besitzen; wer hätte sie nicht? Aber darunter ist einer, der seinen Charakter fast sein ganzes Leben lang vermißt hat, der ihn schmerzlich entbehrt und gesucht hat; und das ist schon etwas nicht ganz Alltägliches.

Wir waren Nachbarskinder. Wenn er irgendeine der Kleinigkeiten angestellt hatte, die so schön sind, daß man sie nicht gern erzählt, pflegte seine Mutter zu seufzen, denn die Prügel, die sie ihm gab, strengten sie an, und dem sollte sie sich eigentlich nicht aussetzen. »Junge«, jammerte sie, »du hast nicht die Spur von Charakter; was mag aus dir noch werden!?« In den schwereren Fällen wurde der Herr Vater zu Rate gezogen. Dann hatten die Prügel eine gewisse Feierlichkeit und eine ernste Würde, ungefähr wie ein Schulfest. Vor Beginn mußte mein Freund dem Herrn Oberrechnungsrat eigenhändig den Rohrstab holen, der im Hauptberuf dem Ausklopfen der Kleider diente und von der Köchin verwahrt wurde, während er nach Schluß die Vaterhand zu küssen und mit Dank für die Zurechtweisung um Verzeihung für die Sorgen zu bitten hatte, die er seinen lieben Eltern verursachte. Mein Freund machte es umgekehrt. Er bettelte und heulte vor Beginn um Verzeihung und setzte das von einem Schlag zum andern fort; wenn es aber einmal vorbei war, brachte er kein Wort mehr hervor, war blaurot im Gesicht, schluckte Tränen und Speichel und suchte durch emsiges Reiben die Spuren seiner Empfindungen zu beseitigen. »Ich weiß nicht«, – pflegte dann sein Vater zu sagen – »was aus dem Jungen noch werden soll; der Bengel hat absolut keinen Charakter!«

So war in unserer Jugend Charakter das, wofür man Prügel bekommt, obgleich man es nicht hat. Man wird nicht übersehen, daß darin eine gewisse Ungerechtigkeit steckt. Ein logisch gereifter Mensch wird freilich sagen, wenn man von uns Charakter verlangte, so sei dies der übergeordnete und zusammengefaßte Begriff gewesen des Gegenteils von schlechten Zeugnissen, geschwänzten Schulstunden, an Hundeschwänze gebundenen Blechtöpfen, Geschwätz und heimlichen Spielen während des Unterrichts, verstockten Ausreden, zerstreutem Gedächtnis und unschuldigen Vögeln, die ein versteckter Schütze mit der Schleuder geschossen hat. Aber das natürliche Gegenteil von alledem waren doch schon die Schrecknisse der Strafe, die Angst vor Entdeckung und die Qualen des Gewissens, welche die Seele mit jener Reue peinigen, die man empfinden könnte, wenn die Sache schief ginge. Das war komplett; für einen Charakter ließ es keinen Platz und keine Tätigkeit übrig, er war vollkommen überflüssig. Dennoch verlangte man ihn von uns.

Es hätte uns vielleicht einen Anhaltspunkt bieten sollen, daß zu den Strafen auch im einzelnen erläuternde

Worte gesprochen wurden wie: Hast du denn gar keinen Stolz, Bube?! – oder: Wie kann man bloß so niederträchtig lügen?! – Aber ich muß sagen, daß es mir selbst heute noch schwer fiele, stolz zu sein, wenn ich eine Ohrfeige bekäme. Oder Stolz zu zeigen, während ich auf den Rücken falle. Wut könnte ich mir vorstellen; aber die sollten wir ja gerade nicht haben! Und ebenso ist es mit dem Lügen; wie soll man denn lügen, wenn nicht niederträchtig? Etwa ungeschickt? Wenn ich darüber nachdenke, kommt es mir selbst heute noch vor, als ob man damals am liebsten von uns Buben gefordert hätte, wir sollten aufrichtig lügen. Das war aber eine Art doppelter Anrechnung: erstens, du sollst nicht lügen, zweitens, wenn du jedoch lügst, dann lüge wenigstens nicht verlogen. Es ist ja zuzugeben, daß erwachsene Verbrecher das können müssen, denn sonst würde man es ihnen in den Gerichtssälen nicht immer als besondere Bosheit anrechnen, wenn sie ihre Verbrechen kaltblütig, vorsichtig und mit Überlegung begehen, aber von Buben war das entschieden zuviel verlangt. Ich fürchte, ich habe bloß deshalb keine so auffallenden Charaktermängel gezeigt wie mein Freund, weil ich nicht so sorgfältig erzogen wurde.

Am einleuchtendsten von allen elterlichen Ansprüchen, welche sich mit unserem Charakter befaßten, waren noch die, welche sein bedauerliches Fehlen mit der Warnung in Zusammenhang brachten, daß wir ihn einst als Männer vonnöten haben würden. »Und ein solcher Junge will ein Mann werden!?« hieß es ungefähr. Sah man davon ab, daß die Sache mit dem Wollen nicht ganz klar war, so bewies dies doch wenigstens, daß Charakter etwas sei, das wir erst später brauchen würden; wozu dann jetzt schon die überhasteten Vorbereitungen? Dies war ganz das, was wir meinten.

Wenn mein Freund also damals keinen Charakter besaß, so vermißte er ihn doch nicht. Das kam erst später und begann zwischen unserem sechzehnten und siebzehnten Jahr. Da fingen wir an, ins Theater zu gehen und Romane zu lesen. Von dem Gehirn meines Freundes, das lebhafter als das meine die irreführenden Verlockungen der Kunst aufnahm, ergriffen der Intrigant der städtischen Theater, der zärtliche Vater, der heldenhafte Liebhaber, die teuflische Salonschlange und die bezaubernde Naive Besitz. Er redete nur noch in falschen Tönen, hatte aber plötzlich alles von Charakter in sich, was es auf der deutschen Bühne gibt. Wenn er etwas versprach, wußte man nie, ob man sein Ehrenwort als Held oder als Intrigant besaß; es geschah, daß er einen heimtückischen Vorschlag machte, aber später heldenhaft aufrichtig durchführte, oder daß er etwas naiv zusagte und bei der Ausführung ein Bösewicht wurde; er konnte polternd uns Freunde empfangen, um uns plötzlich mit dem eleganten Lächeln des Bonvivants Platz und Schokoladenbonbons anzubieten, oder umarmte uns väterlich und stahl dabei die Zigaretten aus unserer Tasche.

Das war harmlos und offen, verglichen mit den Wirkungen des Romanelesens. In solchen Romanen finden sich die wundervollsten Verhaltungsweisen für unzählige Lebenslagen beschrieben. Der einzige Nachteil ist bloß der, daß die Lebenslagen, in welche man gerät, sich niemals ganz mit den Lebenslagen decken, in denen jene Worte: Rache, Verzicht, Verzeihung, vorkommen, welche in den Romanen beschrieben sind. Die Weltliteratur ist ein ungeheures Magazin, wo jährlich Millionen Seelen mit Edelmut, Zorn, Stolz, Liebe, Hohn, Eifersucht, Adel und Gemeinheit bekleidet werden. Wenn eine angebetete Frau unsere Gefühle mit Füßen tritt, so wissen wir, daß wir ihr einen strafend seelenvollen Blick zuzuwerfen haben; wenn ein Schurke eine Waise mißhandelt, so wissen wir, daß wir ihn mit einem Schlag zu Boden schmettern müssen. Aber was sollen wir tun, wenn die angebetete Frau unmittelbar, nachdem sie unsere Gefühle mit Füßen getreten hat, die Tür ihres Zimmers zuschlägt, so daß sie unseren seelenvollen Blick nicht sieht? Oder wenn zwischen dem Schurken, der die Waisen mißhandelt, und uns ein Tisch mit Gläsern steht? Sollen wir die Tür einschlagen, um durch das Loch einen sanften Blick zu werfen, oder sorgfältig die teuren Gläser abräumen, ehe wir zum empörten Schlag ausholen? In solchen wirklich wichtigen Fällen läßt einen die Literatur immer im Stich; vielleicht wird das in einigen hundert Jahren, wenn noch mehr beschrieben ist, besser sein.

Einstweilen aber gibt es deswegen jedesmal eine geradezu besonders unangenehme Lage für einen belesenen Charakter, wenn er sich in einer sogenannten Lebenslage befindet. Ein gutes Dutzend angefangener Sätze, halb erhobener Augenbrauen oder geballter Fäuste, gekehrter Rücken und pochender Brüste, die alle nicht ganz zu dem Anlaß passen und doch auch nicht unpassend wären, bleiben in ihm stecken und zerren an ihm; die Mundwinkel werden gleichzeitig hinauf- und hinabgezogen, die Stirn finster gerunzelt und hell beglänzt, der Blick will sich zur gleichen Zeit strafend hervorstürzen und beschämt zurückziehen, und das ist sehr unangenehm, denn man tut sich sozusagen selbst gegenseitig weh. Das Ergebnis ist dann jenes bekannte Zucken und Schlucken, das sich über Lippen, Augen, Hände und Kehle ausdehnt, ja mitunter den ganzen Körper so heftig erfaßt, daß er sich wie eine Schraube windet, die ihre Mutter verloren hat.

Damals entdeckte mein Freund, wie viel bequemer es wäre, als einzigen Charakter seinen eigenen zu besitzen, und begann diesen zu suchen.

Aber er geriet bloß in neue Abenteuer. Ich traf ihn nach Jahren wieder, als er im Bureau eines Rechtsanwalts arbeitete. Er trug Brillen, rasierte sich den Bart und sprach mit leiser Stimme. – Du siehst mich an? – bemerkte er. Ich konnte es nicht leugnen, irgend etwas hieß mich, in seiner Erscheinung eine Antwort zu suchen. – Rechtsanwälte – erklärte er mir – haben eine ganz bestimmte Art, durch ihre Kneifergläser zu blicken, die anders ist als zum Beispiel die der Ärzte. Vielleicht kann man auch sagen, daß alle ihre Bewegungen und Worte spitzer oder zackiger sind als die rundlichen und knorrigen der Theologen. Sie unterscheiden sich von ihnen wie ein Feuilleton von einer Predigt, mit einem Wort, so wenig ein Fisch von Baum zu Baum fliegt, so sehr sind Rechtsanwälte in ein Medium eingetaucht, das sie niemals verlassen.

»Berufscharakter!« sagte ich. Mein Freund triumphierte.

»Sag' einmal, bemerkst du etwas davon an mir?« fragte er. Als ich verneinte, war er es zufrieden. »Siehst du«, fuhr er in seiner Auseinandersetzung fort, »das war eine große Schwierigkeit. Bis vor kurzem habe ich noch einen christusähnlichen Bart getragen. Denn das stimmt gar nicht zu dem Charakter der Rechtsanwälte. Aber Bart ist, wie du wissen wirst, zusammen mit starken Augenbrauen, behaarter Brust und einer Stimme, welche die Tonlagen zwischen Keller und erstem Stock bewohnt, ein sogenanntes sekundäres Merkmal des Geschlechtscharakters. Darum spreche ich jetzt leise und trinke kein Bier.«

»Das sehe ich nicht ein«, sagte ich dagegen, »du könntest dich doch zum Beispiel wie ein Maler tragen oder wie ein Seefahrer?«

»Nein! Das ist eben das Sonderbare! Es gibt natürlich Rechtsanwälte, die sehen wie Dichter aus, und dann wieder Dichter, die in ihrem Äußern gern mit einem Diplomaten verwechselt werden möchten, auch Gemüseverkäufer mit Denkerköpfen gibt es. Sie alle haben aber etwas von einem Glasauge oder einem angeklebten Bart. Es ist eben das Schlimme, daß an dieser Sache mit dem Berufscharakter wirklich etwas dran ist. Denn nun gibt es, wie du weißt, doch noch ebenso wie den Berufs- und den Geschlechtscharakter des Mannes verschiedene andere Charaktere, die er hat, seinen National,- seinen Staats-, seinen Klassen-, seinen geographisch bedingten Charakter, den Charakter, der zu seiner Handschrift gehört, den, welchen man an seinen Handlinien, an seiner Schädelform, an der Konstellation der Gestirne im Augenblick seiner Geburt und an was weiß ich noch erkennt. Lauter solche Charaktere habe offenbar auch ich, ohne es zu wissen. Ich merkte es nicht. Es ist mir unheimlich. Ich wünsche, dem zu entrinnen. Aber wahrscheinlich gerate ich, wenn ich den einen abstreife, in den anderen hinein. Zum Glück habe ich eine Braut, welche behauptet, daß ich überhaupt keinen Charakter besitze und sie nie heiraten werde. Ich werde sie gerade deshalb heiraten; denn sie ist mir wahrhaftig eine Stütze.«

»Wer ist deine Braut?«

»Dem Nationalcharakter nach Deutsche, im Berufscharakter die Tochter eines kleinen Kaufmanns, dem Klassencharakter nach Bourgeoise, geographisch an der Abendland und Morgendland verbindenden West-Ost-Linie der Donau geboren«, zählte er geläufig auf. »Aber weißt du«, unterbrach er sich, »sie weiß trotzdem immer, was sie will! Sie war ursprünglich ein reizend hilfloses kleines Mädchen – ich kenne sie schon lange; aber sie hat sehr viel von mir gelernt. Wenn ich lüge, findet sie es entsetzlich; wenn ich morgens nicht rechtzeitig ins Bureau gehe, so behauptet sie, daß ich niemals eine Familie erhalten könnte, wenn ich mich nicht entschließen kann, eine Zusage zu halten, die ich gegeben habe, so weiß sie, daß das nur ein Schuft tut.«

Mein Freund lächelte. Er war damals ein liebenswürdiger Mensch, und jeder Mensch sah freundlich lächelnd auf ihn herab. Niemand nahm ernstlich an, daß er es zu etwas bringen werde. Schon an seiner äußeren Erscheinung fiel auf, daß, sobald er zu sprechen anfing, jedes Glied seines Körpers eine andere Lage einnahm; die Augen gingen irgendwohin zur Seite, Achsel, Arm und Hand bewegten sich nach entgegengesetzten Richtungen, und mindestens ein Bein federte im Kniewinkel wie eine Briefwaage. Wie gesagt, er war damals ein liebenswürdiger Mensch, bescheiden, schüchtern, ehrfürchtig, und manchmal war er auch das Gegenteil davon.

Als ich ihn wiedersah, besaß er ein Auto, eine Frau, die sein Schatten war, und eine angesehene, einflußreiche Stellung. Wie er das angefangen hatte, weiß ich nicht; aber was ich vermute, ist, daß das ganze Geheimnis darin lag, daß er dick wurde. Sein eingeschüchtertes, bewegliches Gesicht war weg. Genauer besehen, es war noch da, aber es lag unter einer dicken Hülle von Fleisch. Seine Augen, die einst, wenn er etwas angestellt hatte, so rührend sein konnten wie die eines traurigen Äffchens, hatten eigentlich ihren aus dem Innern kommenden Glanz nicht verloren, aber zwischen den hoch gepolsterten Wangen hatten sie jedesmal Mühe, wenn sie sich nach der Seite drehen wollten, und stierten darum mit einem hochmütig gequälten Ausdruck. Seine Bewegungen fuhren innerlich immer noch umher, aber außen, an den Beugen und Gelenken der Glieder wurden sie von stoßdämpfenden Fettpolstern aufgefangen, und was herauskam, sah wie Kurzangebundenheit und entschlossene Sprache aus. So war nun auch der Mensch geworden. Sein irrlichternder Geist hatte feste Wände und kompakte Überzeugungen bekommen. Manchmal blitzte noch etwas in ihm auf, aber es verbreitete keine Helligkeit mehr in dem Menschen, sondern war ein Schuß, den er abgab, um damit zu imponieren oder ein bestimmtes Ziel zu erreichen. Es war nun eigentlich viel weniger an ihm als früher; von allem, was er äußerte, ging zwölf auf ein Dutzend, wenn es auch ein Dutzend guter, verläßlicher Ware war. Seine Vergangenheit behandelte er selbst nun so, wie man sich an eine Jugendtorheit erinnert.

Aber das Sonderbare war, – weshalb ich mir diese Erinnerungen niederzuschreiben erlaube –, daß ich immerdar, wenn ich ihn ansah, das Empfinden hatte, der alte Mensch sei noch in ihm. Er stand in ihm, von der fleischigen größeren Wiederholung der ursprünglichen Gestalt eingeschlossen. Sein Blick stach im Blick des andern, sein Wort im Wort. Es war unheimlich. Ich habe ihn inzwischen noch oft wiedergesehen, und dieser Eindruck hat sich jedesmal wiederholt; er wohnt eingekerkert in seinem Körper. Ich glaube heimlich, er gäbe etwas darum, wenn er einmal einen Tag lang wieder keinen Charakter haben könnte. Ich habe ihm natürlich eine Abmagerungskur angeraten, aber er hat nicht den Mut dazu; er erklärt, daß solche Kuren nervöse Angstzustände hervorrufen und überhaupt nicht ungefährlich seien.

ADELBERT VON CHAMISSO

Tragische Geschichte

's war einer, dem's zu Herzen ging,
Daß ihm der Zopf so hinten hing,
  Er wollt' es anders haben.

So denkt er denn: »Wie fang ich's an?
Ich dreh mich um, so ist's getan –«
  Der Zopf, der hängt ihm hinten.

Da hat er flink sich umgedreht,
Und wie es stund, es annoch steht –
  Der Zopf, der hängt ihm hinten.

Da dreht er schnell sich anders 'rum,
's wird aber noch nicht besser drum –
  Der Zopf, der hängt ihm hinten.

Er dreht sich links, er dreht sich rechts,
Es tut nichts Guts, es tut nichts Schlechts –
  Der Zopf, der hängt ihm hinten.

Er dreht sich wie ein Kreisel fort,
Es hilft zu nichts, in einem Wort –
  Der Zopf, der hängt ihm hinten.

Und seht, er dreht sich immer noch
Und denkt: »Es hilft am Ende doch –«
  Der Zopf, der hängt ihm hinten.

GOTTHOLD EPHRAIM LESSING

Der Geizige

Ich Unglücklicher! klagte ein Geizhals seinem Nachbar. Man hat mir den Schatz, den ich in meinem Garten vergraben hatte, diese Nacht entwendet und einen verdammten Stein an dessen Stelle gelegt.

Du würdest, antwortete ihm der Nachbar, deinen Schatz doch nicht genutzt haben. Bilde dir also ein, der Stein sei dein Schatz, und du bist nichts ärmer.

Wäre ich auch schon nichts ärmer, erwiderte der Geizhals, ist ein andrer nicht um so viel reicher? Ein andrer um so viel reicher! Ich möchte rasend werden.

LUDWIG THOMA

Auf der Elektrischen

In *München*. Der schwere Wagen poltert auf den Schienen; beim Anhalten gibt es einen Ruck, daß die stehenden Passagiere durcheinander gerüttelt werden.

Ein Schaffner ruft die Station aus.

»Müliansplatz!«

Heißt eigentlich Maximiliansplatz.

Aber der Schaffner hat Schmalzler geschnupft und kann die langen Namen nicht leiden.

Ein Student steigt auf. Er trägt eine farbige Mütze, und der Schaffner salutiert militärisch.

Er weiß: das zieht bei den Grünschnäbeln. Sie bilden sich darauf was ein.

Und wenn sich Grünschnäbel geschmeichelt fühlen, geben sie Trinkgelder.

Er ist Menschenkenner und hat sich nicht getäuscht.

Der junge Herr mit der großen Lausallee gibt fünf Pfennige.

Er sieht dabei den Schaffner nicht an; er sieht gleichgültig ins Leere; er zeigt, daß er dem Geschenke keine Bedeutung beimißt. Der Schaffner salutiert wieder.

Wumm! Prr!

Der Wagen hält.

»Deonsplatz!« schreit der Schaffner.

Heißt eigentlich Odeonsplatz.

Eine Frau, die ein großes Federbett trägt, schiebt sich in den Wagen. Ein Sitzplatz ist noch frei.

Die Frau zwängt sich zwischen zwei Herren. Sie stößt dem einen den Zylinder vom Kopfe.

Das ärgert den Herrn. Er klemmt den Zwicker fester auf die Nase und blickt strafend auf das Weib.

»Aber erlauben Sie!« sagt er.

–?!–

»Aber erlauben Sie, mit einem solchen Bett!«

Die Leute im Wagen werden aufmerksam.

Der Mann scheint ein Norddeutscher zu sein; der Sprache nach zu schließen. Ein besserer Herr, der Kleidung nach zu schließen.

Was fällt ihm ein, die arme Frau aus dem Volke zu beleidigen?

Ein dicker Mann, dessen grünen Hut ein Gemsbart ziert, verleiht der allgemeinen Stimmung Ausdruck.

»Warum soll denn dös arme Weiberl net da herin sitzen? Soll's vielleicht draußen bleib'n und frier'n? Bloß weil's dem nobligen Herrn net recht is? Wenn man so noblig is, fahrt ma halt mit da Droschken!«

Der dicke Mann ist erregt. Der Gemsbart auf seinem Hute zittert.

Einige Passagiere nicken ihm beifällig zu; andere murmeln ihre Zustimmung. Ein Arbeiter sagt: »Überhaupt is de Tramway für an jed'n da. Net wahr? Und dera Frau ihr Zehnerl is vielleicht g'rad so guat, net wahr, als wia dem Herrn sei Zehnerl.«

Die Frau mit dem Bett sieht recht gekränkt aus. Sie schweigt; sie will nicht reden; sie weiß schon, daß arme Leute immer unterdrückt werden.

Sie schnupft ein paarmal auf und setzt sich zurecht. Dabei fährt sie mit dem Bette ihrem anderen Nachbarn ins Gesicht.

Der stößt das Bett unsanft weg und redet in soliden Baßtönen: »Sie, mit Eahnan dreckigen Bett brauchen S' mir fei 's Maul net abwisch'n! Glauben S' vielleicht, Sie müassen's mir unta d' Nasen halt'n, weil S' as jetzt aus 'm Versatzamt g'holt hamm?«

Die Passagiere horchen auf.

Da ist noch einer, der die Frau aus dem Volke beleidigt; aber, wie es scheint, ein süddeutscher Landsmann.

Die Stimmung richtet sich nicht gegen ihn. Übrigens sieht er so aus, als wenn ihm das gleichgültig sein könnte.

Er hat etwas Gesundes an sich, etwas Robustes, Hinausschmeißerisches.

Er imponiert sogar dem Herrn mit dem grünen Hute. Und dann, alle haben es gesehen:

Die Frau ist ihm wirklich mit dem Federbette über das Gesicht gefahren. So etwas tut man nicht. Der Mann selbst ist noch nicht fertig mit seiner Entrüstung. Er wirft einen sehr unfreundlichen Blick auf die Frau aus dem Volke und einen sehr verächtlichen Blick auf das Bett.

Er sagt: »Überhaupt is dös a Frechheit gegen die Leut', mit so an Bett do rei'geh'. Wer woaß denn, wer in dem Bett g'leg'n is? Vielleicht a Kranker; und mir fahren S' ins G'sicht damit! Sie ausg'schamte Person!« Einige murmeln beifällig.

Der Mann mit dem grünen Hute gerät wieder in Zorn.

Er sagt: »Der Herr hat ganz recht. Mit so an Bett geht ma nett in a Tramway. Da kunnten ja mir alle o'g'steckt wer'n. Heuntzutag, wo's so viel Bazüllen gibt!«

Der Gemsbart auf seinem Hute zittert.

Alle Passagiere sind jetzt wütend über die Unverschämtheit der Frau.

Man ruft den Schaffner.

»De muaß außi!« sagt der Mann mit dem Gemsbart, »und überhaupts, wia könna denn Sie de Frau da einaschiab'n? Muaß ma sie vielleicht dös g'fallen lassen bei der Tramway? Daß de Bazüllen im Wag'n umanandfliag'n?«

Der Schaffner trifft die Entscheidung, daß die Frau sich auf die vordere Plattform stellen muß. Sie verläßt ihren Platz und geht hinaus.

»Dös war amal a freche Person!« sagt der Mann mit dem Gemsbart.

Der Herr mit dem Zwicker meint: »Eigentlich war sie ganz anständig. Nur mit dem Bette ...«

»Was?!« schreit sein robuster Nachbar. »Sie woll'n

vielleicht dös Weibsbild in Schutz nehma? Gengan S' außi dazua, wann's Eahna so guat g'fallt!«

Alle murmeln beifällig.

Und der Arbeiter sagt: »Da siecht ma halt wieda de Preißen!«

LA ROCHEFOUCAULD

Maximen und Reflexionen

Wenn die Eitelkeit auch nicht alle Tugenden geradezu umwirft, so erschüttert sie doch alle.

*

Was uns die Eitelkeit anderer unerträglich macht, ist, daß sie unsere eigene beleidigt.

*

Die Lust, von uns selbst zu sprechen und unsere Fehler in dem Lichte zu zeigen, in dem wir sie sehen lassen wollen, macht einen guten Teil unserer Aufrichtigkeit aus.

*

So viele Entdeckungen man auch im Reich der Eigenliebe gemacht hat, es bleibt darin noch viel unerforschtes Land.

*

Um in der großen Welt zur Geltung zu gelangen, gibt man sich auf alle mögliche Art den Anschein, als habe man sie bereits erlangt.

*

Es ist eine Art von Koketterie, merken zu lassen, daß man keine habe.

*

Die Eitelkeit, die Scham und vor allem das Temperament machen oft den Mut der Männer und die Tugend der Frauen aus.

*

Mancher Undankbare ist weniger schuld an seiner Undankbarkeit als sein Wohltäter.

*

Wir wählen oft vergiftete Lobsprüche, wodurch, im Kontrast dazu, bei denen, die wir loben, Fehler ins Auge springen, die wir auf andere Weise nicht aufzudecken gewagt hätten.

*

Gewöhnlich lobt man bloß, um gelobt zu werden.

*

Man hat in gewissem Sinne Anteil an schönen Handlungen, wenn man sie aufrichtig lobt.

*

Das echte Kennzeichen einer edel geborenen Natur ist die Neidlosigkeit.

GUY DE MAUPASSANT

Der Schmuck

Sie war eines jener hübschen, liebreizenden Mädchen, von denen man meinen sollte, das Schicksal habe sie gleichsam aus Versehen in einer Beamtenfamilie zur Welt kommen lassen. Sie hatte keine Mitgift, keine Aussichten, keinerlei Gelegenheit, Bekanntschaften zu machen, verstanden, geliebt und schließlich von einem reichen und vornehmen Manne geheiratet zu werden; und so ließ sie sich denn von einem Subalternbeamten aus dem Kultusministerium heimführen.

Sie ging schlicht gekleidet, denn sie besaß ja keinen Schmuck; allein sie fühlte sich unglücklich, als sei sie deklassiert. Denn Frauen haben keinen Sinn für Kaste und Rasse – ihnen bedeuten Schönheit, Anmut und Liebreiz dasselbe wie Herkunft und Familie. Ihre Hierarchie wird einzig durch angeborenen Takt, Instinkt für Eleganz und Geschmeidigkeit des Geistes gebildet, und diese sind es, die Mädchen aus dem Volke und Damen von Welt einander gleichmachen.

Sie litt unablässig, denn sie fühlte sich für jede nur erdenkliche Verfeinerung, für jeden Luxus geboren. Sie litt unter der Armseligkeit ihrer Wohnung, den elenden kahlen Wänden, den durchgescheuerten Plüschmöbeln, den häßlichen Stoffen. All dieses – eine beliebige andere Frau ihrer Gesellschaftsschicht würde es sicherlich kaum bemerkt haben – quälte und empörte sie. Wenn sie die kleine Bretonin anschaute, die ihr den dürftigen Haushalt führte, stiegen in ihr trostlose Verzweiflung und verworrene Wunschträume auf. Sie träumte von verschwiegenen Gemächern mit schwellenden Orientteppichen und hohen, leuchtenden Bronzekandelabern, von zwei stattlichen Lakaien in Eskarpins, die in der drükkenden Hitze des russischen Ofens müde geworden waren und in mächtigen Lehnsesseln schnarchten; sie träumte von geräumigen, mit antikem Brokat ausgeschlagenen Salons, von erlesenen Möbeln, auf denen köstliche Porzellane standen; sie träumte von kleinen, koketten, parfümierten Salons, Räumen, eigens geschaffen für die Five-o'clock-Plaudereien mit den intimsten Freunden, lauter berühmten und begehrten Männern, von denen beachtet zu werden alle Frauen sich neidvoll sehnen.

Wenn sie beim Essen an dem runden Tische mit dem schon drei Tage alten Tischtuch ihrem Manne gegenübersaß, der den Suppenterrinendeckel abhob und mit verklärter Miene schmatzte: »Ja, die gute Hausmannskost! Was Besseres gibt es einfach nicht ...!«, dann träumte sie von vornehmen Tafelrunden, schimmerndem Silber, Gobelins mit altertümlichen Gestalten und fremdartigen Vögeln inmitten eines Märchenwaldes; sie träumte von köstlichen Gerichten, die auf wundervollem Geschirr dargereicht wurden, von geflüsterten Liebenswürdigkeiten, die man mit einem Sphinxlächeln anhörte, während man das rosige Fleisch einer Forelle oder einen Haselhuhnflügel speiste.

Sie nannte weder schicke Kleider noch Juwelen ihr eigen, nichts, gar nichts. Und dabei sehnte sie sich nach nichts anderem; einzig dafür fühlte sie sich geschaffen. Sie hätte so gern gefallen, verführerisch und begehrt erscheinen, beneidet werden mögen.

Sie hatte eine reiche Freundin, eine Mitschülerin vom

Kloster her; aber sie brachte es nicht über sich, sie zu besuchen – es war ihr zu schmerzlich, bei der Heimkehr die eigenen vier Wände wiedersehen zu müssen. Und so weinte sie denn, tagelang, vor Kummer, Gram, Verzweiflung und Enttäuschung.

Nun, eines Abends kam ihr Mann freudestrahlend heim und schwenkte einen großen Briefumschlag.

»Hier«, sagte er, »etwas für dich!«

Hastig riß sie den Umschlag auf und entnahm ihm eine gedruckte Karte, auf der zu lesen stand:

»Der Kultusminister Georges Ramponeau und Frau beehren sich, Herrn und Frau Loisel auf Montag, den 18. Januar, zu einer Abendgesellschaft im Ministerialgebäude einzuladen.«

Anstatt entzückt zu sein, wie ihr Mann gehofft hatte, warf sie die Einladung verdrossen auf den Tisch und murmelte: »Was soll ich denn damit?«

»Aber, liebes Kind, ich meinte, es würde dich freuen. Du gehst niemals aus, und dies ist doch nun wirklich eine schöne Gelegenheit! Es war schwierig genug, eine Karte zu bekommen. Alle wollten sie eine, man riß sich darum, und für Beamte stehen nur ein paar zur Verfügung. Alle offiziellen Größen kannst du dort sehen.«

Gereizt sah sie ihm ins Gesicht, und dann fragte sie mürrisch: »Willst du mir vielleicht sagen, was ich anziehen soll, wenn ich da hingehe?«

Daran hatte er nicht gedacht; er stotterte: »Aber du hast doch dein Theaterkleid. Ich finde es sehr nett ...«

Er verstummte, verblüfft und verwirrt. Seine Frau weinte nämlich. Zwei dicke Tränen kollerten langsam aus den Augenwinkeln zu den Mundwinkeln. Er stammelte: »Was hast du denn? Was hast du denn?«

Sie aber riß sich mit grausamer Anstrengung zusammen, schluckte ihr Leid hinunter, wischte sich die feuchten Backen ab und erwiderte ruhig: »Nichts. Ich habe nun mal keine Toilette, und folglich kann ich das Fest da nicht mitmachen. Schenk nur die Karte irgendeinem Kollegen, dessen Frau besser dran ist als ich.«

Er war wie vor den Kopf geschlagen.

»Paß mal auf, Mathilde«, antwortete er, »wieviel könnte denn wohl eine halbwegs anständige Toilette kosten, ein bißchen was Einfacheres, das du auch bei anderen Gelegenheiten tragen könntest?«

Sie besann sich ein paar Sekunden, berechnete sich die Sache und überlegte gleichzeitig, wieviel sie würde fordern können, ohne daß der sparsame Beamte auf der Stelle entsetzt »Nein!« schrie.

Schließlich antwortete sie zögernd: »Ganz genau kann ich das nicht sagen; aber mit vierhundert Franken, meine ich, könnte man schon auskommen.«

Er wurde ein bißchen blaß; denn eben diese Summe hatte er zurückgelegt, um eine Flinte zu kaufen und sich im nächsten Sommer ein paar Jagdpartien zu leisten; sonntags schossen seine Freunde in der Ebene von Nanterre ab und zu Lerchen.

Doch er sagte: »Gut. Vierhundert Franken will ich dir geben. Aber sieh zu, daß du ein recht schönes Kleid bekommst.«

Der Tag des Festes nahte, und Frau Loisel schien traurig, unruhig, beklommen. Und dabei war ihre Balltoilette fix und fertig. Eines Abends fragte ihr Mann: »Was hast du eigentlich? Seit drei Tagen bist du ganz verdreht.«

Und sie antwortete: »Es ärgert mich, daß ich keinen Schmuck habe, kein Geschmeide, nichts, was ich anlegen könnte. So werde ich denn schließlich doch recht dürftig aussehen. Am liebsten ginge ich überhaupt nicht hin.«

Er entgegnete: »Nimm doch einfach frische Blumen. Das ist jetzt modern. Für zehn Franken bekommst du zwei oder drei wunderschöne Rosen.«

Sie war nicht davon abzubringen.

»Nein ... nichts ist blamabler, als zwischen so vielen reichen Frauen armselig auszusehen.«

Aber da rief ihr Mann: »Bist du aber dumm! Geh doch zu deiner Freundin, der Frau Forestier, und bitte sie, dir einiges von ihrem Schmuck zu leihen. Ihr kennt euch doch recht gut, also kannst du es getrost tun.«

Sie jauchzte: »Ja, wahrhaftig! Daran habe ich gar nicht gedacht!«

Am nächsten Tage ging sie zu ihrer Freundin und klagte dieser ihr Leid.

Frau Forestier öffnete einen Spiegelschrank, nahm eine gewichtige Kassette heraus, stellte sie auf den Tisch, schlug den Deckel auf und sagte: »Such dir was aus, Kindchen!«

Zuerst kamen Armreifen, dann ein Perlenhalsband, dann ein venetianisches Kreuz aus Gold und Edelsteinen, ein herrliches Stück. Vor dem Spiegel probierte sie ein Schmuckstück nach dem andern an, unschlüssig, kaum fähig, die Sachen wieder abzulegen, zurückzugeben. Immerfort fragte sie: »Hast du nicht noch was?«

»Natürlich! Sieh nur ordentlich nach. Ich weiß doch nicht, was du gern haben möchtest.«

Plötzlich entdeckte sie in einem schwarzen Atlasetui ein wundervolles Brillanthalsband; unbändige Begierde ließ ihr Herz heftig pochen. Ihre Hände zitterten, als sie danach langte. Sie legte es sich um, über ihr hochgeschlossenes Kleid, und verharrte in entzückter Selbstbetrachtung.

Dann fragte sie mit stockender Stimme, ganz ängstlich: »Würdest du mir wohl dies hier leihen, nur dies?«

»Aber gewiß doch, natürlich!«

Sie fiel der Freundin um den Hals, küßte sie stürmisch und enteilte alsdann mit dem Schatze.

Der Tag des Festes war gekommen. Frau Loisel gefiel ausnehmend. Sie war die hübscheste von allen, elegant, voller Anmut, lächelnd und toll vor Freude. Alle Herren schauten zu ihr hin, fragten einander, wer sie sei und wollten ihr vorgestellt werden. Die Attachés baten sie sämtlich um einen Walzer. Sogar dem Minister fiel sie auf.

Sie tanzte trunken, hingegeben, lustberauscht, selbstvergessen, im Triumph ihrer Schönheit, im Leuchtglanz ihres Erfolges, in einer Art Glückswolke, darein sie all diese Huldigungen, dies Bewundertwerden, dies Begehrtwerden hüllten, dieser vollkommene Sieg, der einem Frauenherzen so süß ist.

Gegen vier Uhr morgens rüstete sie zum Aufbruch. Seit Mitternacht schlief ihr Mann in einem abgelegenen Salon, und das gleiche taten drei andere Herren, deren Frauen sich großartig amüsierten.

Er legte ihr den für den Heimweg mitgenommenen Mantel um die Schultern, einen bescheidenen Alltagsmantel, dessen Ärmlichkeit grell von der eleganten Balltoilette abstach. Sie empfand das sogleich und wollte eilig fort, damit die anderen Frauen, die sich in schwere Pelze wickelten, es nicht bemerkten.

Loisel hielt sie fest: »Warte doch! Draußen erkältest du dich nur. Ich will eine Droschke holen.«

Aber sie hörte nicht auf ihn, sondern hastete die Treppe hinab. Auf der Straße war kein Wagen zu bekommen; sie hielten Ausschau und riefen jeden Kutscher an, den sie von weitem vorbeifahren sahen.

Wütend und vor Kälte zitternd gingen sie zur Seine hinab. Am Uferdamm trieben sie denn schließlich eines jener uralten Nachtvehikel auf, die man in Paris nur zu sehen bekommt, wenn es dunkel ist, als ob sie sich schämten, ihre Schäbigkeit tagsüber zur Schau zu stellen.

Sie fuhren bis vor ihre Haustür in der Rue des Martyrs und stiegen mißmutig die Treppe zu ihrer Wohnung hinauf. Nun ist es aus, dachte sie; und ihm fiel ein, daß er um zehn im Ministerium sein müsse.

Vor dem Spiegel legte sie den Mantel ab, den sie um die Schultern getragen hatte, um sich noch einmal in ihrem Glanze zu sehen. Mit einem Male stieß sie einen Schrei aus. Das Halsband war fort.

Ihr schon zur Hälfte ausgezogener Mann fragte: »Was ist denn los?«

Sie drehte sich um und stammelte wie närrisch: »Ich ... ich ... das ... Frau Forestiers Halsband ist weg.«

Entsetzt fuhr er auf: »Was ...? Wieso ...? Das ist ja einfach nicht möglich!«

Und sie sahen in jeder Kleiderfalte, jeder Mantelfalte, in allen Taschen nach. Sie fanden es nicht.

Er fragte: »Hattest du es noch, als wir hinuntergingen?«

»Ja, in der Vorhalle des Ministeriums habe ich noch drangefaßt.«

»Aber wenn du es auf der Straße verloren hättest, würden wir es doch haben hinfallen hören. Also muß es in der Droschke liegen.«

»Ja. Das kann sein. Hast du dir die Nummer gemerkt?«

»Nein. Weißt du sie nicht?«

»Nein.«

Niedergeschmettert sahen sie einander an. Schließlich zog Loisel sich wieder an.

»Ich will«, sagte er, »das Stück, das wir zu Fuß gegangen sind, absuchen; vielleicht finde ich es.«

Und er ging fort. Sie blieb niedergeschlagen auf einem Stuhl sitzen, im Abendkleide; sie fand keine Kraft, sich hinzulegen oder den Kamin anzuzünden; ihr Kopf war ganz leer.

Gegen sieben kam ihr Mann zurück. Er hatte es nicht gefunden.

Er ging zum Fundbureau, zu den Geschäftsstellen der Zeitungen, um eine Belohnung auszuschreiben, zu den Droschkenhaltestellen, überallhin, wohin irgendein Hoffnungsschimmer ihn trieb.

Sie wartete den ganzen Tag, noch immer ganz außer sich über dieses fürchterliche Unglück.

Am Abend kam Loisel heim, verstört und bleich; nichts hatte er ausgerichtet.

»Du mußt deiner Freundin schreiben«, sagte er, »der Verschluß des Halsbandes sei entzweigegangen, und du hättest es zum Reparieren fortgebracht. Auf diese Weise gewinnen wir Zeit und können uns umtun.«

Sie schrieb. Er diktierte.

Nach einer Woche hatten sie allen Mut verloren.

Und Loisel, der um fünf Jahre gealtert war, erklärte: »Wir müssen daran denken, für das Kleinod Ersatz zu schaffen.«

Am folgenden Tage packten sie das Etui ein, in dem das

Halsband gelegen hatte, und gingen damit zu dem Juwelier, dessen Name innen stand. Er schlug in seinen Büchern nach: »Bei mir ist das Halsband nicht gekauft worden, gnädige Frau; nur das Etui habe ich angefertigt.«

Und nun wanderten sie von Juwelier zu Juwelier und suchten nach einem dem verlorenen ähnlichen Stück; sie trachteten, sich vorzustellen, wie es ausgesehen hatte, beide krank vor Sorge und Angst.

In einem Geschäft am Palais Royal stöberten sie schließlich ein Diamantenkollier auf, das dem Gesuchten völlig zu gleichen schien. Es hatte einen Wert von vierzigtausend Franken. Sie sollten es für sechsunddreißigtausend haben.

Sie baten den Juwelier, es innerhalb der nächsten drei Tage nicht zu verkaufen. Und sie bedingten sich aus, daß es für vierunddreißigtausend Franken zurückgenommen werden sollte, wenn das verlorene Halsband vor Ende Februar wiedergefunden würde.

Loisel besaß achtzehntausend Franken, sein väterliches Erbteil. Den Rest galt es zu leihen.

So lieh er denn; diesen bat er um tausend Franken, jenen um fünfhundert, den um hundert, den um sechzig. Er stellte Wechsel aus, ging gefährliche Verpflichtungen ein, bekam mit Wucherern zu tun, mit allen möglichen Geldverleihern. Er kompromittierte sich bis an sein Lebensende, er gab seine Unterschrift, ohne zu wissen, ob er jemals seine Verpflichtungen würde erfüllen können, und gequält von der Angst um die Zukunft, vor sich das graue Elend, das sich fortan um ihn breiten würde, mit der Aussicht auf eine Unzahl physischer Entbehrungen und Gewissensnöte, erreichte er das rettende Ufer und zählte dem Kaufmann sechsunddreißigtausend Franken auf den Tisch.

Als Frau Loisel das Halsband der Frau Forestier zurückbrachte, sagte diese kühl: »Eigentlich hättest du es schon ein bißchen eher bringen dürfen; schließlich hätte ich es ja doch brauchen können.«

Aber sie machte das Etui nicht auf, wie Frau Loisel gefürchtet hatte. Wenn sie die Unterschiebung bemerkt hätte – was würde sie wohl gedacht haben? Was würde sie gesagt haben? Ob sie sie wohl für eine Diebin gehalten hätte?

Und Frau Loisel lernte das schreckliche Armutsleben kennen. Übrigens nahm sie ihr Schicksal ohne weiteres heroisch auf sich. Diese fürchterliche Schuld mußte eben bezahlt werden. Sie war gewillt, sie zu bezahlen. Das Dienstmädchen wurde entlassen; ein Wohnungswechsel fand statt; nun hausten sie unterm Dach in einer Mansarde.

Sie lernte die grobe Hausarbeit kennen, die ekelhaften Hantierungen in der Küche. Sie wusch Geschirr ab und verletzte sich die rosigen Fingernägel an schmierigen Fettöpfen und verrußten Kasserollenböden. Sie wusch schmutzige Wäsche, Hemden und Lappen und hängte sie zum Trocknen über die Leine; jeden Morgen stellte sie den Dreckeimer auf die Straße und schleppte Wasser nach oben, wobei sie auf jedem Treppenabsatz stehenblieb, um sich zu verschnaufen. Wie eine Frau aus dem Volke ging sie gekleidet, und beim Gemüsehändler, beim Kolonialwarenhändler, beim Bäcker feilschte sie, den Einholkorb am Arm, steckte Grobheiten ein und verteidigte Heller um Heller ihr elendes Geld.

Jeden Monat hieß es Wechsel einlösen, Wechsel prolongieren, um Zeit zu gewinnen.

Abends erledigte der Mann Nebenarbeiten; er brachte

die Bücher eines Kaufmanns in Ordnung, und nachts fertigte er bisweilen Abschriften an, für fünf Sous die Seite.

Und dieses Leben währte zehn Jahre.

Nach zehn Jahren hatten sie alles zurückbezahlt, alles, mit Zins und Zinseszins.

Jetzt sah Frau Loisel wie eine Greisin aus. Sie war zu einem grobknochigen, harten, derben Proletarierweibe geworden. Sie frisierte sich schlecht, ihre Röcke saßen schlampig, ihre Hände waren rot, sie sprach schrill und laut und wusch unter beträchtlichem Wasseraufwand die Fußböden auf. Nur manchmal, wenn ihr Mann im Dienst war, setzte sie sich ans Fenster und gedachte jenes Abends, damals, jenes Balles, wo sie so schön gewesen und so sehr gefeiert worden war.

Was würde wohl geschehen sein, wenn sie nicht den Schmuck verloren hätte? Wer weiß? Wer weiß? Wie seltsam, wie wechselvoll ist doch das Leben! Wie wenig gehört dazu, daß wir untergehen oder gerettet werden!

Und als sie eines Sonntags über die Champs-Elysées ging, um sich von den Plackereien der Woche zu erholen, erblickte sie plötzlich eine Dame, die mit einem Kind spazierenging. Es war Frau Forestier, die noch immer jung, noch immer schön, noch immer verführerisch aussah.

Frau Loisel fühlte es heiß in sich aufsteigen. Sollte sie sie ansprechen? Ja, natürlich. Und nun alles bezahlt war, durfte sie ihr auch die Wahrheit sagen. Warum auch nicht?

Sie ging auf sie zu.

»Guten Tag, Jeanne.«

Die andere erkannte sie ganz und gar nicht und war

verdutzt, von dieser vulgären Frau so vertraulich angeredet zu werden. Sie stotterte: »Ja ... aber ... ich weiß nicht ... Sicher irren Sie sich.«

»Nein. Ich bin Mathilde Loisel.«

Die Freundin schrie auf: »Oh, du arme Mathilde, wie furchtbar hast du dich verändert!«

»Ja, ich habe Schweres durchmachen müssen, seit wir uns nicht gesehen haben; und sehr viel Elend ... und alles um deinetwillen ...!«

»Um meinetwillen ...? Wieso?«

»Weißt du noch, das Diamantenhalsband, das du mir geliehen hast, als ich auf das Ministeriumsfest gehen wollte?«

»Ja. Was ist damit?«

»Nun, ich hatte es verloren!«

»Aber du hast es mir ja doch wiedergebracht.«

»Ein anderes habe ich dir gebracht, ein ganz ähnliches. Und zehn Jahre lang haben wir daran abbezahlt. Nicht wahr, du kannst dir denken, daß das nicht leicht für uns gewesen ist; denn wir hatten ja doch nichts ... Aber jetzt ist alles erledigt, und ich bin heilfroh deswegen.«

Frau Forestier war stehengeblieben.

»Ein Diamantenhalsband hast du gekauft, sagst du, als Ersatz für meins?«

»Ja! Und du hast es nicht einmal bemerkt, haha! Es sah auch genauso aus wie das andere.«

Und sie lächelte stolz und voll naiver Freude.

Aufs äußerste bewegt ergriff Frau Forestier ihre beiden Hände.

»Oh! Arme, liebe Mathilde! Meins war ja doch nur eine Imitation. Höchstens fünfhundert Franken wert ...!«

WILHELM BUSCH

Der Einsame

Wer einsam ist, der hat es gut,
Weil keiner da, der ihm was tut.
  Ihn stört in seinem Lustrevier
Kein Tier, kein Mensch und kein Klavier,
Und niemand gibt ihm weise Lehren,
Die gut gemeint und bös zu hören.
  Der Welt entronnen, geht er still
In Filzpantoffeln, wann er will.
  Sogar im Schlafrock wandelt er
Bequem den ganzen Tag umher.
  Er kennt kein weibliches Verbot,
Drum raucht und dampft er wie ein Schlot.
  Geschützt vor fremden Späherblicken,
Kann er sich selbst die Hose flicken.
  Liebt er Musik, so darf er flöten,
Um angenehm die Zeit zu töten,
Und laut und kräftig darf er prusten,
Und ohne Rücksicht darf er husten,
Und allgemach vergißt man seiner.
Nur allerhöchstens fragt mal einer:
Was, lebt er noch? Ei schwerenot,
Ich dachte längst, er wäre tot.
  Kurz, abgesehn vom Steuerzahlen,
Läßt sich das Glück nicht schöner malen.
  Worauf denn auch der Satz beruht:
Wer einsam ist, der hat es gut.

JOHANN WOLFGANG GOETHE

Willst du dir ein hübsch Leben zimmern,
Mußt ums Vergangne dich nicht bekümmern,
Und wäre dir auch was verloren.
Mußt immer tun wie neu geboren;
Was jeder Tag will, sollst du fragen,
Was jeder Tag will, wird er sagen;
Mußt dich an eignem Tun ergötzen,
Was andre tun, das wirst du schätzen;
Besonders keinen Menschen hassen,
Und das übrige Gott überlassen.

Essen und Trinken

Ein köchin versaltzet alle suppen

Zů Straßburg bey einem herrn ein köchin gewesen, die alle suppen versaltzen hat, gott geb man saget ir, was man wolte. Und auff ein zeyt het ir herr ehrlich gäst geladen, den er gern ehr bewisen hette. Nun als die supp auff den tisch kame, war sie versaltzen, das sie kein mensch nit essen mocht.

Als solches der herr empfand, den löffel schnel drücknet, der magdt rüffet und sprach: »Wie kompt es doch, das nimmer kein suppen gnůg saltzest? All deine suppen seind zu wenig gesaltzen.« Die köchin, die des herrn red nit als bald verstanden, schnell antwort und sprach: »Warlich unnd gott herr, ich hab den grösten löffel, der im hauß ist, drey mal voll saltz darein thon.« Deß die gäst all lachen wurden, all gemeinklich sagten, wol geantwort wer. Die magdt aber wol verstund, warumb sie also lachten, gieng zur stuben hinauß und wolt sich denselbigen tag nicht mehr sehen lassen.

Pfannekuchen und Salat

Von Fruchtomletts da mag berichten
Ein Dichter aus den höhern Schichten.

Wir aber, ohne Neid nach oben,
Mit bürgerlicher Zunge loben
Uns Pfannekuchen und Salat.
Wie unsre Liese delikat
So etwas backt und zubereitet,
Sei hier in Worten angedeutet.

Drei Eier, frisch und ohne Fehl,
Und Milch und einen Löffel Mehl,
Die quirlt sie fleißig durcheinand
Zu einem innigen Verband.

Sodann, wenn Tränen auch ein Übel,
Zerstückelt sie und mengt die Zwiebel
Mit Öl und Salz zu einer Brühe,
Daß der Salat sie an sich ziehe.

Um diesen ferner herzustellen,
Hat sie Kartoffeln abzupellen.
Da heißt es, fix die Finger brauchen,
Den Mund zu spitzen und zu hauchen,
Denn heiß geschnitten nur allein
Kann der Salat geschmeidig sein.

Hierauf so geht es wieder heiter
Mit unserm Pfannekuchen weiter.

Nachdem das Feuer leicht geschürt,
Die Pfanne sorgsam auspoliert,
Der Würfelspeck hineingeschüttelt,
So daß es lustig brät und brittelt,
Pisch, kommt darüber mit Gezisch
Das ersterwähnte Kunstgemisch.

Nun zeigt besonders und apart
Sich Lieschens Geistesgegenwart,
Denn nur zu bald, wie allbekannt,
Ist solch ein Kuchen angebrannt.

Sie prickelt ihn, sie stockert ihn,
Sie rüttelt, schüttelt, lockert ihn
Und lüftet ihn, bis augenscheinlich
Die Unterseite eben bräunlich,
Die umgekehrt geschickt und prompt
Jetzt ihrerseits nach oben kommt.

Geduld, es währt nur noch ein bissel,
Dann liegt der Kuchen auf der Schüssel.

Doch späterhin die Einverleibung,
Wie die zu Mund und Herzen spricht,
Das spottet jeglicher Beschreibung,
Und darum endet das Gedicht.

O. HENRY

Frühling à la carte

Es war ein Tag im März.

Nie, niemals sollten Sie eine Geschichte so beginnen, wenn Sie eine schreiben. Kein Anfang könnte überhaupt schlechter sein. Er ist einfallslos, flach, trocken und im Grunde nichts als leeres Gerede. Aber in diesem Fall ist er erlaubt. Denn der folgende Absatz, der die Erzählung hätte einleiten sollen, ist viel zu ausgefallen und grotesk, als daß er dem Leser unvorbereitet ins Gesicht geschleudert werden könnte.

Sarah weinte über ihrer Speisekarte.

Stellen Sie sich ein Mädchen in New York vor, das Tränen auf die Menükarte vergießt!

Um das zu erklären, könnten Sie vielleicht meinen, daß der Hummer ausgegangen wäre oder daß sie gelobt hätte, in der Fastenzeit kein Eis zu essen, oder daß sie Zwiebeln bestellt hätte oder daß sie gerade aus einer Hackett-Matinee[1] gekommen wäre. Doch da alle diese Theorien falsch sind, werden Sie nun gestatten, daß die Geschichte weitergeht.

Jener Herr, der die Welt eine Auster nannte, die er mit seinem Schwert öffnen würde[2], hat mehr Berühmtheit erlangt, als er verdiente. Es ist nicht schwer, eine Auster mit dem Schwert zu öffnen. Aber haben Sie einmal ge-

1 James Keteltas Hackett (1869–1926), amerikanischer Schauspieler.

2 Anspielung auf eine Textstelle in Shakespeares *Die lustigen Weiber von Windsor* (II,2).

sehen, wie jemand versucht, die Erdenmuschel mittels einer Schreibmaschine zu öffnen? Wollen Sie warten, bis ein rundes Dutzend auf diese Weise geöffnet wird?

Sarah war es gelungen, die Schalen mit ihrem unhandlichen Instrument so weit auseinanderzubringen, daß sie ein kleines bißchen von der feuchtkalten Welt darin naschen konnte. Sie hatte nicht mehr Ahnung von Kurzschrift als die Absolventin eines Stenografiekurses, die gerade von einer Handelsschule auf die Menschheit losgelassen worden ist. Da sie also keine Steno beherrschte, konnte sie nicht in die auserwählte Schar der Büroangestellten aufgenommen werden. Sie war eine freiberufliche Maschinenschreiberin, die sich um einzelne Abschreibeaufträge bemühen mußte.

Der glänzendste und krönende Höhepunkt in Sarahs Kampf mit der Welt war die Abmachung mit Schulenbergs Familienrestaurant. Das Restaurant stand gleich neben dem alten roten Backsteinbau, in dem sie ein Zimmerchen gemietet hatte. Nachdem sie eines Abends für 40 Cent Schulenbergs Menü in fünf Gängen (die so schnell aufeinanderfolgten, wie beim Baseballspiel die fünf Bälle dem farbigen Gentleman an den Kopf fliegen) verzehrt hatte, nahm sie die Speisekarte mit. Diese war in fast unleserlicher Schrift weder in deutsch noch in englisch abgefaßt und dergestalt angeordnet, daß man, wenn man nicht ganz genau hinsah, mit einem Zahnstocher und Reispudding begann und mit der Suppe und dem Wochentag aufhörte.

Am folgenden Tag präsentierte Sarah Schulenberg eine ordentliche Karte, auf der die Speisefolge fein säuberlich mit der Maschine eingesetzt war und die Gerichte einladend in den richtigen und zuständigen Sparten von ›Hors d'œuvre‹ bis ›Für Garderobe wird nicht gehaftet‹ fungierten.

Schulenberg wurde auf der Stelle ein echter Amerikaner. Als Sarah ihn verließ, hatte er mit ihr bereitwillig ein Abkommen getroffen. Sie hatte getippte Speisekarten für die einundzwanzig Tische des Restaurants zu liefern – jeden Tag eine neue Karte für das Abendessen und ebenfalls eine neue für Frühstück und Lunch, falls Änderungen eintraten oder die Reinlichkeit es verlangte.

Als Gegenleistung mußte Schulenberg täglich durch einen besonders unterwürfigen Kellner drei Mahlzeiten auf Sarahs Zimmer bringen lassen und ihr jeden Nachmittag eine mit Bleistift geschriebene Aufstellung der Dinge, die das Schicksal für Schulenbergs Gäste am darauffolgenden Tag bereithielt, zukommen lassen.

Allgemeine Zufriedenheit war das Ergebnis dieser Übereinkunft. Schulenbergs Kunden wußten nun endlich, wie die Gerichte, die sie aßen, hießen, selbst wenn deren Zusammensetzung ihnen manchmal Rätsel aufgab. Sarah andrerseits hatte während eines kalten, langweiligen Winters genug zu essen, und das war für sie die Hauptsache.

Aber dann schwindelte der Kalender und behauptete, der Frühling sei gekommen. Der Frühling kommt, wann er kommt. Der gefrorene Schnee vom Januar lag noch immer beharrlich fest auf den Straßen der Stadt. Die Drehorgeln spielten noch immer ›In der guten, alten Sommerszeit‹ so leidenschaftlich und gefühlvoll wie im Dezember. Die Männer notierten sich dreißig Tage im voraus, daß sie neue Ostersachen kaufen müßten. Die Hausmeister drehten den Dampf ab. Wenn all dies geschieht, weiß man, daß die Stadt noch immer in den Fängen des Winters ist.

Eines Nachmittags zitterte Sarah vor Kälte in ihrem eleganten Zimmer (›Haus geheizt, äußerst gepflegt, aller

Komfort, beste Empfehlungen‹). Sie hatte keine andere Arbeit als Schulenbergs Speisekarten. Sarah saß auf ihrem knarrenden Korbschaukelstuhl und schaute zum Fenster hinaus. Der Kalender an der Wand rief ihr unablässig zu: »Der Frühling ist da, Sarah, der Frühling ist da, ich sage es dir. Schau mich an, Sarah, meine Zahlen beweisen es. Und du hast allen Grund, zufrieden zu sein. Sarah, denn du bist ebenso schön wie der Frühling. Warum blickst du nur so traurig aus dem Fenster?«

Sarahs Zimmer lag im rückwärtigen Teil des Hauses. Wenn sie zum Fenster hinausschaute, konnte sie die fensterlose hintere Ziegelwand der Kartonagenfabrik in der nächsten Straße sehen. Aber für Sarah war die Mauer so durchsichtig wie Glas, und sie erblickte einen grasbewachsenen Feldweg, den Kirschbäume und Ulmen beschatteten und Himbeersträucher und Cherokee-Rosen säumten.

Die wahren Vorboten des Frühlings sind zu zart für Auge und Ohr. Manche Leute verlangen blühenden Krokus, Hartriegelsträucher, die den Wald mit Sternen übersäen, den Gesang der Drossel, ja sogar so auffällige Zeichen wie den Abschiedsgruß der allmählich von den Speisekarten verschwindenden Buchweizenkuchen und Austern, ehe sie in ihrem trägen Herzen den Frühling willkommen heißen können. Aber die liebsten Kinder der alten Erde empfangen unmittelbar holde Botschaften ihrer jüngsten Braut, die ihnen sagt, daß sie keine Stiefkinder zu sein brauchen, wenn sie nicht wollen.

Im letzten Sommer war Sarah auf dem Land gewesen und hatte sich in einen Farmer verliebt.

(Wenn Sie eine Geschichte schreiben, sollten Sie nie so zurückgreifen. Das ist unkünstlerisch und lähmt das

Interesse. Sorgen Sie dafür, daß die Erzählung immerzu voranschreitet.)

Sarah verlebte zwei Wochen auf der Sunnybrook-Farm. Dort verliebte sie sich in Walter, den Sohn des alten Farmers Franklin. Farmer sind schon in kürzester Zeit geliebt und geheiratet und wieder verlassen worden. Aber der junge Walter Franklin war ein moderner Landwirt. Er hatte ein Telefon in seinem Kuhstall, und er konnte sich genau ausrechnen, welchen Einfluß die kanadische Weizenernte des folgenden Jahres auf die bei Neumond gepflanzten Kartoffeln haben würde.

Auf diesem schattigen, himbeerbewachsenen Feldweg hatte Walter sie umworben und erobert. Und sie hatten beieinander gesessen und einen Löwenzahnkranz für ihr Haar geflochten. Er hatte begeistert den Kontrast zwischen den gelben Blüten und ihren braunen Locken gepriesen. Sie hatte das Kränzchen zurückgelassen und war, ihren Strohhut in der Hand schwingend, zum Haus zurückgewandert.

Sie wollten im Frühjahr heiraten – bei den ersten Anzeichen des Frühlings, hatte Walter gesagt. Und Sarah war wieder in die Stadt zurückgekehrt, um ihre Schreibmaschine zu bearbeiten.

Ein Klopfen an der Tür verscheuchte Sarahs Visionen dieses glücklichen Tages. Ein Kellner hatte den Bleistiftentwurf der Speisekarte für den folgenden Tag gebracht, den der alte Schulenberg in seiner eckigen Handschrift verfaßt hatte.

Sarah setzte sich an ihre Schreibmaschine und steckte eine Karte zwischen die Walzen. Sie war eine flinke Arbeiterin. Im allgemeinen waren die einundzwanzig Speisekarten in anderthalb Stunden fix und fertig.

Heute enthielt die Karte mehr Änderungen als gewöhnlich. Die Suppen waren leichter, das Schweinefleisch war bei den Zwischengängen gestrichen und trat nur noch zusammen mit gelben Steckrüben unter den Hauptgerichten in Erscheinung. Der liebliche Geist des Frühlings durchwaltete die ganze Speisefolge. Das Lamm, das sich noch kürzlich auf den grünen Hängen getummelt hatte, wurde in Gemeinschaft mit der grünen Soße, die an seine früheren munteren Sprünge erinnerte, aufgetischt. Das Lied der Auster war zwar noch nicht verklungen, ertönte aber nur noch *diminuendo con amore.* Die Bratpfanne hatte sich offenbar untätig hinter die schützenden Türen des Backrohrs zurückgezogen. Die Liste der Pasteten schwoll an, die schweren Puddings waren verschwunden, die Wurst in ihrer Hülle siechte zusammen mit den Buchweizenkuchen und dem süßen, aber dem Untergang geweihten Ahornsirup in angenehmen Todesahnungen dahin.

Sarahs Finger tanzten wie Mücken über einem sommerlichen Bach. Sie arbeitete sich durch die Spalten und ordnete jede Eintragung mit sicherem Augenmaß ihrer Länge entsprechend an.

Genau über den Nachspeisen mußte die Liste der Gemüse erscheinen. Karotten und Erbsen, Spargel auf Toast, die ewigen Tomaten und der Mais und der Eintopf, die Limabohnen, der Kohl ... und dann ...

Sarah weinte über ihrer Speisekarte. Tränen aus der Tiefe einer heiligen Verzweiflung stiegen in ihr auf und sammelten sich in ihren Augen. Ihr Kopf sank auf den kleinen Schreibmaschinentisch, und die Tasten klapperten eine trockene Begleitung zu ihren tränenfeuchten Seufzern.

Sie hatte nämlich seit zwei Wochen keinen Brief mehr von Walter erhalten, und der nächste Punkt auf der

Speisekarte war Löwenzahn – Löwenzahn mit irgendeiner Eierspeise (aber zum Kuckuck mit den Eiern!) – Löwenzahn, mit dessen goldenen Blüten Walter sie seine Herzenskönigin und zukünftige Frau, bekränzt hatte – Löwenzahn, der Bote des Frühlings, die Schmerzenskrone ihrer Schmerzen, Erinnerung an ihre glücklichsten Tage.

Gnädige Frau, ich gestatte Ihnen zu lächeln, wenn Sie diese Probe bestanden haben: Lassen Sie die Marschall-Niel-Rosen, die Ihnen Ihr Geliebter Percy an dem Abend, an dem Sie ihm Ihr Herz schenkten, mitbrachte, als Salat mit französischer Soße an Schulenbergs Table d'hôte vor Ihren Augen anrichten. Wenn Julia hätte zusehen müssen, wie ihre Zeichen der Liebe auf diese Weise entehrt wurden, dann hätte sie wohl noch früher bei den todbringenden Kräutern des guten Apothekers Zuflucht gesucht[3].

Aber was für ein Zauberer ist doch der Frühling! In die große, kalte Stadt aus Stein und Eisen mußte er eine Botschaft senden, und niemand anders konnte sie überbringen als der kleine, zähe Bote des Feldes mit seinem rauhen, grünen Gewand und seinem bescheidenen Auftreten. Er ist ein wahrer Soldat des Glücks, dieser Löwenzahn – dieser *dent-de-lion*, wie ihn die französischen Köche nennen. Wenn er blüht, ist er ein Helfershelfer der Liebe und bekränzt meiner Liebsten nußbraunes Haar; wenn er noch jung und zart und ohne Blüte ist, wandert er in den Kochtopf und verkündet so das Wort seiner hohen Herrin.

Nach und nach gelang es Sarah, ihre Tränen zurück-

3 In Shakespeares Drama ist es Romeo, der sich an den Apotheker wendet.

zuhalten. Die Karten mußten geschrieben werden. Doch während ihr Löwenzahntraum noch schwach und golden in ihr nachglühte, spielte sie eine Weile zerstreut auf den Schreibmaschinentasten herum, und ihr Geist und ihr Herz weilten bei dem jungen Farmer auf dem Wiesenweg. Aber schnell kehrte sie wieder in die felsigen Straßenschluchten von Manhattan zurück, und die Schreibmaschine begann zu klappern und zu hüpfen wie das Auto eines Streikbrechers.

Um sechs Uhr brachte ihr der Kellner das Abendessen und nahm die getippten Speisekarten mit. Beim Essen schob Sarah seufzend das Löwenzahngericht mit seiner krönenden Eierbeilage beiseite. Wie diese trübe Masse sich aus einer strahlenden, liebebringenden Blume in ein ordinäres Gemüse verwandelt hatte, so waren auch ihre sommerlichen Hoffnungen verwelkt und vergangen. Die Liebe mag sich, wie Shakespeare behauptet, von sich selbst ernähren[4], doch Sarah brachte es nicht übers Herz, den Löwenzahn zu verzehren, der die erhabene Festtafel ihrer ersten großen Liebe wie ein Schmuckstück geziert hatte.

Um 7.30 Uhr begann das Paar nebenan zu streiten, der Mann im Zimmer über ihr suchte das A auf seiner Flöte, das Gas ließ etwas nach, drei Kohlenwagen wurden entladen (das einzige Geräusch, auf welches das Grammophon eifersüchtig ist), die Katzen auf den Hinterzäunen verzogen sich langsam nach Mukden. An all diesen Zeichen merkte Sarah, daß ihre Lesestunde gekommen war. Sie holte ›Das Kloster und der häusliche Herd‹[5], das beste unverkäufliche Buch des Monats, hervor, bettete

4 Bezieht sich auf die Stelle: »Verliebte sehen nährt Verliebter Sinn« (*Wie es euch gefällt*, III,4).

5 Titel eines historischen Romans von Charles Reade, erschienen 1861.

die Füße auf den Koffer und begann ihre Wanderung mit Gerard.

Die Haustürglocke läutete. Die Wirtin öffnete. Sarah verließ Gerard und Denys, die gerade von einem Bären auf einem Baum gefangengehalten wurden, und lauschte. Ach, das würden Sie auch tun, genau wie sie!

Und dann erklang eine kräftige Stimme unten in der Diele. Sarah stürzte zur Tür, wobei das Buch auf den Boden fiel und der Bär mühelos die erste Runde gewann.

Sie haben es erraten. Sie erreichte den Anfang der Treppe, als schon ihr Farmer heraufkam, drei Stufen auf einmal nehmend, und sie so stürmisch aberntete und in die Scheune einbrachte, daß für die Ährenleser nichts mehr übrigblieb.

»Warum hast du nicht geschrieben, ach, warum nicht?« rief Sarah.

»New York ist eine ziemlich große Stadt«, sagte Walter Franklin. »Ich bin vor einer Woche hergekommen und zu deiner alten Adresse gegangen. Ich erfuhr, daß du an einem Donnerstag ausgezogen bist. Das war ein kleiner Trost, denn so konnte wenigstens der Freitag kein Unglück bringen. Aber das hat mich nicht davon abgehalten, seitdem mit der Polizei und auch sonst nach dir zu forschen.«

»Ich habe doch geschrieben!« erwiderte Sarah mit Nachdruck.

»Ich habe nichts bekommen.«

»Aber wie hast du mich denn gefunden?«

Der junge Farmer setzte ein Frühlingslächeln auf.

»Ich geriet heute zufällig in das Familienrestaurant nebenan«, sagte er. »Es ist mir egal, ob es jemand gesehen hat, aber ich brauche zu dieser Jahreszeit eine Portion Grünzeug. Ich überflog die nette, getippte Speisekarte, um zu sehen, ob sie etwas nach meinem Geschmack enthielt. Als ich beim Kohl angelangt war, drehte ich mich auf meinem Stuhl herum und rief nach dem Inhaber. Er sagte mir, wo du wohnst.«

»Ich erinnere mich«, seufzte Sarah glücklich. »Unter dem Kohl stand der Löwenzahn.«

»Ich würde das hochgestellte, wacklige große W, das von deiner Schreibmaschine stammt, überall in der Welt wiedererkennen«, sagte Franklin.

»Aber da ist doch kein großes W in Löwenzahn«, entgegnete Sarah verwundert.

Der junge Mann zog die Speisekarte aus der Tasche und wies auf eine Zeile.

Sarah erkannte die erste Karte, die sie an diesem Nachmittag geschrieben hatte. Der ausgelaufene Fleck in der oberen rechten Ecke, der von einer Träne herrührte, war noch immer zu sehen. Aber an der Stelle, wo man den Namen der Wiesenpflanze finden sollte, hatte die nachhaltige Erinnerung an die goldenen Blüten Sarahs Finger zu merkwürdigen Tastenanschlägen verführt.

Zwischen dem Rotkohl und den gefüllten grünen Paprikaschoten stand:

LIEBSTER WALTER MIT HARTGEKOCHTEN EIERN.

Sie saßen und tranken am Teetisch,
Und sprachen von Liebe viel.
Die Herren die waren ästhetisch,
Die Damen von zartem Gefühl.

Die Liebe muß sein platonisch,
Der dürre Hofrat sprach.
Die Hofrätin lächelt ironisch,
Und dennoch seufzte sie: Ach!

Der Domherr öffnet den Mund weit:
Die Liebe sei nicht zu roh,
Sie schadet sonst der Gesundheit.
Das Fräulein lispelt: Wie so?

Die Gräfin spricht wehmütig:
Die Liebe ist eine Passion!
Und präsentieret gütig
Die Tasse dem Herren Baron.

Am Tische war noch ein Plätzchen;
Mein Liebchen, da hast du gefehlt,
Du hättest so hübsch, mein Schätzchen,
Von deiner Liebe erzählt.

JOHANN PETER HEBEL

Das Mittagessen im Hof

Man klagt häufig darüber, wie schwer und unmöglich es sei, mit manchen Menschen auszukommen. Das mag denn freilich auch wahr sein. Indessen sind viele von solchen Menschen nicht schlimm, sondern nur wunderlich, und wenn man sie nur immer recht kennte, inwendig und auswendig, und recht mit ihnen umzugehen wüßte, nie zu eigensinnig und nie zu nachgebend, so wäre mancher wohl und leicht zur Besinnung zu bringen. Das ist doch einem Bedienten mit seinem Herrn gelungen. Dem konnte er manchmal gar nichts recht machen, und mußte vieles entgelten, woran er unschuldig war, wie es oft geht. So kam einmal der Herr sehr verdrüßlich nach Hause, und setzte sich zum Mittagessen. Da war die Suppe zu heiß oder zu kalt, oder keines von beiden; aber genug, der Herr war verdrüßlich. Er faßte daher die Schüssel mit dem, was darinnen war, und warf sie durch das offene Fenster in den Hof hinab. Was tat der Diener? Kurz besonnen warf er das Fleisch, welches er eben auf den Tisch stellen wollte, mir nichts, dir nichts, der Suppe nach, auch in den Hof hinab, dann das Brot, dann den Wein, und endlich das Tischtuch mit allem, was noch darauf war, auch in den Hof hinab. »Verwegener, was soll das sein?« fragte der Herr, und fuhr mit drohendem Zorn von dem Sessel auf. Aber der Bediente erwiderte kalt und ruhig: »Verzeihen Sie mir, wenn ich Ihre Meinung nicht erraten habe. Ich glaubte nicht anders, als Sie wollten heute in dem Hof speisen. Die Luft ist so heiter, der Himmel so blau, und sehen Sie nur, wie lieblich der Apfelbaum blüht, und wie fröhlich die Bienen ihren Mittag halten.« – Diesmal die Suppe hinabgeworfen, und nimmer! Der Herr erkannte seinen Fehler, heiterte sich im Anblick des schönen Frühlingshimmels auf, lächelte heimlich über den schnellen Einfall seines Aufwärters und dankte ihm im Herzen für die gute Lehre.

CHRISTIAN MORGENSTERN

Der Aromat

Angeregt durch Korfs Geruchs-Sonaten,
gründen Freunde einen ›Aromaten‹.

Einen Raum, in welchem, kurz gesprochen,
nicht geschluckt wird, sondern nur gerochen.

Gegen Einwurf kleiner Münzen treten
aus der Wand balsamische Trompeten,

die den Gästen in geblähte Nasen,
was sie wünschen, leicht und lustig blasen.

Und zugleich erscheint auf einem Schild
des Gerichtes wohlgetroffnes Bild.

Viele Hunderte, um nicht zu lügen,
speisen nun erst wirklich mit Vergnügen.

KARL VALENTIN

Semmelknödel

KARLSTADT Ja sag einmal, warum bist du denn heute Mittag nicht zum Essen gekommen? 2 Stunden hab ich auf dich gewartet.

VALENTIN Ja, ich hab da draußen gleich gegessen, wo ich zu tun g'habt hab, in der kleinen Wirtschaft, und da ißt man sehr gut, fast tadellos.

KARLSTADT No, so gut, wie ich koche, wirds bestimmt nicht sein.

VALENTIN Doch, doch.

KARLSTADT Aber jetzt ist es 9 Uhr abends, wo warst du denn in der langen Zwischenzeit?

VALENTIN Nirgends, da hab ich auf das Mittagessen gewartet.

KARLSTADT Ja ist dir denn das nicht zu langweilig geworden?

VALENTIN Nein – in der Zwischenzeit hab ich mit der Kassierin gesprochen.

KARLSTADT Was, 9 Stunden warst du mit der Kassierin beisammen? Über was habt ihr denn da gesprochen?

VALENTIN Ja über dös, daß die Semmelnknödel so lange nicht kommen.

KARLSTADT So lang wartet doch kein vernünftiger Mensch auf das Mittagessen.

VALENTIN Da war ich ja nicht vernünftig, ich war ja hungrig.

KARLSTADT Papperlapapp – wenn man das Essen um

12 Uhr bestellt und in einer halben Stunde ist es noch nicht da, dann geht man einfach.

VALENTIN Freilich, dann frißt's ein anderer für mich ...

KARLSTADT Und ausgerechnet Semmelknödel hat er sich bestellt, wo doch ich heute auch Semmelknödel gemacht habe.

VALENTIN Was, dieselben?

KARLSTADT Ah, dieselben! Unsinn – andere hab ich halt gemacht, aber Semmelknödel sind Semmelknödel.

VALENTIN deln.

KARLSTADT Was deln?

VALENTIN Semmelnknödeln heißt's.

KARLSTADT Ich hab ja g'sagt, Semmelknödel.

VALENTIN Nein, Semmelnknödeln.

KARLSTADT Nein, man sagt schon von jeher Semmelknödel.

VALENTIN Ja zu *einem* – aber zu *mehreren* Semmelknödel sagt man Semmelnknödeln.

KARLSTADT Aber wie tät man denn zu einem Dutzend Semmelknödel sagen?

VALENTIN Auch Semmelnknödeln – Semmel ist die Einzahl, das mußt Ihnen merken, und Semmeln ist die Mehrzahl, das sind also mehrere einzelne zusammen. Die Semmelnknödeln werden aus Semmeln gemacht, also aus mehreren Semmeln, du kannst nie aus einer Semmel Semmelnknödeln machen.

KARLSTADT Machen kann mans schon.

VALENTIN Ja ja, machen schon, aber wenn du aus einer Semmel 10 Semmelnknödeln machen tätst, dann würden die Semmelnknödeln so klein wie Mottenkugeln. Dann würde das Wort Semmelknödeln schon stimmen. Weils bloß aus einer Semmel sind. Aber solang die Semmelnknödeln aus mehreren Semmeln gemacht werden, sagt man unerbittlich: Semmelnknödeln.

KARLSTADT Da sagst es aber auch nicht richtig, jetzt hast grad g'sagt Semmelnknödeln.

VALENTIN Nein, ich hab g'sagt Semmelnknödeln.

KARLSTADT Richtig muß es eigentlich Semmelnknödeln heißen, die Semmel muß man betonen, weil die Knödel aus Semmeln gemacht sind – überhaupt das Wichtigste ist der Knödel – Semmelknödeln müßt es ursprünglich heißen.

VALENTIN Nein, das Wichtigste ist das ›n‹ zwischen Semmel und Knödeln.

KARLSTADT Ja wie heißt es dann bei den Kartoffelknödeln?

VALENTIN Dasselbe ›n‹, Kartoffel*n*knödeln!!!

KARLSTADT Und bei den Schinkenknödeln ah – hahaha –

VALENTIN Da ist's genau so – da ist das ›n‹ schon zwischendrinn, es gibt keine Knödeln ohne ›n‹.

KARLSTADT Doch, die Leberknödeln.

VALENTIN Ja, stimmt – Lebernknödeln kann man nicht sagen!

FRIEDRICH SCHILLER

Punschlied

Vier Elemente,
Innig gesellt,
Bilden des Leben,
Bauen die Welt.

Preßt der Zitrone
Saftigen Stern,
Herb ist des Lebens
Innerster Kern.

Jetzt mit des Zuckers
Lindendem Saft
Zähmet die herbe
Brennende Kraft,

Gießet des Wassers
Sprudelnden Schwall,
Wasser umfänget
Ruhig das All.

Tropfen des Geistes
Gießet hinein,
Leben dem Leben
Gibt er allein.

Eh es verdüftet,
Schöpfet es schnell,
Nur wenn er glühet,
Labet der Quell.

GEORG BRITTING

Der Sekt der Geizigen

Bei den Schotten, erzählt man sich, ist der Geiz ein weitverbreitetes Laster, und man weiß haarsträubende Beispiele davon zu berichten, aber das ist vielleicht nur üble Nachrede und arg übertrieben. Das Folgende sei drum nicht bei den kurzröckigen Hochlandsbewohnern angesiedelt, sondern wir bleiben im deutschen Vaterland, bei den Schwaben etwa, von deren Sparsamkeit viel daher gemacht wird, wir könnten es aber auch bei den Franken spielen lassen, oder auch bei den Bayern, die in den Bergen leben wie die Schotten, nur kurze Lederhosen tragen statt der bunten Röckchen.

In einer schwäbischen Stadt denn also, in Augsburg, oder in Memmingen, lebte ein so wohlhabender als geiziger Mensch, und beides fällt gern zusammen, ein Kaufmann, der mit Seilen und Stricken handelte, mit Fischnetzen und allerlei Angelgerät, und es ist schon eine Weile her, um die Zeit wars, da der Großvater die Großmutter nahm. Der Kaufmann hatte es mit der Galle zu tun, der Krankheit der mißmutig Sparsamen, und einmal lag er schwer und unter großen Schmerzen danieder. Spät erst, und nach langem Zögern, weil er die Kosten fürchtete, ließ er einen Arzt rufen. Der Doktor, der auch nicht zu den verschwenderisch Freigebigen gehörte, und dafür bekannt war in der ganzen Stadt wie der Seilhändler auch, kam also, der Geiz zum Geize, und wendete alle Geschicklichkeit auf, den Kranken zu heilen, und es gelang. Dessen Freude darüber war getrübt durch den Gedanken an die Rechnung, die er nun zu gewärtigen hatte. Er schalt sich, desto mehr, als es ihm von Tag zu Tag besser ging, voreilig gewesen zu sein, und vielleicht, haderte er mit sich, wäre er von selber wieder gesund geworden, hätte ers nur abgewartet und die Natur walten lassen, die viel vermögende. Er zerbrach sich lange darüber den Kopf, wie es anzustellen, ungerupft zu bleiben von dem grausamen Doktor, und es kam ihm endlich auch ein rettender Einfall, das heißt, es gerade heraus zu sagen, es war ein rechter Spitzbubenstreich, den zu verüben er sich anschickte.

Er hatte noch, da er natürlich alles aufhob und das Geringste nicht wegwarf, ein Dutzend leerer Sektflaschen im Keller stehen, französischer Herkunft, von seiner Hochzeit her noch vor zwanzig Jahren – inzwischen war er längst Witwer geworden. Die füllte er mit gutem Augsburger oder auch Memminger Brunnenwasser und verschloß sie auf die Weise, wie man es mit dem Sekt macht, mit einem Drahtgeflecht um die Korken und wickelte Silberpapier um die Flaschenhälse. Es war ein ziemliches Kunststück, das er da vollbringen mußte, und bei einem Fachmann hatte er, unter dem Vorwand, es handle sich um eine Wette, sich Rats geholt, und es gelang das schwere Werk. Die auf den Flaschen noch klebenden Zettel, die den Namen des Sekts, Herkunft und Jahrgang meldeten, waren angeschimmelt und hatten braune Stockflecken, sie ließ er, wie sie waren, die bezeugten das Alter des Weins, und der gewinnt ja nur durch langes Lagern.

Das Flaschendutzend schickte er, noch bevor er eine Rechnung von ihm bekommen hatte, dem Arzt, mit einem höflichen und schmeichlerischen Brief, des Inhalts, er, der Doktor, ein Kenner gewiß, werde den Sekt zu schätzen wissen: ein Getränk sei es für Herzöge und Erzbischöfe, aber seine Dankbarkeit für die gelungene Heilung sei groß, und nichts sei ihm zu teuer in solchem Falle. Seine, des Seilhändlers nicht falsche Überlegung war diese: Der geizige Doktor werde sich nicht überwinden, den Sekt sich alsbald durch die Gurgel zu jagen, oder gar ihn seinen sowieso seltenen Gästen vorzusetzen – für ihn, und erst recht für sie, tat es der schwäbische Landwein auch, und Sünden würde er sich fürchten, so Herrliches schnell zu vergeuden. Es geschah denn auch, wie der Kaufmann, seinesgleichen nur zu gut kennend, vorausgesehen hatte: Der Doktor bewunderte die verschimmelte Pracht, bedankte sich umständlich bei dem Geber, und ließ die Flaschen durch seine Magd in den Keller schaffen, sie aufzusparen für eine besondere Gelegenheit.

Die Jahre vergingen, der Kaufmann starb, nicht an seinem Gallenleiden, eine schnelle Lungenentzündung, zu deren Behandlung den Doktor herbeizurufen er für unnötig gehalten hatte, raffte ihn hinweg. Der Doktor ging trotzdem zu seiner Beerdigung, und gedachte, während der Sarg in die Tiefe sank, der Silberhalsflaschen in seinem Keller, und wie Unrecht hatte man dem Verstorbenen immer getan, ihn geizig zu nennen: er wußte es besser! Eigentlich wollte er am Abend dieses Tages eine der kostbaren Flaschen öffnen, einen guten Schluck zu nehmen, den Spender zu grüßen, aber er kam nicht dazu, man holte ihn zu einem Kranken, und als er spät zurückkehrte, war es Zeit, das Bett aufzusuchen, frisch zu sein für den nächsten Morgen, und so blieb das Flaschendutzend unangebrochen. Nicht lange danach segnete der Doktor selber das Zeitliche, betrauert nur von seiner alten Magd, denn zu heiraten hatte er sich versagt, und keine Witwe grämte sich um ihn mit vielen Tränen.

Die Erben, entfernte Vettern und Basen, rüsteten einen großen Leichenschmaus, bei dem es so üppig herging, daß der Doktor im Grab sich umgedreht hätte, wär ihm zuzuschauen möglich gewesen. Zur Krönung des Festes, und da waren sie schon recht lebhaft geworden, holten sie auch von dem alten Sekt aus dem Keller, den Toten damit würdig zu feiern. Als die Kelche gefüllt waren, und man in fast ungebührlicher Fröhlichkeit anstieß auf das jenseitige Wohl des Verstorbenen, hielt die weinende Magd die Schürze vor das Gesicht und ging aus dem Zimmer. So sah sie nicht, wie die einen schnell innehielten mit dem Trinken, und husteten, und prusteten, und sich verschluckten, und andre gar unbeherrscht den Sekt wieder von sich spuckten auf den Teppich – so faulig und verdorben schmeckte er. Trotzdem – für Wasser nahm das Getränk keiner! Und wenn sie auch von der Magd dann erfuhren, daß die Flaschen ein Geschenk gewesen des schon lange toten Seilhändlers – sein Wappenschild blieb fleckenlos, oder wenigstens, man sah den Flecken nicht! Die Erben beschlossen nun nach dieser Erfahrung, ihnen sollte dergleichen nicht geschehen, und sie wollten ihre Weine nicht zu lange lagern lassen, denn, scherzten sie, alt zu werden bekommt schönen Frauen nicht und nicht französischem Sekt.

CICERO

Lob der Mäßigkeit

Von dem berühmten Athener Timotheos, einem der Häupter seines Staates, wird erzählt, daß er einmal bei Platon speiste, an diesem Gastmahl die größte Freude hatte und dann Platon am nächsten Tag sah und bemerkte: »Eure Gastmähler sind nicht nur für den Augenblick angenehm, sondern auch noch am folgenden Tage.« Was sagen wir ferner dazu, daß nicht einmal der Geist richtig arbeiten kann, wenn wir von Speise und Trank vollgestopft sind? Es gibt einen berühmten Brief Platons an die Freunde Dions, in dem ungefähr folgendes steht: »Als ich dorthin gekommen war, da gefiel mir jenes sogenannte glückselige Leben, voll von italienischen und syrakusanischen Gerichten, durchaus nicht: zweimal am Tag sich vollstopfen, niemals die Nacht allein zubringen und was sonst mit diesem Leben zusammenhängt, da kann keiner jemals weise werden und mäßig noch viel weniger. Denn welche Natur könnte sich so unerhört beherrschen?« Wie kann es also ein angenehmes Leben geben, wo die Klugheit, wo die Mäßigkeit fehlt? Da erkennt man denn auch den Irrtum Sardanapals, des reichen Königs von Assyrien, der auf seinem Grabmal einmeißeln ließ: »Das besitze ich, was ich gegessen habe und was meine Begierde bis zur Sättigung ausgeschöpft hat. Aber das andere, das viele Großartige, bleibt liegen.« – Was hätte man anderes, bemerkt Aristoteles, auf den Grabstein nicht eines

Königs, sondern eines Rindes schreiben können? Er erklärt, im Tode das zu besitzen, was er nicht einmal als Lebender länger besaß, als er es genoß.

Warum also soll man den Reichtum begehren, und wo schließt die Armut die Glückseligkeit aus? Du freust dich an Statuen und Gemälden, denke ich. Wenn jemand an solchen Dingen Freude hat, werden auch da nicht die Bescheidenen einen größeren Genuß haben als jene, die dergleichen im Überfluß besitzen? In unserer Stadt gibt es ja auf öffentlichen Plätzen eine unendliche Menge solcher Gegenstände. Wer als Privatmann dergleichen hat, hat weniges und selten unter seinen Augen: nur dann, wenn er aufs Landgut kommt. Und sie ärgern sich erst noch darüber, wenn sie sich erinnern, woher sie das haben.

Der Tag würde zu Ende gehen, wenn ich die Sache der Armut bis zu Ende verteidigen wollte. Denn die Sache ist klar, und die Natur selbst erinnert uns täglich daran, wie wenige, wie geringfügige Dinge sie braucht und wie billige.

EUGEN ROTH

Diät

Gern hört man, abends eingeladen,
Daß gute Dinge uns nicht schaden.
So will der Hausherr, dieser Schurke,
Uns überzeugen, daß die Gurke,

Wie er sie anmacht, leicht verdaulich,
Die Hausfrau teilt uns mit, vertraulich,
Wie sie an Magensäure litte;
Sie wolle uns nicht drängen, bitte,
Das sei gewiß nicht ihre Art –
Doch diese Tunke sei soo zart ...
Auch wird uns dringend angeraten
Der fast nicht fette Schweinebraten.
Der Weißwein kann, im allgemeinen
Seis zugegeben, schädlich scheinen.
Doch dieser, ein gepflegter Franke,
Sei grade gut für Magenkranke.
Der also überzeugte Gast
Hätt es auch gut vertragen – *fast!*

BERTOLT BRECHT

Fröhlich vom Fleisch zu essen

Fröhlich vom Fleisch zu essen, das saftige Lendenstück
Und mit dem Roggenbrot, dem ausgebackenen,
duftenden
Den Käse vom großen Laib und aus dem Krug
Das kalte Bier zu trinken, das wird
Niedrig gescholten, aber ich meine, in die Grube gelegt
werden
Ohne einen Mundvoll guten Fleisches genossen zu haben
Ist unmenschlich, und das sage ich, der ich
Ein schlechter Esser bin.

MATTHIAS CLAUDIUS

Erzählung vom Wirt zum Grünen Roß

Ha ha ha ha, das Ding ist pudelnärrisch – und am Ende ist nichts Böses darin, ein jeder Mensch muß seiner Kunst leben. Das hätten sie nun wohl tun können, daß sie nicht mehr angeschrieben hätten, als was ihre Zeche betrug, und doch, wenn sie es verdient hatten, warum sollten sie dem Wirt etwas schenken, sonderlich da sie den Überschuß nicht für sich verlangten; und überschlagen haben sie nichts in der Rechnung wenn einer ein Liebhaber ist, wie der Wirt gesagt hat daß er sei. Ich muß dem geneigten Leser doch die Geschichte wiedererzählen, es ist wohl nichts daran, aber er kann doch einmal darüber lachen, und sie gehört hier so gut her, als der viele Schnee in diese letzten Tage des Märzmonats.

Der Wirt zum Grünen Roß erzählte mir nämlich, als ich das letztemal bei ihm war, daß neulich fünf Prager Studenten zu ihm gekommen und 2 Tage bei ihm geblieben wären und gut gelebt hätten. Den letzten Abend hätten sie ihn gefragt ob er ein Liebhaber von Musik sei, und ob er wolle, daß sie Musik machten. »O ja meine Herren«, habe er geantwortet; darauf hätten die Prager Studenten etwan 2 Stunden gespielt, ihre Rechnung verlangt, und ihm die folgende Gegenrechnung gegeben.

»Spezifizierte Rechnung über das, was dem Hrn. Wirt zum Grünen Roß auf sein Verlangen vorgespielt worden, nebst beigefügtem Preise für jede Spezies, alles nach der

größten Billigkeit angesetzt, so daß es auch noch im Fall der Not füglich erhöhet werden kann.

	Mk	₰
Die Instrumente herauszunehmen und einen halb. Ton nach des Hrn. Wirts Clavecin herabzustimmen	5	
Für einen ohngefähren Stoß mit dem Violoncello wider den Tisch, dadurch ein angenehmer Schall in des Herrn Wirts Zimmer veranlaßt worden	1	8
Für eine Symphonie mit Klarinetten	7	
Für Takt halten und den guten Strich noch . . .	2	
Für ein Violoncellosolo aus dem fis-Moll war unter Brüdern 12 Mk. wert	8	
Für tempo rubato und einen Lauf durch 2 Oktaven herauf und herunter	2	8
Ein Trio, für den ersten Teil	2	
Für crescendo im 18. Takt		12
Für eine Generalpause im 20. der zweite Teil gratis		7
Für ein Violinsolo	4	
Für dito auf einer Violin, die keine Quinte hatte, der Beschwerlichkeit wegen	5	
Für ein Klarinettenduo	14	
Für ein Trio im Tripeltakt	3	
Für die besondre Taktart	1	
Für pizzicato und smorzato	1	
Für einen Pralltriller		12
Für crescendo		8
dito		8
dito in allen 3 Stimmen	1	8
Für ein Violoncellosolo	9	

	Mk	₰
Für pianissimo		8
Für eine übermäßige Sekunde in der Kadenz . .	1	
Das dreigestrichene F mit dem Daum zu nehmen	1	8
Für eine Kadenz die nicht gemacht worden . . .		12
Für einen Doppeltriller	4	
Für eine Schlußsymphonie	8	
Noch für Vorschläge, Triller, Fermaten etc. . .	15	
Für 5 falsche Quinten à Stück 8 ₰	2	8
Die Instrumente wieder wegzulegen	5	

Summa summarum 109 Mk 7 ₰

Den Überschuß dieser Rechnung, nach Abzug der Zeche vermachen wir in die Hände der Obrigkeit zum gefälligen Gebrauch, doch wär's uns am liebsten, wenn es angewendet würde, einen jungen Musikum nach Italien reisen zu lassen.«

»Das ist mir eine teure Musik«, sagte der Wirt, als er mir diese Rechnung in die Hand gegeben hatte, »eine teure Musik, aber es ist doch eine Schande wenn Leute so unbillig sind.« »Jawohl, Herr Wirt, Schande genug«, antwortete ich, und ging meinen Gang.

ANNETTE VON DROSTE-HÜLSHOFF

Trinklied

Lyram, larum ohne Sorgen,
Da ich wieder trinken mag!
Für sich sorget schon der Morgen
Und für sich der Nachmittag,
Und zu Nacht in stiller Ruh
Tut man dann die Augen zu.

Laßt so lang uns, Bruder, trinken,
Wie nur immer Wein ist da,
Bis die hellen Lichter blinken
In dem Tanzsaal, tralala!
Ihr, Zechbrüder allzumal,
In dem hochgewölbten Saal.

Freunde! – o bei diesem Worte
Ist es mir so warm ums Herz! –
In dem tanzgeschickten Orte,
Lieben wir den frohen Scherz.
Drum willst du mein Freund gern sein,
Laß den Scherz nicht so allein.

Und nun sucht zum Tanzen Damen!
Denn nicht jede macht beglückt;
Die nichts liebt als nur den Rahmen,
Ist auch nicht zum Tanz geschickt.
Nein, die sich nicht fleißig übt,
Zeigt, daß sie kein Tanzen liebt.

Nun! Du mein verlaßnes Fläschchen,
Das zu lang ich schon vergaß,
Dann und wann ein kleines Gläschen
Mach mir noch die Kehle naß!
Erst nach meinem Lebenslauf
Hört mein frohes Trinken auf.

EDUARD MÖRIKE

Restauration

nach Durchlesung eines Manuskripts mit Gedichten

Das süße Zeug ohne Saft und Kraft!
Es hat mir all mein Gedärm erschlafft.
Es roch, ich will des Henkers sein,
Wie lauter welke Rosen und Camilleblümlein.
Mir ward ganz übel, mauserig, dumm,
Ich sah mich schnell nach was Tüchtigem um,
Lief in den Garten hinterm Haus,
Zog einen herzhaften Rettich aus,
Fraß ihn auch auf bis auf den Schwanz,
Da war ich wieder frisch und genesen ganz.

Arbeit macht das Leben süß

ERICH KÄSTNER

Bürger, schont eure Anlagen!

Arbeit läßt sich schlecht vermeiden,
und sie ist der Mühe Preis.
Jeder muß sich mal entscheiden.
Arbeit zeugt noch nicht von Fleiß.

Arbeit muß es quasi geben.
Denn der Mensch besteht aus Bauch.
Arbeit ist das halbe Leben,
und die andre Hälfte auch.

Seht euch vor, bevor ihr schuftet!
Zieht euch keinen Splitter ein.
Wer behauptet, daß Schweiß duftet,
ist (ganz objektiv) ein Schwein.

Zählt die Arbeit zu den Strafen!
Wer nichts braucht, braucht nichts zu tun.
Legt euch mit den Hühnern schlafen.
Wenn es geht: pro Mann ein Huhn.

Manche geben keine Ruhe,
und sie schuften voller Wut.
Doch ihr Tun ist nur Getue,
und es kleidet sie nicht gut.

Laßt euch auf den Sofas treiben!
Gut geträumt ist halb gelacht.
Hände sind zum Händereiben.
Sprecht schon morgens: »Gute Nacht.«

HEINRICH SPOERL

Freischaffend

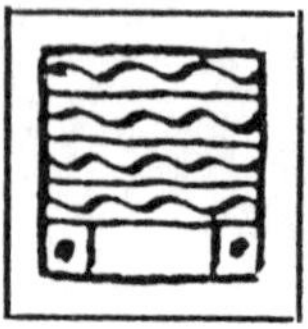

Es war in der S-Bahn. Ich fuhr III. Klasse, nicht weil es billiger ist, sondern weil mich die Leute interessieren.

Mir gegenüber sitzt ein Arbeiter, vielleicht Mitte Vierzig, müde und abgerakkert und dreckig, kommt offenbar von der Arbeit.

Er mustert mich eine Zeitlang, dann will er etwas sagen, aber er traut sich nicht: »– Wenn ick mir vielleicht eine Frage erlauben dürfte – –?«

»Bitte.«

»– Ick überleje jerade – sind Se Musiker oder en Maler?«

Ich war ein bißchen perplex und lächelte. »Keins von beiden.«

Der Arbeiter war offenbar enttäuscht und suchte sich zu verteidigen: »Entschuldigen Se vielmals, aber Se sehen son bißken danach aus.« Dann sah er wieder auf den Boden.

Ich war froh, mit dem Mann ins Gespräch gekommen zu sein. »Wenn es Sie durchaus interessiert, ich bin Schriftsteller.«

Der Arbeiter überlegte einen Augenblick: »Schriftsteller? – Ach so, da schreibn Se so für de Zeitungen?«

»Nein, Bücher.«

Das schien ihm zu gefallen, und dann begann er zu beichten. Er käme nicht viel zum Lesen, das letzte Buch wäre vor zehn Jahren gewesen, »Segen der Erde« von

Hamsun, ob ich das kenne. Das wäre sehr schön gewesen, und er hätte noch lange darüber nachgedacht.

In mir regte sich der Volkserzieher: »Weil Ihnen das so gefallen hat, warum lesen Sie dann nicht öfter, oder gehen Sie lieber ins Kino?«

»Nee, det jar nich, davon hat man nischt, det wirkt nicht nach. Da jeh ick lieber in meine Kneipe und klopp en Skat.«

»Der wirkt aber auch nicht nach.«

Das mußte er zugeben, aber dann erzählte er mir von seiner traurigen Wohnung im Norden, von dem alten Mietshaus, in dem er schon seit 15 Jahren wohnt, und dann wollte er auch wissen, wo ich wohne.

»Ich habe ein Häuschen in Bayern.«

»Sehen Se, det möcht ick mir och mal wünschen, son kleenet Anwesen, aber dazu wird et wohl nie langen.«

Dann sah er mich prüfend an: »Dann müssen Se doch ganz nett verdienen, wenn Se sich det haben leisten können?« Ich konnte es nicht bestreiten, und dann wurde er neugierig: »Wat kriejen Se denn nu für son Buch, wo Se schreiben?«

»Keine feste Summe natürlich, sondern 10 Prozent von jedem Buch, was im Laden verkauft wird.«

»Went nu aber nich verkauft wird?«

»Dann bekomme ich auch nichts.«

Er sah mich groß an:

»Aber dann haben Se de janze Arbeit für umsonst jemacht.«

Und dann sah er nicht auf den Boden, sondern musterte lange meine Schuhe. Und ich sah auch auf seine Stiefel. Und er sagte: »Da ham Se wohl Jlück jehabt, wa? Ham Se Jeld für bekommen, wat Se jeschrieben haben? So ville vadiehne ick nich. Aber wenn ick wat arbete, denn weeß ick wenigstens, det Jeld dafor is mir sicher.« Der Zug donnerte in eine S-Bahn-Station. Ich mußte aussteigen. Wir grüßten uns noch einmal flüchtig. – »Sie!« – ich drehte mich herum – »Sie, und deshalb will ick mit Sie och janischt tauschen.«

EUGEN ROTH

Ordnung

Ein Mensch, mit furchtbar vielen Sachen,
Will eines Tages Ordnung machen.
Doch dazu muß er sich bequemen,
Unordnung erst in Kauf zu nehmen:
Auf Tisch, Stuhl, Flügel, Fensterbrettern
Ruhn ganze Hügel bald von Blättern.
Denn will man Bücher, Bilder, Schriften
In die gemäße Strömung triften,
Muß man zurückgehn zu den Quellen,
Um gleiches gleichem zu gesellen.
Für solche Taten reicht nicht immer
Das eine, kleine Arbeitszimmer:
Schon ziehn durchs ganze Haus die kühnen
Papierig-staubigen Wanderdünen,
Und trotzen allen Spott und Hassen
Durch strenge Zettel: Liegen lassen!
Nur scheinbar wahllos ist verstreut,
Was schon als Ordnungszelle freut;

Doch will ein widerspenstig Päckchen
Nicht in des sanften Zwanges Jäckchen.
Der Mensch, der schon so viel gekramt,
An diesem Pack ist er erlahmt.
Er bricht, vor der Vollendung knapp,
Das große Unternehmen ab,
Verräumt, nur daß er auch wo liegt,
Den ganzen Wust: Das Chaos siegt!

GEORG CHRISTOPH LICHTENBERG

Aphorismen

Ich habe oft stundenlang allerlei Phantasien nachgehängt, in Zeiten, wo man mich für sehr beschäftigt hielt. Ich fühlte das Nachteilige davon in Rücksicht auf Zeitverlust, aber ohne diese *Phantasien-Kur*, die ich gewöhnlich stark um die gewöhnliche Brunnenzeit gebrauchte, wäre ich nicht so alt geworden, als ich heute bin, 53 Jahr 1½ Monat.

*

Er trank die Kur in Phantasieren und baute sie sich in Luftschlössern.

*

Der Weisheit erster Schritt ist: alles anzuklagen,
Der letzte: sich mit allem zu vertragen.

HEINRICH BÖLL

Anekdote zur Senkung der Arbeitsmoral

In einem Hafen an der westlichen Küste Europas liegt ein ärmlich gekleideter Mann in seinem Fischerboot und döst. Ein schick angezogener Tourist legt eben einen neuen Farbfilm in seinen Fotoapparat, um das idyllische Bild zu fotografieren: blauer Himmel, grüne See mit friedlichen, schneeweißen Wellenkämmen, schwarzes Boot, rote Fischermütze. Klick. Noch einmal: klick, und da aller guten Dinge drei sind und sicher sicher ist, ein drittes Mal: klick. Das spröde, fast feindselige Geräusch weckt den dösenden Fischer, der sich schläfrig aufrichtet, schläfrig nach seiner Zigarettenschachtel angelt, aber bevor er das Gesuchte gefunden, hat ihm der eifrige Tourist schon eine Schachtel vor die Nase gehalten, ihm die Zigarette nicht gerade in den Mund gesteckt, aber in die Hand gelegt, und ein viertes Klick, das des Feuerzeuges, schließt die eilfertige Höflichkeit ab. Durch jenes kaum meßbare, nie nachweisbare Zuviel an flinker Höflichkeit ist eine gereizte Verlegenheit entstanden, die der Tourist – der Landessprache mächtig – durch ein Gespräch zu überbrücken versucht.

»Sie werden heute einen guten Fang machen.«

Kopfschütteln des Fischers.

»Aber man hat mir gesagt, daß das Wetter günstig ist.«

Kopfnicken des Fischers.

»Sie werden also nicht ausfahren?«

Kopfschütteln des Fischers, steigende Nervosität des Touristen. Gewiß liegt ihm das Wohl des ärmlich gekleideten Menschen am Herzen, nagt an ihm die Trauer über die verpaßte Gelegenheit. »Oh, Sie fühlen sich nicht wohl?«

Endlich geht der Fischer von der Zeichensprache zum wahrhaft gesprochenen Wort über. »Ich fühle mich großartig«, sagt er. »Ich habe mich nie besser gefühlt.« Er steht auf, reckt sich, als wollte er demonstrieren, wie athletisch er gebaut ist. »Ich fühle mich phantastisch.«

Der Gesichtsausdruck des Touristen wird immer unglücklicher, er kann die Frage nicht mehr unterdrükken, die ihm sozusagen das Herz zu sprengen droht: »Aber warum fahren Sie dann nicht aus?«

Die Antwort kommt prompt und knapp. »Weil ich heute morgen schon ausgefahren bin.«

»War der Fang gut?«

»Er war so gut, daß ich nicht noch einmal auszufahren brauche, ich habe vier Hummer in meinen Körben gehabt, fast zwei Dutzend Makrelen gefangen ...«

Der Fischer, endlich erwacht, taut jetzt auf und klopft dem Touristen beruhigend auf die Schultern. Dessen besorgter Gesichtsausdruck erscheint ihm als ein Ausdruck zwar unangebrachter, doch rührender Kümmernis.

»Ich habe sogar für morgen und übermorgen genug«, sagte er, um des Fremden Seele zu erleichtern. »Rauchen Sie eine von meinen?«

»Ja, danke.«

Zigaretten werden in Münder gesteckt, ein fünftes Klick, der Fremde setzt sich kopfschüttelnd auf den Bootsrand, legt die Kamera aus der Hand, denn er braucht jetzt beide Hände, um seiner Rede Nachdruck zu verleihen.

»Ich will mich ja nicht in Ihre persönlichen Angelegenheiten mischen«, sagt er, »aber stellen Sie sich mal vor, Sie führen heute ein zweites, ein drittes, vielleicht ein viertes Mal aus und Sie würden drei, vier, fünf, vielleicht gar zehn Dutzend Makrelen fangen ... stellen Sie sich das mal vor.«

Der Fischer nickt.

»Sie würden«, fährt der Tourist fort, »nicht nur heute, sondern morgen, übermorgen, ja, an jedem günstigen Tag zwei-, dreimal, vielleicht viermal ausfahren – wissen Sie, was geschehen würde?«

Der Fischer schüttelt den Kopf.

»Sie würden sich in spätestens einem Jahr einen Motor kaufen können, in zwei Jahren ein zweites Boot, in drei oder vier Jahren könnten Sie vielleicht einen kleinen Kutter haben, mit zwei Booten oder dem Kutter würden Sie natürlich viel mehr fangen – eines Tages würden Sie zwei Kutter haben, Sie würden ...«, die Begeisterung verschlägt ihm für ein paar Augenblicke die Stimme. »Sie würden ein kleines Kühlhaus bauen, vielleicht eine Räucherei, später eine Marinadenfabrik, mit einem eigenen Hubschrauber rundfliegen, die Fischschwärme ausmachen und Ihren Kuttern per Funk Anweisung geben. Sie könnten die Lachsrechte erwerben, ein Fischrestaurant eröffnen, den Hummer ohne Zwischenhändler direkt nach Paris exportieren – und dann ...«, wieder verschlägt die Begeisterung dem Fremden die Sprache. Kopfschüttelnd, im tiefsten Herzen betrübt, seiner Urlaubsfreude schon fast verlustig, blickt er auf die friedlich hereinrollende Flut, in der die ungefangenen Fische munter springen.

»Und dann«, sagt er, aber wieder verschlägt ihm die Erregung die Sprache. Der Fischer klopft ihm auf den

Rücken, wie einem Kind, das sich verschluckt hat. »Was dann?« fragt er leise.

»Dann«, sagte der Fremde mit stiller Begeisterung, »dann könnten Sie beruhigt hier im Hafen sitzen, in der Sonne dösen – und auf das herrliche Meer blicken.«

»Aber das tu ich ja schon jetzt«, sagt der Fischer, »ich sitze beruhigt am Hafen und döse, nur Ihr Klicken hat mich dabei gestört.«

Tatsächlich zog der solcherlei belehrte Tourist nachdenklich von dannen, denn früher hatte er auch einmal geglaubt, er arbeite, um eines Tages einmal nicht mehr arbeiten zu müssen, und es blieb keine Spur von Mitleid mit dem ärmlich gekleideten Fischer in ihm zurück, nur ein wenig Neid.

THEODOR FONTANE

Aber wir lassen es andere machen

Ein Chinese ('s sind schon an 200 Jahr)
In Frankreich auf einem Hofball war.
Und die einen frugen ihn: ob er das kenne?
Und die andern frugen ihn: wie man es nenne?
»Wir nennen es tanzen«, sprach er mit Lachen,
»Aber wir lassen es *andere* machen.«

Und dieses Wort, seit langer Frist,
Mir immer in Erinnerung ist.

Ich seh' das Rennen, ich seh' das Jagen
Und wenn mich die Menschen umdrängen und
fragen:
»Was tust du nicht mit? Warum stehst du beiseit'?«
So sag' ich: »Alles hat seine Zeit.
Auch die Jagd nach dem Glück. All derlei Sachen,
Ich lasse sie längst durch andere machen.«

SENECA

Vom Übel rastloser Untätigkeit

Auch das Umherrennen in Häusern, Theatern und auf öffentlichen Plätzen, wie es bei vielen Leuten üblich ist, muß eingeschränkt werden. Solche Menschen bieten sich zu allerlei Geschäften an und erwecken stets den Eindruck, als seien sie arg beschäftigt. Wenn sie ausgehen und man fragt sie: »Wohin? Was hast du vor?« so werden sie antworten: »Ich weiß es wahrhaftig nicht, aber ich werde diesen oder jenen sehen und irgendeine Beschäftigung finden.« Ohne bestimmten Plan laufen sie umher und suchen Geschäfte; sie tun nicht, was sie sich vorgenommen haben, sondern worauf sie gerade stoßen. Planlos und ohne Zweck ist ihr Laufen; sie gleichen den Ameisen, die im Gebüsch umherrennen und bald nach oben, bald nach unten eilen, ohne daß man weiß warum. Ein solches Leben führen die meisten Menschen, und mit Recht könnte man es wohl rastlose Untätigkeit nennen. Manche rennen, als brenne es; man hat ordentlich Mitleid mit ihnen; sie stürmen dahin, prallen auf die Begegnenden und bringen sich und andere zu Fall; und dabei laufen sie nur, um irgend jemand einen Besuch zu machen, der ihnen ihre Höflichkeit nicht einmal erwidern wird; oder um die Leiche irgendeines unbekannten Menschen zu begleiten, oder um der Rechtssache eines Prozeßkrämers, der Verlobung einer verlobungssüchtigen Person beizuwohnen, oder sie gehen einer Sänfte nach, die sie stellenweise sogar tragen. Kommen sie dann heim, müde ohne alle Not, so schwören sie, sie wüßten eigentlich nicht, warum sie ausgegangen und wo sie gewesen seien; am folgenden Tage aber rennen sie doch wieder in derselben Weise herum. – Jede Arbeit muß irgendein Ziel, irgendeinen Zweck haben. Nicht Liebe zur Tätigkeit ist es, was sie umherjagt, wie wenn sie verrückt wären, es sind falsche Ideen und Vorstellungen. Ganz planlos wollen auch sie nicht schaffen; es treibt sie irgendein Scheinbild, dessen Nichtigkeit ihr unklarer Kopf nicht erkennt. So führen einen jeden, der auf seinen Ausgängen nur die Menge vermehrt, nichtige, wertlose Gründe in der Stadt umher; ohne daß er eigentlich etwas zu schaffen hat, rennt er schon am frühen Morgen fort, vergeblich klopft er an vielen Türen an und begrüßt nur den Türhüter. Viele empfangen ihn nicht; keinen aber trifft er schwerer zu Hause an als sich selbst. Eine Folge dieses Übels ist jenes ganz abscheuliche Laster, die Ohrenbläserei, das Ausforschen öffentlicher und geheimer Angelegenheiten, das Wissen von vielen Dingen, die man nicht ohne Gefahr sagen, ja nicht ohne Gefahr hören kann. Deswegen beginnt Demokritus also: Wer ruhig leben will, der treibe nicht vieles, weder privatim noch öffentlich – womit er nämlich Unnötiges meint. Denn wenn es wirklich nötig ist, so muß man nicht nur vieles, sondern unzähliges privatim und öffentlich betreiben. Wo uns aber keine ernste Pflicht ruft, da halte man sich zurück.

GEORG WEERTH

Der Korrespondent

Der Herr August ist ein schöner junger Mann von fünfundzwanzig Jahren. Was kann ein Mensch mehr verlangen!

Sein Haar ist blond, seine Augen sind blau, seine Wangen sind frisch, sein Kinn ist spitz. August hat weiße Hände, er ist schlank gewachsen und hübsch gekleidet. Die Mutter Natur und der Schneider haben sich angestrengt, ein angenehmes, gesellschaftliches Wesen aus ihm zu machen.

Zierlich und anständig schreitet August durch die Gassen. Den Hut trägt er etwas vorn auf der Stirn; er wedelt mit den Handschuhen und liebäugelt mit den freundlichen Kindern, die etwa am Fenster sitzen, zwischen Myrten und Geranien, das Herz voll knospender Sehnsucht und in den Lilienfingern den Strickstrumpf.

August verfügt sich auf das Comptoir, denn er ist Korrespondent in dem Hause Preiss. Sechs Wochentage lang muß er dort Briefe schreiben an alle geehrten Geschäftsfreunde gen Osten und gen Westen, und nur am siebenten ruht er, da bleibt er daheim, und selig ist ihm die Morgenstunde des Sonntags, wo der Tabak dampft und der Mokka duftet und wo er deine Romane liest, o göttlicher Clauren!

Beobachten wir unsern Freund, wie er sich eben an das große Schreibpult setzt, um sein Tagewerk zu beginnen. Vergessen ist jetzt die süße Außenwelt, vergessen das Lockenköpfchen, das ihn eben gegrüßt, vergessen die ergreifendste Stelle aus Claurens Schriften, vergessen die Karoline des Billards, die er noch am Abend vorher so trefflich geschnitten, und vergessen der Dukaten, den er verloren im Landsknecht! Finsterer Geschäftsernst starrt ihm entgegen aus dem Comptoir des Herrn Preiss.

»Was hat die Post gebracht?« fragt der würdige Prinzipal. »Es sind viele Briefe gekommen; schreiten wir zur Beantwortung!«

Da langt August nach den Geschäftsepisteln des Tages und beginnt: »Die Herren Rand & Lieblich übermachen uns 700 Gulden auf Frankfurt und bestellen 100 Ballen Kaffee von der zuletzt erhaltenen Sorte. Die Ware soll gleich versandt werden, und sie verlassen sich in betreff des Preises auf unsre vielerprobte Rechtlichkeit.«

»Antworten Sie den Leuten«, erwiderte Herr Preiss, »daß ich sie achte und liebe. Für die 700 Gulden wollen wir sie nach unbezweifeltem Eingang mit dem wärmsten Danke erkennen. Die 100 Ballen Kaffee erfolgen mit dem nächsten Schiffe, und zwar aus besondern freundschaftlichen Rücksichten einen halben Taler billiger. Versichern Sie die Menschen meiner unwandelbaren Ergebenheit, und empfehlen Sie mich ihnen mit ausgezeichneter Hochachtung.«

»Die Herren Fuchtel & Peitsche«, fuhr August fort, »schreiben uns einen bösen Brief; sie sagen, sie hätten unsre letzte Sendung Kaffee erhalten, aber die Qualität sei nicht nach Probe; sie wünschen daher eine namhafte Vergütung, oder sonst soll die ganze Geschichte zu unserer Verfügung bleiben.«

»Antworten Sie diesen Leuten, daß ich ein Ehrenmann sei und daß solche Dinge nie bei mir vorfallen könnten. Sie sollen sich eine Brille anschaffen und die Sache noch einmal untersuchen. Sagen Sie, daß die Preise des Artikels einen merklichen Aufschwung zu nehmen schienen, und machen Sie den beiden Herren sehr bange, dann werden sie sich wohl beruhigen. Ich weiß sehr gut, daß die Sendung nicht ganz nach Probe ist, aber wir sind alle schwache und sterbliche Menschen, und jeder hilft sich, so gut er kann. Grüßen Sie Herren Fuchtel & Peitsche achtungsvoll. Weiter im Text!«

»Der Herr Parzival junior drückt uns sein Bedauern aus, daß er unsre letzte Rechnung noch nicht habe bezahlen können. Die Zeiten seien schlecht, er sei aber ein ehrlicher Mann. Außerdem wünscht er noch ein Faß Öl zu erhalten.«

»Dieser Mensch gefällt mir gar nicht. Schreiben Sie ihm, daß ich seinen Rimessen nichtsdestoweniger mit großer Ungeduld entgegensähe, und was das Faß Öl betreffe, so würde ich dasselbe lieber bis auf den Grund austrinken, ehe ich es ohne vorher erfolgte Bezahlung absendete; und dann grüßen Sie Herrn Parzival bloß höflich.«

»Die Geschwister Fischer schreiben, daß die zuletzt erhaltene und schon bezahlte blaue Farbe gar nicht zu verkaufen, da sie unecht sei. Wir möchten die Sendung doch durch eine andre ersetzen.«

»O Zeus! Schon bezahlt und nun noch Reklamationen! Verfertigen Sie diesen unschuldigen Geschwistern Fischer doch einen recht lustigen Brief. Schreiben Sie, daß es seine volle Richtigkeit mit der schlechten Qualität der Ware habe, aber zu den billigen Preisen, die ich den Geschwistern ansetze, könne man auch nichts Gutes liefern. Sie sollen die Geschichte in Gottes Namen behalten; schreiben Sie das recht versöhnlich, denn die Geschwister sind brave Leute, und bieten Sie ihnen eine neue Quantität recht niedrig an. Grüßen Sie die Geschwister auch recht freundschaftlich, dann werden sie sich schon zufriedengeben. Und nun?«

»François père et fils in Avignon bitten um Abrechnung über die seinerzeit konsignierten 7 Fässer Krapp. Wenn die Ware noch nicht verkauft ist, so sollen wir zum bestmöglichen Preise losschlagen.«

»Diese Franzosen wollen wir schneiden. Nichts ist vorteilhafter als ein Konsignationsgeschäft. Es ist eigens vom Schicksale dazu gemacht, daß ein ehrlicher Mann etwas daran verdiene. Die Fässer Krapp sind längst verkauft. Schreiben Sie daher den Leuten, daß ich sie bis zur Stunde auf dem Lager gehabt hätte. Es sei unmöglich gewesen, so schlechtes Zeug loszuwerden. Nach ihrem Wunsche hätte ich sie aber jetzt mit Gewalt fortgeschafft, leider sei deswegen aber auch der Preis ziemlich niedrig. Machen Sie dann eine Verkaufsrechnung 30 bis 50 Prozent zu unsern Gunsten; ermuntern Sie die Herren zu fernern Konsignationen, und versichern Sie dieselben meiner ganzen Sorgfalt für ihr Interesse und Wohlergehen. Sie können auch noch bemerken, daß ich ihnen aus reiner Gutmütigkeit keine Lagerspesen berechnen wolle, denn ich bedauere selbst, daß dieser erste Versuch nicht besser ausgefallen sei. Führen Sie den Brief recht hübsch aus, und schreiben Sie französisch, damit uns die Leute besser verstehen. Was gibt es sonst?«

»Ein Brief des Herrn Julius Lavendel. Er gibt einen Auftrag auf 10 Kisten Indigo, will aber auf die frühere Sendung etwas vergütet haben.«

»Das ist gar nicht dumm von ihm. Antworten Sie diesem Manne, daß er die 10 Kisten Indigo haben soll, mit Vergnügen; die Vergütung brauchen Sie aber gar nicht zu berühren; wir müssen tun, als hätten wir das gar nicht gelesen, und wenn er noch einmal darauf zurückkommt, so wollen wir sie bewilligen und ihn auf eine andre Weise dafür zu packen suchen. – Sela!«

»Jetzt kommt ein Schreiben der Herren Ehrlich & Wunderlich. Sie wollen Offerte in Zucker haben und können eine bedeutende Partie gebrauchen.«

»Nun, das ist mir ja bedeutend lieb. Schreiben Sie diesen Biedermännern einen höchst poetischen Liebesbrief, notieren Sie ihnen die jetzigen Preise und grüßen Sie dieselben freundschaftlichst und mit achtungsvoller Ergebenheit. Wenn Sie damit fertig sind, so erkundigen Sie sich aber noch einmal bei unserm Bankier, ob die Kerle auch solide sind; es gibt in dieser insolventen Jahreszeit so viel schlechtes Volk, daß man wahrhaftig etwas vorsichtig sein muß.«

»Der Advokat in Offenbach erwidert auf unsre neuliche Anfrage, daß unser Prozeß gegen den Juden Lilienstern noch immer nicht zu Ende sei. Bei der großen Sorgfalt, mit der er unser Interesse vertrete, hoffe er indes, über Jahr und Tag damit fertig zu werden. Leider seien die dasigen Gerichtsverhältnisse äußerst verwikkelt.«

»Sehen Sie, so geht es einem ehrlichen Kaufmann, wenn er unter die Wölfe gerät! Die Advokaten sind die prächtigsten Leute von der Welt beim Kartenspiel oder bei einer vorzüglichen Flasche Wein – aber wehe, wenn sie, losgelassen, das Interesse ihrer Freunde vor Gericht vertreten! Die Haare fangen eher auf einem alten Koffer an zu wachsen, die Mücken verwandeln sich eher in Dromedare, als daß man durch einen Advokaten zu seinem rechtlichen Eigentume kommt. Legen Sie den Brief dieses Offenbachers beiseite, damit ich ihn nie wieder zu Gesicht bekomme, damit ich nicht an dem Adel der menschlichen Seele zu zweifeln beginne, damit sich die Sanftmut meiner Brust nicht in Wut, damit sich die Milch meines Herzens nicht in Wermut verkehrt. Das Advokatenhandwerk muß ein einträgliches Geschäft sein; – ich will doch einen meiner Söhne Advokat werden lassen.«

»Ein Herr Tarantel teilt uns mit, daß er eine Erfindung gemacht habe, um das Farböl vorteilhafter tournant zu machen, und ladet uns ein, einige Fonds vorzuschießen, damit diese Erfindung exploitiert werden könne.«

»Erwidern Sie diesem Exploiteur, daß Erfindungen nicht in meine Branche schlagen. Es sei sehr gut möglich, daß er ein zweiter James Watt, ein Arkwright oder ein Liebig sei; ich befasse mich indes nur mit Zucker, Kaffee und Heringen; weiter reiche mein Horizont nicht. Im übrigen wünsche ich ihm des Himmels reichen Segen; ich sei ein armer Mann und grüße ihn ergebenst.«

»Der Herr Pfarrer von Flachsenfingen bittet um einige Beiträge zu einer milden Stiftung.«

»Melden Sie ihm in blumenreichen Ausdrücken, daß dergleichen gegen meine Geschäftsprinzipien sei – aber halten Sie! Der Bruder dieses Pfarrers ist ja einer unsrer besten Kunden; nein, schicken Sie ihm 10 Taler, sagen Sie, ich sei ein großer Philanthrop, und mit ganzem

Herzen überreiche ich ihm diese Kleinigkeit. Sie müssen recht viele Worte machen, damit der Glanz der Phrasen die Geringfügigkeit meiner Gabe in etwa verdeckt; und empfehlen Sie mich Sr. Hochwürden dann mit christlicher Liebe und Ergebenheit. Aber es ist doch entsetzlich, daß man nur Briefe von Advokaten, Erfindern und Geistlichen erhält, gerade von den Leuten, die mich am wenigsten interessieren. Gibt es denn gar nichts Erfreuliches mehr?«

»Der Herr Salamander in der Pfalz bestellt 20 Tönnchen Heringe umgehend.«

»Dieser Mann ist mein Freund. Aber das ist viel; 20 Tönnchen auf einmal; es muß wenig Durst mehr, ja es muß viel Katzenjammer in der Pfalz geben. Ist unser Salamander auch wohl solide? Schreiben Sie ihm, die Heringe sollten baldigst den Rhein hinaufschwimmen; Rimessen auf Köln wären aber angenehm, denn das Geld sei rar. Empfehlen Sie mich dem Salamander mit bewußter und bekannter Freundschaft.«

»Zum Schlusse haben wir noch zwei Briefe von Bankiers aus Paris und Amsterdam.«

»Und was wollen die von mir?«

»Die Herren Brummfliege Eidam & Co. beklagen sich bitter darüber, daß wir schon seit mehreren Jahren einen großen Posten in unserm Kredit stehen hätten, von dem sie uns die höchsten Zinsen vergüten müßten, und daß wir so gut wie gar keine Geschäfte mit ihnen machten. Dies könne nicht länger so fortgehen; wir müßten so gefällig sein und ihre Dienste etwas in Anspruch nehmen. Sie verdienten ja gar nichts an uns usw. Dies schreiben die Amsterdamer. Zur selben Zeit ersuchen uns die Herren Scorpion frères in Paris, über jeden Betrag bei ihnen zu verfügen; ihre Dienste wären uns unter allen

Verhältnissen gewidmet, und sie würden sich glücklich schätzen, wenn wir ihre Kapitalien bald und bedeutend in Anspruch nähmen.«

»Schreiben Sie den Leuten, daß ich ihnen für ihr schmeichelhaftes Anerbieten sehr verbunden wäre; leider hätte ich aber schon selbst so viel Geld und litte gerade in diesem Augenblicke so entsetzlich an überflüssigen Fonds, daß ich bei bestem Willen von fremden Kapitalien keinen Gebrauch machen könne und es einstweilen der Zukunft überlassen müsse, ob ich einmal zu einem Geschäfte die Hand bieten dürfe. Sollte dieser Fall eintreten, so würde ich mich gern ihrer Offerte erinnern und bliebe indes achtungsvoll usw. der Ihrige.«

»Da sind wir fertig!« rief August und seufzte tief auf. Er hatte wirklich einige Mühe gehabt, mit dem Gedankengange des würdigen Prinzipals gleichen Schritt zu halten. Da er sich aber den Umriß sämtlicher Briefantworten auf einem Stückchen Papier bemerkte, so wurde es ihm dennoch möglich, die Ideen seines erfindungsreichen Meisters schnell in jenen zierlichen Wendungen wiederzugeben, welche schon längst die Wonne und die Bewunderung aller Geschäftsfreunde des Herrn Preiss waren. Ungesäumt gab er sich ans Werk, und wiederum lag eine tiefe Sabbatstille über dem ganzen Comptoir; denn auch die jüngern Leute, welche den Reden ihres Herrn aufmerksam gelauscht und sich bei mancher Stelle bedeutungsvoll zugenickt oder voll süßen Einverständnisses angelächelt hatten, versanken jetzt wieder in ihre Arbeit, während der dürre Buchhalter den Namen mancher respektablen Firma auf die Seiten seines großen Hauptbuches malte.

Der Herr Preiss aber zog den Lyoner Foulard aus der Tasche des großen Rockes und trocknete den Schweiß von der hohen, olympischen Stirn, welche so kühn allen Gefahren trotzte und so reich an vorteilhaften Erfindungen war. Die Hände auf den Rücken legend, schritt er gesenkten Hauptes auf und ab durch den düstern Hintergrund des Comptoires, tief in der Seele erwägend, ob er recht getan und richtig gehandelt, und es war ihm zumute wie dem Helden Homers, dem ränkevollen Odysseus, nachdem er betrogen Polyphem, den groben Cyklopen.

JOHANN WOLFGANG GOETHE

Maximen und Reflexionen

Sage mir, mit wem du umgehst, so sage ich dir, wer du bist; weiß ich, womit du dich beschäftigst, so weiß ich, was aus dir werden kann.

*

Dem tätigen Menschen kommt es darauf an, daß er das Rechte tue; ob das Rechte geschehe, soll ihn nicht kümmern.

*

Meine Hauptlehre aber ist vorläufig diese: der Vater sorge für sein Haus, der Handwerker für seine Kunden, der Geistliche für gegenseitige Liebe, und die Polizei störe die Freude nicht.

Von Menschen und Mäusen

FRIEDRICH RÜCKERT

Parabel

Es ging ein Mann im Syrerland,
Führt' ein Kamel am Halfterband.
Das Tier mit grimmigen Gebärden
Urplötzlich anfing scheu zu werden
Und tat so ganz entsetzlich schnaufen,
Der Führer vor ihm mußt entlaufen.
Er lief und einen Brunnen sah
Von ungefähr am Wege da.
Das Tier hört' er im Rücken schnauben,
Das mußt ihm die Besinnung rauben.
Er in den Schacht des Brunnens kroch,
Er stürzte nicht, er schwebte noch.
Gewachsen war ein Brombeerstrauch
Aus des geborstnen Brunnen Bauch;
Darein der Mann sich fest tat klammern,
Und seinen Zustand drauf bejammern.
Er blickte in die Höh, und sah
Dort das Kamelhaupt furchtbar nah,
Das ihn wollt oben fassen wieder.
Dann blickt er in den Brunnen nieder;
Da sah am Grund er einen Drachen
Aufgähnen mit entsperrtem Rachen,
Der drunten ihn verschlingen wollte,
Wenn er hinunterfallen sollte.
So schwebend in der beiden Mitte,
Da sah der Arme noch das dritte.
Wo in die Mauerspalte ging

Des Sträuchleins Wurzel, dran er hing,
Da sah er still ein Mäusepaar,
Schwarz eine, weiß die andre war.
Er sah die schwarze mit der weißen
Abwechselnd an der Wurzel beißen.
Sie nagten, zausten, gruben, wühlten,
Die Erd ab von der Wurzel spülten;
Und wie sie rieselnd niederrann,
Der Drach im Grund aufblickte dann,
Zu sehn, wie bald mit seiner Bürde
Der Strauch entwurzelt fallen würde.
Der Mann in Angst und Furcht und Not
Umstellt, umlagert und umdroht,
Im Stand des jammerhaften Schwebens,
Sah sich nach Rettung um vergebens.
Und da er also um sich blickte,
Sah er ein Zweiglein, welches nickte
Vom Brombeerstrauch mit reifen Beeren;
Da konnt er doch der Lust nicht wehren.
Er sah nicht des Kameles Wut,
Und nicht den Drachen in der Flut,
Und nicht der Mäuse Tückespiel,
Als ihm die Beer ins Auge fiel.
Er ließ das Tier von oben rauschen,
Und unter sich den Drachen lauschen,
Und neben sich die Mäuse nagen,
Mit Beerlein füllt er seinen Magen,
Sie deuchten ihn zu essen gut,
Aß Beer auf Beerlein wohlgemut,
Und durch die Süßigkeit im Essen
War alle seine Furcht vergessen.

Du fragst: Wer ist der töricht Mann,
Der so die Furcht vergessen kann?
So wiß, o Freund, der Mann bist du;
Vernimm die Deutung auch dazu.
Es ist der Drach im Brunnengrund
Des Todes aufgesperrter Schlund;
Und das Kamel, das oben droht,
Es ist des Lebens Angst und Not.
Du bist's, der zwischen Tod und Leben
Am grünen Strauch der Welt muß schweben.
Die beiden, so die Wurzel nagen,
Dich samt den Zweigen, die dich tragen,
Zu liefern in des Todes Macht,
Die Mäuse heißen Tag und Nacht.
Es nagt die schwarze wohl verborgen
Vom Abend heimlich bis zum Morgen,
Es nagt vom Morgen bis zum Abend
Die weiße, wurzeluntergrabend.
Und zwischen diesem Graus und Wust
Lockt dich der Beere Sinnenlust,
Daß du Kamel, die Lebensnot,
Daß du im Grund den Drachen Tod,
Daß du die Mäuse Tag und Nacht
Vergissest, und auf nichts hast acht,
Als daß du recht viel Beerlein haschest,
Aus Grabes Brunnenritzen naschest.

GEORG HERMANN

Die Pfirsiche

Die Pfirsichbäume blühten gerade noch, als ich hinkam ins Neckartal. Es gibt dort viele Pfirsichbäume. Frühe und späte. Das Rosarot ihrer Blüten ist nicht ganz gleich, liegt ein paar Stufen auseinander. Aber trotzdem man viele von den blühenden Pfirsichbäumen sieht, ist doch jeder wieder von neuem ein Entzükken. Man kann durch einen Weg blühender Apfelbäume vielleicht zum Schluß hindurchgehen, ohne ihn zu beachten; jeder blühende Pfirsichbaum gibt einem immer wieder innerlich einen Ruck: daß es so etwas überhaupt gibt.

Hinten vor meinem Fenster stehen gerade drei: ein früher und zwei späte.

Zwei beim Nachbar, einer bei mir. Meiner ist der größte, aber es ist nur ein später, also plebejischer und weniger edel. Der frühe hat Früchte wie die Fäuste zu seiner Zeit ... im August. Weißsamtig und rosig und ganz voll Saft. Sie hängen zu sechsen und achten dann an ganz dünnen elastischen Ruten in meinen Garten hinüber. Aber ich darf sie nicht pflücken, das verbietet der Anstand, das Gesetz und die freundnachbarlichen Beziehungen. Außerdem ist der Nachbar Justizrat, weiß infolgedessen mit Gerichten Bescheid, und da die ihm zu Dank verpflichtet sind – denn ohne ihn würden sie ja kaum Brot finden –, würden die Gerichte sich ihm natürlich erkenntlich erweisen und mich zum mindesten auf fünfzehn Jahre einsperren.

Trotzdem schmecken mir die justizrätlichen Pfirsiche vorzüglich, und das geht so zu: Mein Garten hat nicht nur viel Schnecken und viele Regenwürmer, sondern beinahe noch mehr Ameisen. Und diese klugen und liebenswürdigen Tiere tun nichts mit größerer Freude, als auf den Pfirsichbaum zu klettern und die besten, reifsten Pfirsiche an der Stelle, wo sie am Zweig sitzen, so lange zu benagen, bis sie – bums, klack – mit jenem dumpfen Klopfen, das seit Stefan Georges »Jahr der Seele« berühmt geworden ist, bei mir in die Beete fallen. Die Ameisen hoffen nämlich, daß sie jetzt den Pfirsich in Ruhe aufessen können. Aber dann komme ich, nehme den Pfirsich, puste zweimal, stäube ihn vielleicht noch ein wenig ab, knipse eine Ameise, die trotzdem nicht fortgeht, mit den Fingern ein paar Meter durch das Weltall und beginne den Pfirsich zu verspeisen. Ein ganz einfacher Vorgang in der Natur, im Menschenleben, im Staatenleben wiederholt sich nur hier, nämlich daß immer einer, der nicht daran beteiligt war, zum Schluß die Früchte der Arbeit des anderen genießt.

Aus Höflichkeit sage ich zwar zu meinem Nachbar: »Sie, Herr Nachbar, da sind wieder ein paar Pfirsiche in meinen Garten gefallen, darf ich sie Ihnen vielleicht herüberreichen?«

»Nein, nein«, meinte der Justizrat, »wir haben ja genug; außerdem gehört Ihnen ja nach dem Gesetz vom Überhang das, was auf den Boden gefallen ist, während Sie ...« usw.

Ich verstehe den »Kleinen Gartenbauer in der Westentasche« nicht. Er meint, Ameisen wären dem Gartenbau schädlich und abträglich. Man soll Petroleum in die Ameisenlöcher gießen. Ich finde im Gegensatz zu dem »Kleinen Gartenbauer in der Westentasche« Ameisen sehr nützlich und fördernd für den Gartenbau, und ich habe jetzt an ein zoologisches Institut geschrieben, zu welchen Preisen es kräftige Ameisenvölker widerstandsfähiger Rasse abgibt. Davon will ich noch einige an dem Zaun, wo der Frühpfirsich des Nachbarn steht, jetzt ansiedeln.

GOTTFRIED KELLER

Fabel

Zur Zeit der Abenddämmerung saßen drei oder vier Leuchtwürmchen in einer Wiese unter den Kräutern und Blumen, und man sah, wie sie geheimnisvoll die Köpfe zusammensteckten, emsig hin und her krochen und sich eifrig besprachen, so daß man glauben mußte, es sei etwas sehr Wichtiges im Werke.

Als nun die Nacht auf die Felder und Fluren herniedersank und die Sterne am Himmel erglänzten, da erklommen sie einen hohen Grashalm und sprachen zu den Sternen: »Ihr lieben Sternlein! Ihr müßt gewiß sehr müde sein von eurem allnächtlichen Wachen; drum geht einmal ohne Sorgen schlafen; wir wollen indes die Erde für euch beleuchten!«

Die Sternlein lächelten einander an und verbargen sich zum Spaße hinter kleine Wolken; die Leuchtwürmchen aber glänzten die ganze Nacht hindurch aus allen Leibeskräften, und am Morgen meinten die guten Tierlein, sie hätten die Erde erleuchtet.

BERTOLT BRECHT

Herrn K.s Lieblingstier

Als Herr K. gefragt wurde, welches Tier er vor allen schätze, nannte er den Elefanten und begründete dies so: Der Elefant vereint List mit Stärke. Das ist nicht die kümmerliche List, die ausreicht, einer Nachstellung zu entgehen oder ein Essen zu ergattern, indem man nicht auffällt, sondern die List, welcher die Stärke für große Unternehmungen zur Verfügung steht. Wo dieses Tier war, führt eine breite Spur. Dennoch ist es gutmütig, es versteht Spaß. Es ist ein guter Freund, wie es ein guter Feind ist. Sehr groß und schwer, ist es doch auch sehr schnell. Sein Rüssel führt einem enormen Körper auch die kleinsten Speisen zu, auch Nüsse. Seine Ohren sind verstellbar: Er hört nur, was ihm paßt. Er wird auch sehr alt. Er ist auch gesellig, und dies nicht nur zu Elefanten. Überall ist er sowohl beliebt als auch gefürchtet. Eine gewisse Komik macht es möglich, daß er sogar verehrt werden kann. Er hat eine dicke Haut, darin zerbrechen die Messer; aber sein Gemüt ist zart. Er kann traurig werden. Er kann zornig werden. Er tanzt gern. Er stirbt im Dickicht. Er liebt Kinder und andere kleine Tiere. Er ist grau und fällt nur durch seine Masse auf. Er ist nicht eßbar. Er kann gut arbeiten. Er trinkt gern und wird fröhlich. Er tut etwas für die Kunst: Er liefert Elfenbein.

OSKAR MARIA GRAF

Der ungewöhnliche Zeuge

Unserer altbayrischen Auffassung nach ist's mit dem Heiraten immer wie mit einem Lotterielos. Es kann dir Glück bringen, aber auch das Gegenteil. Letzteres ist weit eher der Fall, weil das Glück was Seltenes ist. Aber ganz gleich, getreu nach dem christ-katholischen Spruch »Was unser Herrgott zusammenfügt, soll der Mensch nicht auseinanderreißen«, hat man früherszeiten eben miteinander gelebt und sich in Geduld ins Grab hineingeärgert. Daß sich verheiratete Leute scheiden haben lassen, das hat es damals nicht gegeben, da war noch eine Ordnung. Jetzt ist das ganz anders. Ganz lumpig und unordentlich geht's heutzutag' in dieser Hinsicht bei uns zu. Unsere hochwürdige Geistlichkeit hat da so ihre Sorgen, noch schwerer aber ist es für die Richter, in jedem Fall die richtige Entscheidung zu treffen.

Da ist zum Beispiel neulich vor dem Zivilgericht unseres Bezirksortes Perming über die Scheidungsangelegenheit des Joseph Antelsberger, Häusler und Gelegenheitshändler in Offelfing, und seiner Ehefrau Kreszenzia, wohnhaft dortselbst, verhandelt worden.

Schon der Großvater und der Vater vom jetzigen Antelsberger haben es nicht mit der schweren Bauernarbeit gehabt und allerhand Handelschaften getrieben, und der Sepp macht dasselbige. Er verhandelt manchmal ein Roß, eine Kuh oder einen Ochsen, einen Leiterwagen und, wenn sich's grad gibt, auch einen Wachhund, denn darauf versteht er sich ganz besonders; er vermittelt Haus- und Grundstücksverkäufe und ist als lauter Wirtshausunterhalter, Witzvogel und Aufschneider überall bekannt. Vor allem aber ist er immer unterwegs in unserem weiten Gau. Deswegen ist seine Zenzl – eine frühere Kellnerin, groß, füllig und in den besten Jahren – die meiste Zeit allein, und darum ist das zwischen ihr und dem Malergesellen Johann Torfner passiert. Der Torfner ist ein eingewanderter Sudetendeutscher, und er arbeitet seit etlichen Jahren beim Dekorationsmalermeister Leitner, wo er auch wohnt. Beim Leitner mögen sie ihn, weil er ein ruhiger, fleißiger Mensch ist, der von seinem Fach was versteht. Er hat recht umgängliche Manieren, ist groß und mager, glattrasiert und schwarzhaarig, er tanzt gut und geht städtisch gekleidet, muß also einmal bessere Zeiten gehabt haben. Die unverheirateten Weiberleut' sehen ihn ausnehmend gern, aber auffälligerweis' interessiert ihn bloß die Antelsbergerin, und öfter hat man ihn dort schon aus und ein gehen sehen, wenn der Sepp unterwegs war. Da hat alsdann langsam ein Gemunkel angefangen und, selbstredend, hat der Sepp bald davon gehört. Als gewitzter Mensch, den man nicht leicht hinters Licht führen kann, hat er aufgepaßt, hat seiner Zenzl hübsch zugesetzt, scharfe Auseinandersetzungen sind gekommen, das Gerede in der Umgegend ist immer deutlicher geworden, und, sagt der Sepp an einem Tag zu der eingeschüchterten Zenzl: »Daß du di' auskennst, du Saumensch, du dreckig's! In mei'm Haus bist du dö längste Zeit g'wesn! Dö Sach wird jetzt g'richtsmaßig g'macht!« Für so was braucht er keinen Anwalt, hat er siegessicher gemeint, fürs Reden noch Geld ausgeben, ausgeschlossen, reden kann er selber.

Es läßt sich denken, daß bei der Verhandlung in Perming eine Masse neugieriger Offelfinger waren. Leider aber – wie das bei uns schon ist, wenn einmal was vor Gericht kommt –, einmischen mag sich da keiner. Irgendeinen Zeugen hat der Sepp nicht daherbringen können, welcher gegen die Zenzl oder den Torfner ausgesagt hätte. Für diesen aber hat der Leitner ein sehr gutes Leumundszeugnis abgelegt, zudem hat der Torfner auch noch einen Anwalt gehabt. Überhaupt, wenn man gesehen hat, wie steif und fremd sich die Zenzl und der Torfner gegeneinander benommen haben, mit was für einer unbefangenen Sicherheit sie alles rundweg abgeleugnet haben, da hat der Mißtrauischste zugeben müssen, daß alles bloß Dorftratsch war. Dem Sepp sein findiges Maulwerk hat nichts geholfen. Der Richter hat die Scheidungsklage abgewiesen.

»So«, sagt der Sepp zuletzt: »Soso, also man glaubt da einfach einem rechtschaffenen Menschen nichts ... Soso, dös werd'n mir ja sehn!« Der abgehende Richter aber hat ihn streng vermahnt und gemeint: »Ihre Beweise sind nicht stichhaltig, basta! Enthalten Sie sich solcher Äußerungen, Herr Antelsberger, sonst muß ich Sie wegen Beleidigung des Gerichts belangen!« Aus war es. Das ist auf dem Sepp sitzengeblieben. Mit dem Torfner sind die Leitners in den Unterbräu gegangen, viele Dorfleute waren dabei und alles hat dem ordentlichen Menschen gratuliert. Der Sepp hat zu seiner Zenzl einfach gesagt: »Mach' nu, daß d' hoamkummst oder geh' auch zum Unterbräu ... Mir sin quitt!« Er hat sich einen Mordsrausch angesoffen und nach dem Heimkommen tief in der Nacht randaliert, daß es eine wahre Schand' gewesen ist. Grob oder gewalttätig ist er zu der Zenzl nicht geworden, denn, hat er sich genau überlegt, die Schuld muß bei ihr bleiben, alsdann kann sie meinetwegen wieder eine Kellnerin machen, von mir kriegt sie keinen Pfennig. Aber einen ruhigen Tag hat die Zenzl von da an nicht mehr gehabt, ja, besonders in Ängsten war sie, weil sie nie gewußt hat, was der Sepp hinterlistigerweis' gegen sie ausheckt. Einmal aber alsdann an einem langweiligen, verregneten Sonntag, wie der Sepp so grantig in der Stube hockt und seinen scharfen Wachhund gemütlich streichelt, hebt er unverhofft seinen Kopf, schaut die Zenzl niederträchtig an und sagt, indem er leicht durch die Zähne pfeift: »Holla, du Dreckfetzen! ... I hob's!«

Die Zenzl hat nichts gesagt, ist hinaus in die Kuchl und hat geweint. Etliche Wochen darauf sind sie, der Torfner und der Sepp, wiederum vor dem Zivilgericht in Perming gestanden, bloß mit einem kleinen Unterschied: Der Sepp hat, trotzdem daß man gerichtlicherseits energisch dagegen Einspruch erhoben hat, seinen »Tyras«, den scharfen Wachhund, dabeigehabt.

»Der«, hat er mannhaft gesagt, »der, Herr Richter, ist mein bester Zeuge ... Den schlengt keiner ...« Nach einigem heftigen Hin und Her, wobei es auch hie und da ein bißl humorvoll zugegangen ist, hat sich der Richter auch tatsächlich dazu verstanden, den ungewöhnlichen Zeugen gelten zu lassen und das hat den Torfner des Meineids überführt, und für die Zenzl war es auch der Ruin. Nämlich, hat der Sepp frech wie der gewitzteste Anwalt beantragt, in ganz Offelfing weiß man, wie scharf und gefährlich sein »Tyras« ist, und man soll's von gerichtswegen ausprobieren, ob der Hund nicht jeden unbekannten Menschen, der ihm in die Nähe kommt, sofort stellt und auf denselbigen losgeht! Zum zweiten, ob er so was auch beim Herrn Torfner tut.

»Huj! Jetz hot er'n!« ist dabei dem Bader Lenglinger herausgerutscht, und alle Offelfinger Zuhörer haben gelacht, wenngleich der Richter sich ganz energisch jede Ruhestörung verbeten hat. Die Zenzl hat verlegen die Augen niedergeschlagen, der Torfner ist auf einmal käsweiß geworden und hat geschluckt, umsonst ist der Einspruch seines Anwalts gewesen, der boshafte Richter hat nach kurzem Überlegen dem Antrag vom Sepp stattgegeben.

»Herr Torfner«, hat er gesagt, »bitte, gehn Sie hin zu dem Hund und streicheln Sie ihn!« Der Torfner hat verdattert gestockt und nicht weiter gewußt, schließlich hat er etwas herausgestottert.

»Gehn Sie hin!« hat der Richter bestimmter wiederholt, und was passiert da? Schon beim ersten Schritt, den der Torfner auf ihn zumacht, schaut der »Tyras« ihn an und wedelt freundlich mit dem Schweif. Da und dort kichert es schon wieder, aber wie jetzt der Torfner, sich ganz einfältig furchtsam stellend, zögernd die Hand ausstreckt, lachen schon alle – der Hund nämlich tappt zu ihm hin, schmiegt sich sofort an ihn und läßt sich streicheln wie altgewohnt.

»Die Gegenprobe!« verlangt der Anwalt, und der Sepp zieht grinsend seinen Hund zurück, indem er zu dem zungenfertigen Herrn sagt: »Probier'n Sie's, Herr Doktor!«

»Fällt mir nicht ein!« drauf der Anwalt empört und stampft leicht einen Fuß auf. Schon ist der »Tyras« sprungbereit. Er fletscht schon mit den Zähnen, und als der couragierte Gerichtsdiener, den die Sache freut, neugierig die Hand ausstreckt, schnappt er bissig danach, knurrt drohend und fängt mordialisch zu bellen an.

So eine Gerichtsverhandlung hat Perming noch nie gesehen. Seither lebt der Sepp kreuzfidel allein in seinem Häusl, und die Zenzl, heißt es, ist in München wieder eine Kellnerin. Seit einiger Zeit sitzt der Torfner seine Strafe ab, basta!

CHRISTIAN MORGENSTERN

Die drei Spatzen

In einem leeren Haselstrauch
da sitzen drei Spatzen, Bauch an Bauch.

Der Erich rechts und links der Franz
und mitten drin der freche Hans.

Sie haben die Augen zu, ganz zu,
und obendrüber da schneit es, hu!

Sie rücken zusammen dicht an dicht.
So warm wie der Hans hats niemand nicht.

Sie hören alle drei ihrer Herzlein Gepoch
Und wenn sie nicht weg sind, so sitzen sie noch.

BERTHOLD AUERBACH

Hausruhm

Der König Salomo der Weise soll der Sage nach durch einen Zauber die Stimmen aller Vögel verstanden und unbedingte Macht über diese besessen haben. Und so schaut König Salomo eines schönen Morgens aus seiner Burg Zion zum Fenster hinaus und betrachtet sich mit Behagen den Tempel, den er da gebaut hat. Da hört er einen Sperling, der mit einem andern auf der Dachfirste sitzt, zu diesem sagen: »Der König Salomo ist so stolz darauf, diesen mächtigen Tempel gebaut zu haben, und ich, ein kleiner Sperling, wenn ich mit meinem linken Fuß dreimal stark auftrete, zertrümmere ich das ganze Gebäude.« Der Zuhörende schüttelt den Kopf und schaut den Mächtigen staunend an. König Salomo aber pfeift dem Prahler und gebietet ihm, schnell zu ihm ans Fenster zu fliegen. Das geschieht auch unweigerlich, und König Salomo spricht: »Wie kannst du kleiner Knirps nur so übermütig frech sein und dich einer solchen Übermacht berühmen?« Drauf erwidert der Sperling: »Nimm es nicht übel, lieber König, es ist meine Frau, zu der ich das gesagt habe, und du weißt ja, vor seiner Frau gibt man sich gern ein Ansehen.« – »Hast recht, flieg ab.«

Salomo macht das Fenster zu, und der Vogel fliegt ab, wiederum zu seiner Frau und erzählt ihr mit erhabenem Stolz, daß er dem König heilig versprochen habe, nie von seiner Gewalt Gebrauch zu machen.

THEODOR STORM

Von Katzen

Vergangnen Maitag brachte meine Katze
Zur Welt sechs allerliebste kleine Kätzchen,
Maikätzchen, alle weiß mit schwarzen Schwänzchen.
Fürwahr, es war ein zierlich Wochenbettchen!
Die Köchin aber – Köchinnen sind grausam,
Und Menschlichkeit wächst nicht in einer Küche –
Die wollte von den Sechsen fünf ertränken,
Fünf weiße, schwarzgeschwänzte Maienkätzchen
Ermorden wollte dies verruchte Weib.
Ich half ihr heim! – Der Himmel segne
Mir meine Menschlichkeit! Die lieben Kätzchen,
Sie wuchsen auf und schritten binnen kurzem
Erhobnen Schwanzes über Hof und Herd;
Ja, wie die Köchin auch ingrimmig drein sah,
Sie wuchsen auf, und nachts vor ihrem Fenster
Probierten sie die allerliebsten Stimmchen.
Ich aber, wie ich sie so wachsen sahe,
Ich pries mich selbst und meine Menschlichkeit. –
Ein Jahr ist um, und Katzen sind die Kätzchen,
Und Maitag ist's! – Wie soll ich es beschreiben,
Das Schauspiel, das sich jetzt vor mir entfaltet!
Mein ganzes Haus, vom Keller bis zum Giebel,
Ein jeder Winkel ist ein Wochenbettchen!
Hier liegt das eine, dort das andre Kätzchen,
In Schränken, Körben, unter Tisch und Treppen,
Die Alte gar – nein, es ist unaussprechlich,
Liegt in der Köchin jungfräulichem Bette!

Und jede, jede von den sieben Katzen
Hat sieben, denkt euch! sieben junge Kätzchen,
Maikätzchen, alle weiß mit schwarzen Schwänzchen!
Die Köchin rast, ich kann der blinden Wut
Nicht Schranken setzen dieses Frauenzimmers;
Ersäufen will sie alle neunundvierzig!
Mir selber! ach, mir läuft der Kopf davon –
O Menschlichkeit, wie soll ich dich bewahren!
Was fang ich an mit sechsundfunfzig Katzen! –

KURT TUCHOLSKY

Der Floh

Im Departement du Gard – ganz richtig, da, wo Nîmes liegt und der Pont du Gard: im südlichen Frankreich – da saß in einem Postbüro ein älteres Fräulein als Beamtin, die hatte eine böse Angewohnheit: sie machte ein bißchen die Briefe auf und las sie. Das wußte alle Welt. Aber wie das so in Frankreich geht: Concierge, Telefon und Post, das sind geheiligte Institutionen, und daran kann man schon rühren, aber daran darf man nicht rühren, und so tut es denn auch keiner.

Das Fräulein also las die Briefe und bereitete mit ihren Indiskretionen den Leuten manchen Kummer.

Im Departement wohnte auf einem schönen Schlosse

ein kluger Graf. Grafen sind manchmal klug, in Frankreich. Und dieser Graf tat eines Tages folgendes:

Er bestellte sich einen Gerichtsvollzieher auf das Schloß und schrieb in seiner Gegenwart an einen Freund:

Lieber Freund!

Da ich weiß, daß das Postfräulein Emilie Dupont dauernd unsre Briefe öffnet und sie liest, weil sie vor lauter Neugier platzt, so sende ich Dir anliegend, um ihr einmal das Handwerk zu legen, einen lebendigen Floh.

Mit vielen schönen Grüßen Graf Koks

Und diesen Brief verschloß er in Gegenwart des Gerichtsvollziehers. Er legte aber keinen Floh hinein.

Als der Brief ankam, war einer drin.

ALPHONSE DAUDET

Die Mauleselin des Papstes

Von all den hübschen Sprichwörtern, Sinnsprüchen oder Redensarten, mit denen unsere provenzalischen Bauern ihre Rede schmücken, wüßte ich keine, die farbiger und eigenartiger wäre als diese. Fünfzehn Meilen im Umkreis von meiner Mühle sagt man, wenn man von einem nachtragenden, rachsüchtigen Menschen spricht: »Der Mann da, nehmen Sie sich in acht! ... der ist wie die Mauleselin des Papstes, die ihren Fußtritt sieben Jahre aufspart.«

Ich habe lange gesucht, wo diese Redensart herkommen könnte, was eigentlich dahintersteckt, hinter dieser päpstlichen Mauleselin und dem sieben Jahre aufgesparten Fußtritt. Hier hat mir niemand in dieser Sache Auskunft geben können, nicht einmal Françet Mamaï, mein Querpfeifenspieler, obwohl der seine provenzalische Heiligenlegende in- und auswendig kennt. Françet denkt wie ich, daß dem eine alte Chronik aus der Gegend von Avignon zugrunde liegt, aber er hat nie anders davon sagen hören, als in dieser Redensart.

»Das werden Sie nur in der Bibliothek der Grillen finden«, sagte der alte Querpfeifer zu mir und lachte. Das leuchtete mir ein, und da die Bibliothek der Grillen gleich vor meiner Tür ist, habe ich mich acht Tag lang dorthin zurückgezogen.

Es ist eine märchenhafte Bibliothek, wunderbar eingerichtet, Dichtern Tag und Nacht geöffnet. Den Dienst versehen kleine Bibliothekare mit Zimbeln, die die ganze Zeit für Sie musizieren. Ich habe dort ein paar köstliche Tage verbracht, und nach einer Woche der Nachforschungen – auf dem Rücken – habe ich endlich entdeckt, was ich wollte, nämlich die Geschichte meiner Mauleselin und des berühmten, sieben Jahre aufgesparten Fußtritts. Die Erzählung ist hübsch, wenn auch etwas naiv, und ich werde versuchen, sie Ihnen genauso zu erzählen, wie ich sie gestern morgen in einer Handschrift im Zeitkolorit gelesen habe, die wunderbar nach trockenem Lavendel roch und als Lesezeichen lange Sommerfäden trug.

Wer Avignon nicht zur Zeit der Päpste erlebt hat, der hat nichts erlebt. An Heiterkeit, Leben, Bewegung, rauschenden Festlichkeiten – keine Stadt, die ihr je glich. Da waren von morgens bis abends Prozessionen, Pilgerzüge, mit Blumen bestreute und mit kostbaren Teppichen ausgelegte Straßen, Ankunft von Kardinälen auf der Rhône, Banner im Wind, bewimpelte Galeeren, die Soldaten des Papstes, die auf den Plätzen lateinisch sangen, die Klappern der Bettelmönche; dazu tönte von oben und unten aus den Häusern, die sich voll summender Geschäftigkeit wie Bienen um ihren Korb um den päpstlichen Palast drängten, noch das Klipp-Klapp der Spitzenwebstühle, das Hin und Her der Schiffchen, die das Gold der Meßgewänder webten, die kleinen Hämmer der Ziseleure von Meßkännchen, das Stimmen der Resonanzböden bei den Lautenmachern und die frommen Gesänge der Weberinnen. Über allem der Klang der Glocken, und immer ein paar Tamburins, die man unten von der Brücke her rasseln hörte. Denn wenn bei uns das Volk fröhlich ist, dann will es tanzen, dann muß es tanzen; und weil damals die Straßen der Stadt für die Farandole zu eng waren, stellten sich Pfeifen- und Tamburinspieler im frischen Rhônewind auf der Brücke von Avignon auf, und dort tanzte und tanzte man, Tag und Nacht. Ach, die glückliche Zeit, die glückliche Stadt! Hellebarden, die nicht stachen, Staatsgefängnisse, in die man den Wein zum Kühlen brachte. Niemals Teuerung, niemals Krieg ... So verstanden die Päpste von Avignon ihr Volk zu regieren; deshalb hat ihnen ihr Volk auch so sehr nachgetrauert! ...

Da war vor allem einer, ein guter Alter, der Bonifaz hieß ... Oh, das war ein Papst! Wie viele Tränen hat man nicht in Avignon vergossen, als er starb! Er war ein so liebenswürdiger, leutseliger Fürst! Er lachte Sie von seiner Mauleselin herab so freundlich an! Und wenn Sie an ihm vorüberkamen – mochten Sie nun ein armer, kleiner Krappfärber sein oder der Großvogt der Stadt –, er spendete Ihnen so höflich seinen Segen! Ein rechter Papst von Yvetot – aber eines provenzalischen Yvetot – mit einer besonderen Anmut im Lächeln, einem Majoranzweig am Barett; und keine Spur von einem Schätzchen ... Das einzige Schätzchen, von dem man je bei ihm wußte, bei diesem guten Vater, das war sein Weinberg – eine kleine Pflanzung, die er selbst angelegt hatte, drei Meilen von Avignon entfernt zwischen den Myrten von Château-Neuf.

Jeden Sonntag, wenn er aus dem Vespergottesdienst kam, ging der würdige Mann, ihr den Hof zu machen, und wenn er dort oben in der warmen Sonne saß, seine Mauleselin neben sich, seine Kardinäle rings am Fuß der Reben gelagert, dann ließ er eine Flasche Wein vom eigenen Gewächs öffnen, jenen schönen, rubinfarbenen Wein, der seitdem »Château-Neuf des Papes« heißt – und er probierte ihn in kleinen Schlucken, zärtlich seinen Weinberg betrachtend. Dann, wenn die Flasche geleert war, der Tag zur Neige ging, kehrte er fröhlich in die Stadt zurück, gefolgt von seinem ganzen Kapitel. Und wenn er über die Brücke von Avignon ritt, mitten zwischen den Tamburinspielern und den Farandolen hindurch, fiel seine Mauleselin, von der Musik angeregt, in einen zierlichen, tänzelnden Paßgang; er selbst aber markierte den Tanzschritt mit seinem Barett, was seine Kardinäle heftig Anstoß nehmen, das ganze Volk aber sagen ließ:

»Ah, der gute Fürst! Ah, der wackere Papst!«

Was der Papst nach seinem Weinberg von Château-Neuf auf der Welt am meisten liebte, war seine Mauleselin. Ganz vernarrt war der gute Mann in dieses Tier. Jeden Abend, bevor er sich zur Ruhe legte, sah er nach, ob ihr Stall gut verschlossen war, ob es in ihrer Krippe an nichts fehlte; und nie wäre er von der Tafel aufgestanden, ohne vor seinen Augen eine große Schale Wein auf französische Art zubereiten zu lassen, mit viel Zucker und Kräutern, die er ihr trotz der Einwände seiner Kardinäle selbst hintrug ... Man muß allerdings zugeben, daß das Tier die Mühe lohnte. Es war eine schöne, schwarze Maultierstute mit roten Flecken, sicherem Gang, glänzendem Fell, breiter und voller Kruppe, die ihren kleinen, mageren Kopf stolz erhoben trug, aufgezäumt mit Troddeln, Schleifen, Silberglöckchen und einem kleinen Schopf aus Bändern. Dazu war sie sanft wie ein Engel, hatte einen einfältigen Blick und zwei lange, ständig spielende Ohren, die ihr ein gutmütiges Aussehen gaben. Ganz Avignon zollte ihr Respekt, und wenn sie durch die Straßen lief, gab es keine Freundlichkeit, die man ihr nicht erwies, denn jedermann wußte, daß dies das beste Mittel war, bei Hofe gut angeschrieben zu sein, und daß mit ihrem Unschuldsblick des Papstes Mauleselin schon mehr als einem zum Glück verholfen hatte, was Tistet Védène und sein wunderbares Erlebnis beweisen.

Dieser Tistet Védène war ursprünglich ein frecher Bursche, den sein Vater, Guy Védène, der Goldschmied, von Hause fortjagen mußte, weil er nichts tun wollte und die Lehrjungen zu Ausschweifungen verleitete. Sechs Monate lang sah man ihn seine Jacke durch alle Gossen von Avignon schleifen, vor allem jedoch in der Nähe des päpstlichen Domizils, denn der Schlingel führte schon lange etwas im Schilde mit der Mauleselin des Papstes, und Sie werden sehen, daß es etwas Gerissenes war ... Eines Tages, als Seine Heiligkeit ganz allein mit seinem Tier unter den Festungswällen spazierenreitet, da spricht ihn doch mein Tistet an und sagt zu ihm, die Hände mit einem Ausdruck der Bewunderung faltend:

»Ah! mein Gott! erhabener Heiliger Vater, welch brave Mauleselin habt Ihr da! ... Erlaubt mir, daß ich sie ein wenig betrachte ... Ach! mein Papst! eine schöne Mauleselin! ... Eine solche besitzt nicht einmal der Kaiser von Deutschland!«

Und er tätschelte sie, und er sprach sanft zu ihr wie zu einem Fräulein.

»Komm, mein Schmuckstück, mein Schatz, meine köstliche Perle ...«

Und der gute Papst war ganz bewegt und sprach bei sich:

»Welch artiges kleines Bürschchen! ... Wie lieb er zu meiner Mauleselin ist!«

Und wissen Sie, was dann am folgenden Tag geschah? Tistet Védène vertauschte seine alte gelbe Jacke mit einem schönen Chorgewand aus Spitzen, einem Mäntelchen aus violetter Seide und Schnallenschuhen, und er trat in die Singschule des Papstes ein, in die man vor ihm nur Söhne von Adeligen und Neffen von Kardinälen aufgenommen hatte ... Da sieht man, was Gerissenheit ist! ... Aber Tistet blieb dabei nicht stehen.

Einmal im Dienst des Papstes, spielte der Schlingel das Spiel weiter, das ihm so gut geglückt war. Unverschämt gegen jedermann, hatte er nur Aufmerksamkeit und Freundlichkeit für die Mauleselin, und immer begegnete man ihm, wie er die Höfe des Palastes durchquerte mit einer Handvoll Hafer oder einem Büschel Süßklee, dessen rote Blütentrauben er, zum Balkon des Heiligen Vaters emporblickend, leise schüttelte, mit einem Blick, als sage er: »Hm! ... für wen ist das wohl! ...« Immer wieder und wieder, bis schließlich der gute Papst, der fühlte, daß er alt wurde, dahin kam, daß er ihm die Sorge überließ, den Stall zu beaufsichtigen und der Mauleselin ihre Schale mit Wein à la française zu bringen, was die Kardinäle nicht gerade fröhlich stimmte.

Auch die Mauleselin stimmte es wahrhaftig nicht fröhlich ... Jetzt sah sie immer, wenn es Zeit für ihren Wein war, fünf oder sechs kleine Chorknaben ankommen, die sich schnell mit ihren Mäntelchen und ihren Spitzen ins Stroh duckten. Dann, einen Augenblick danach, verbreitete sich im Stall ein herrlicher, warmer Duft von Karamel und Kräutern, und Tistet Védène erschien, behutsam eine Schale Wein à la française tragend. Dann begann das Martyrium des armen Tiers.

Diesen duftenden Wein, den sie so sehr liebte, der ihr warm machte, der ihr Flügel verlieh, ihn war man so grausam ihr dorthin zu bringen, in ihre Krippe, sie seinen Duft schnuppern zu lassen. Dann, wenn sie die Nüstern voll davon hatte, hast du nicht gesehen, weg war er! all der schöne, rotflammende Dessertwein verschwand in den Kehlen dieser Schlingel! ...

Ja, wenn sie ihr nur ihren Wein gestohlen hätten! aber das gebärdete sich wie die Teufel, diese kleinen Chorknaben, wenn sie getrunken hatten ... Der eine zog sie an den Ohren, der andere am Schwanz. Quiquet stieg ihr auf den Rücken, Béluguet probierte ihr seine Mütze auf; und keiner dieser Burschen dachte daran, daß das wackere Tier sie mit einem Stoß in die Rippen oder einem Schlag mit dem Huf alle auf den Polarstern oder noch weiter hätte befördern können ... Aber nein! man ist nicht umsonst die Mauleselin des Papstes, die Mauleselin der Segen und der Ablässe ... Mochten die Kinder sich noch so gebärden, sie wurde nicht böse. Nur an Tistet Védène wollte sie sich rächen ... Wenn sie ihn zum Beispiel hinter sich fühlte, dann juckte sie ihr Huf, und wahrhaftig, es gab allen Grund dazu. Dieser Nichtsnutz von Tistet spielte ihr so üble Streiche! Er erfand so grausame Dinge, wenn er getrunken hatte! ...

Kam er nicht eines Tages sogar auf den Einfall, sie mit sich auf den Glockenturm der Singschule steigen zu lassen, da oben, ganz da oben an der Ecke des Palastes! ... Und was ich Ihnen da erzähle, ist kein Märchen. Zweihunderttausend Provenzalen haben es gesehen. Können Sie sich das Entsetzen dieser unglückseligen Mauleselin vorstellen, als sie, nachdem sie eine ganze Stunde lang im Finstern auf einer Wendeltreppe im Kreis herumgetappt und ich weiß nicht wie viele Stufen hinaufgeklettert war, sich plötzlich auf einer vor Licht gleißenden Plattform wiederfand und tausend Fuß unter sich ein ganzes phantastisches Avignon erblickte, die Marktbuden nicht größer als Haselnüsse, die Soldaten des Papstes vor ihrer Kaserne wie rote Ameisen, und dort unten auf einem Silberfaden eine winzige Brücke, wo man tanzte und tanzte ... Ach! das arme Tier! welche Panik! Von dem Schrei, den sie darüber ausstieß, bebten alle Fensterscheiben des Palastes.

»Was ist los? Was tut man ihr an?« rief der gute Papst, auf seinen Balkon hinausstürzend.

Tistet Védène war bereits im Hof und tat so, als weine er und raufe sich die Haare.

»Ach! erhabener Heiliger Vater, was los ist! Daß

Eure Mauleselin auf den Glockenturm hinaufgestiegen ist ...«

»Ganz allein???«

»Ja, erhabener Heiliger Vater, ganz allein ... Bitte! Schaut sie Euch an, dort oben ... Seht Ihr die Spitzen ihrer Ohren, die vorlugen? ... Man möchte meinen, zwei Schwalben ...«

»Erbarmen!« rief der arme Papst, die Augen erhebend ...

»Aber dann ist sie ja verrückt geworden! Aber sie wird sich töten ... Willst du wohl herunterkommen, Elende! ...«

Ja, die Ärmste! nichts hätte sie lieber gewollt, als herunterzukommen ... Nur, wie? Über die Treppe, daran war gar nicht zu denken: das läßt sich noch hinaufsteigen, diese Dinger da, aber beim Abstieg hätte man sich hundertmal die Beine brechen müssen ... und die arme Mauleselin verzweifelte, und immer um die Plattform herumtrabend, ihre großen Augen von Schwindel erfüllt, dachte sie an Tistet Védène:

»Ah, Bandit, wenn ich heil davonkomme ... was für einen Tritt mit dem Huf, morgen früh!«

Dieser Gedanke an einen Tritt mit dem Huf machte, daß sie wieder ein wenig Mut im Leibe spürte, sonst hätte sie sich nicht mehr halten können ... Endlich gelang es, sie da oben herauszuziehen, aber das war eine umständliche Sache. Man mußte sie mit einer Winde, Seilen und einer Trage herunterlassen. Und stellen Sie sich diese Demütigung vor für die Mauleselin eines Papstes, sich in dieser Höhe hängen zu sehen, mit den Beinen im Leeren rudernd, wie ein Maikäfer am Ende eines Fadens! Und ganz Avignon, das ihr zuschaute!

Das unglückselige Tier fand darüber in der Nacht keinen Schlaf. Ihr war immer noch, als kreise sie, mit dem Gelächter der Stadt unten, um diese verwünschte Plattform; dann dachte sie an diesen gemeinen Tistet Védène und an den schönen Tritt mit dem Huf, den sie ihm am nächsten Morgen verpassen wollte. Ach, welch einen Tritt, meine Freunde! Von Pampérigouste aus sollte man es noch rauchen sehen ... Nun, während man ihm im Stall diesen schönen Empfang vorbereitete, wissen Sie, was Tistet Védène derweil tat? Auf einer päpstlichen Galeere fuhr er singend die Rhône hinunter und ging mit der Gruppe junger Adliger, die alljährlich von der Stadt an den Hof der Königin Jeanne gesandt wurden, damit sie sich in Diplomatie und feinen Sitten ausbilden sollten, an den Hof von Neapel. Tistet war nicht adlig, aber der Papst bestand darauf, ihn für die Sorgfalt die er seinem Reittier hatte angedeihen lassen, zu belohnen und vor allem für den Eifer, den er am Tage der Rettungsaktion entfaltet hatte.

Die Mauleselin wurde also am nächsten Tag bitter enttäuscht!

»Ah, der Bandit! er hat etwas geahnt! ...« dachte sie, voller Zorn ihre Schellen schüttelnd ... »Aber das macht nichts, geh nur, Bösewicht! du wirst ihn bei der Rückkehr wiederfinden, deinen Tritt mit dem Huf ... ich spare ihn dir auf!«

Und sie sparte ihn auf.

Nach der Abreise Tistets fand die Mauleselin des Papstes ihre alte ruhige Lebensweise wieder und ihre Gewohnheiten von einst. Kein Quiquet mehr im Stall, kein Béluguet. Die schönen Tage des Weins à la française waren zurückgekehrt und mit ihnen die gute Laune, die langen Siesten und der zierliche Gavotte-Schritt, wenn sie über die Brücke von Avignon ging. Doch seit ihrem Abenteuer begegnete man ihr in der Stadt immer mit ein wenig Kühle. Es gab Geflüster auf der Straße; die alten Leute zuckten mit den Achseln, die Kinder lachten und zeigten nach dem Glockenturm. Selbst der gute Papst hatte nicht mehr so viel Zutrauen zu seiner Freundin, und wenn er sich des Sonntags auf dem Rückweg von seinem Weinberg ein bißchen gehen ließ, ein kleines Nickerchen auf ihrem Rücken zu machen, dann blieb doch immer dieser Hintergedanke: »Wenn ich nun da oben auf der Plattform aufwachte!« Die Mauleselin sah das, und sie litt darunter, aber sie sagte nichts. Nur wenn man vor ihr den Namen Tistet Védènes aussprach, bebten ihre langen Ohren, und sie wetzte mit einem leisen Lächeln ihre Hufeisen auf dem Pflaster.

So vergingen sieben Jahre; dann, am Ende dieser sieben Jahre, kam Tistet Védène vom Hof in Neapel zurück. Seine Zeit dort unten war noch nicht herum, aber er hatte vernommen, daß in Avignon der oberste Senfmeister des Papstes plötzlich gestorben sei, und weil er meinte, dies sei ein guter Posten, war er mit aller Eile angekommen, um sich unter die Bewerber zu reihen.

Als dieser Intrigant von Védène den Schloßsaal betrat, hatte der Heilige Vater Mühe, ihn wiederzuerkennen, so groß und stattlich war er geworden. Es muß aber auch bemerkt werden, daß der gute Papst seinerseits alt geworden war und daß er ohne Brille nicht mehr recht sah.

Tistet ließ sich nicht beirren.

»Wie das! erhabener Heiliger Vater, Ihr erkennt mich nicht wieder? ... Ich bin es, Tistet Védène! ...«

»Védène? ...«

»Aber ja, Ihr wißt doch ... der, der Eurer Mauleselin den französischen Würzwein brachte.«

»Ah! ja ... ja ... ich erinnere mich ... Ein gutes kleines Bübchen, dieser Tistet Védène! ... Und nun, was begehrt er von Uns?«

»Oh, nicht eben viel, erhabener Heiliger Vater ... Ich wollte Euch bitten ... A propos, habt Ihr sie noch immer, Eure Mauleselin? Und es geht ihr gut? ... Ah! wie schön! ... Ich wollte Euch um den Posten des Ersten Senfmeisters bitten, der eben verstorben ist.«

»Du, Erster Senfmeister? ... Aber du bist zu jung. Wie alt bist du denn?«

»Zwanzig Jahre und zwei Monate, erlauchter Pontifex, gerade fünf Jahre älter als Eure Mauleselin ... Ah, bei Gott, das wackere Tier! ... Wenn Ihr wüßtet, wie ich diese Mauleselin geliebt habe! ... wie ich mich in Italien nach ihr gesehnt habe! ... Laßt Ihr sie mich nicht sehen?«

»Doch, mein Kind, du sollst sie sehen«, antwortete ganz bewegt der gute Papst ... »Und weil du dieses wackere Tier so sehr liebst, will ich nicht, daß du weiterhin fern von ihr lebst. Vom heutigen Tage an sollst du in deiner Eigenschaft als oberster Senfmeister mit meiner Person verbunden sein ... Meine Kardinäle werden zetern, aber mögen sie! ich bin es gewohnt ... Komm morgen am Ausgang des Vespergottesdienstes zu Uns, Wir werden dir die Zeichen deiner Würde in Gegenwart Unseres Kapitels verleihen, und dann ... werde ich dich zur Mauleselin führen, und du begleitest uns beide zum Weinberg ... Na! Na! Schon gut ...«

Ob Tistet Védène zufrieden war, als er den großen Saal verließ, mit welcher Ungeduld er die Zeremonie des nächsten Tages erwartete, das brauche ich Ihnen nicht zu sagen. Doch es gab im Palast jemanden, der noch glücklicher und noch ungeduldiger war als er: es war die Mauleselin. Von der Rückkehr Védènes an bis zum Vespergottesdienst am folgenden Tag hörte das furchtbare Tier nicht auf, sich mit Hafer vollzustopfen und mit seinen Hinterhufen gegen die Mauer auszuschlagen. Auch sie bereitete sich auf die Zeremonie vor ...

Und so hielt am nächsten Tag, als der Vespergottesdienst gelesen war, Tistet Védène seinen Einzug in den Hof des päpstlichen Schlosses. Die ganze hohe Geistlichkeit war da, die Kardinäle in roten Roben, der Advocatus Diaboli in schwarzem Samt, die Äbte des Klosters mit ihren kleinen Mitren, die Kirchenvorsteher von Saint-Agricol, die violetten Pelerinen der Singschule, der niedere Klerus ebenfalls, die Soldaten des Papstes in großer Uniform, die drei Bruderschaften der Büßer, die Einsiedler vom Mont Ventoux mit ihren wilden Mienen und der kleine Meßdiener, der hinterhergeht und das Glöckchen trägt, die Geißlerbrüder, nackt bis zum Gürtel, die blühenden Kirchendiener in richterlichen Roben, alle, alle, bis hin zu jenen, die Weihwasser sprengen, dem, der anzündet und dem, der auslöscht ... es gab nicht einen, der gefehlt hätte ... Ach, das war eine schöne Weihe! Glocken, Böllerschüsse, Sonne, Musik, und immerzu diese wilden Tamburins, die den Tanz anführten dort unten auf der Brücke von Avignon.

Als Védène inmitten der Versammlung erschien, ließen seine Stattlichkeit und sein glänzendes Aussehen ein Murmeln der Bewunderung durch die Reihen gehen. Er war ein prächtiger Provenzale, aber einer von den blonden, mit vollem Haar, das sich an den Enden lockte, und einem kleinen Flaumbart, der aus den Spänen des edlen Metalls gemacht schien, das unter dem Stichel seines Vaters, des Goldschmieds, herabfiel. Es ging das Gerücht, daß in diesem blonden Bart manchmal die Finger der Königin Jeanne gespielt hätten; und wahrhaftig, der Herr von Védène hatte das sieghafte Aussehen und den zerstreuten Blick jener Männer, die einmal von Königinnen geliebt wurden ... An jenem Tag hatte er, um seiner Nation die Ehre zu geben, seine neapolitanischen Kleider mit einem nach provenzalischer Weise rosenfarben besetzten Jackett vertauscht, und auf seiner Kappe schwankte eine große Ibisfeder aus der Camargue.

Sobald er eingetreten war, grüßte der Erste Senfmeister galant und begab sich zu der hohen Freitreppe, wo der Papst ihn erwartete, um ihm die Zeichen seiner Amtswürde zu verleihen: den Löffel aus gelbem Buchsbaum und das Safrangewand. Die Mauleselin stand unten an der Treppe, fertig aufgezäumt und bereit, nach dem Weinberg aufzubrechen ... Als er an ihr vorüberkam, zeigte Tistet Védène ein schönes Lächeln und blieb stehen, um ihr zwei oder drei kleine, freundschaftliche Klapse auf den Rücken zu geben, wobei er aus den Augenwinkeln beobachtete, ob der Papst ihn auch sähe. Die Stellung war gut ... Die Mauleselin holte aus:

»Da! Nimm, Bandit! Sieben Jahre habe ich dir das nun aufgespart!«

Und ich kann Ihnen sagen, sie versetzte ihm einen so furchtbaren Huftritt, so furchtbar, daß man sogar von Pampérigouste aus noch den Rauch davon sah, einen Wirbel von blondem Rauch, in dem eine Ibisfeder auf und ab tanzte, das war alles, was von dem unglücklichen Tistet Védène übrigblieb! ...

Für gewöhnlich sind Fußtritte von Mauleselinnen nicht so zerschmetternd. Aber dies war eine päpstliche Mauleselin; und dann, bedenken Sie! Sie hatte ihn sieben Jahre lang für ihn aufgespart ... Es gibt kein schöneres Beispiel für ekklesiastische Ranküne.

HANS JACOB CHRISTOFFEL VON GRIMMELSHAUSEN

KOmm Trost der Nacht / O Nachtigal /
Laß deine Stimm mit Freudenschall /
Auffs lieblichste erklingen :/:
Komm / komm / und lob den Schöpffer dein /
Weil andre Vöglein schlaffen seyn /
Und nicht mehr mögen singen:
  Laß dein / Stimmlein /
    Laut erschallen / dann vor allen
      Kanstu loben
Gott im Himmel hoch dort oben.

Ob schon ist hin der Sonnenschein /
Und wir im Finstern müssen seyn /
So können wir doch singen :/:
Von Gottes Güt und seiner Macht /
Weil uns kan hindern keine Nacht /
Sein Lob zu vollenbringen.

Drumb dein / Stimmlein /
Laß erschallen / dann vor allen
Kanstu loben /
Gott im Himmel hoch dort oben.

Echo, der wilde Widerhall /
Will seyn bey diesem Freudenschall /
Und laͤsset sich auch hoͤren :/:
Verweist uns alle Muͤdigkeit /
Der wir ergeben allezeit /
Lehrt uns den Schlaff bethoͤren.
Drumb dein / Stimmlein / etc.

Die Sterne / so am Himmel stehn /
Lassen sich zum Lob Gottes sehn /
Und thun ihm Ehr beweisen :/:
Auch die Eul die nicht singen kan /
Zeigt doch mit ihrem heulen an /
Daß sie Gott auch thu preisen
Drumb dein / Stimmlein / etc.

Nur her mein liebstes Voͤgelein /
Wir wollen nicht die faͤulste seyn /
Und schlaffend ligen bleiben :/:
Sondern biß daß die Morgenroͤt /
Erfreuet diese Waͤlder oͤd /
Im Lob Gottes vertreiben.
Laß dein / Stimmlein /
Laut erschallen / dann vor allen
Kanstu loben /
Gott im Himmel hoch dort oben.

Kleine Aufmerksamkeiten

EDWARD EVERETT HALE

Tante Karolinens Geschenk

Ja, wir waren wirklich verheiratet! Der Prediger hatte unsere Hände ineinander gelegt und uns den Segen der Kirche erteilt. Als er mir dann von Herzen Glück wünschte, hatte er Tränen in den Augen und küßte Elinor, die er vor zwanzig Jahren getauft hatte, mit väterlicher Liebe. Nun folgten die Verwandten und Freunde in langem Zuge, und jeder brachte seine guten Wünsche an.

Eine der ersten war Tante Karoline. Sie ist Elinors Tante, aber wir haben sie beide gleich lieb, denn eine bessere, treuere und liebevollere Tante wäre wohl schwer zu finden – niemand zur Last oder im Wege und immer zur Stelle, wenn man sie braucht.

»Lieber Felix, liebe Elinor«, sagte sie und trat zu uns heran, »die besten Glückwünsche! – mein Hochzeitsgeschenk – nun ja – es ist etwas groß und läßt sich nicht gut herumtragen; darum habe ich bestellt, daß man es gleich in euer neues Haus schafft, und wenn ihr wiederkommt, soll es euch dort erwarten und willkommen heißen. Hoffentlich wird es euch gefallen.«

»Natürlich wird es uns gefallen, liebe Tante, wir würden uns darüber freuen, und wenn es auch nur ein Stück Holz ist«, meinte Elinor und küßte und umarmte die gute Tante aufs zärtlichste. Wohl zwanzigmal während der Hochzeitsreise dachten wir an das Geschenk, zerbrachen uns den Kopf und rieten hin und her, was denn das große Ding wohl sein könne. Endlich nach vierzehn glücklichen Tagen voll Liebe und Lust fuhren wir an dem hübschen Häuschen vor, in dem wir unsere Heimstätte gründen wollten; ich hob Elinor aus dem Wagen und rief: »Willkommen daheim, mein Herz, mein süßes Leben!«

Sie küßte mich, lief voran in das Haus und sagte: »Nun werden wir es sehen!«

Ach ja! Wir sahen es nur zu bald. Brigitte hatte zu unserem Empfang das neue Wohnzimmer erleuchtet und in ihrem Enthusiasmus alle Lichter angezündet, die anzuzünden waren. Onkel Tristrams Geschenk, die große Hängelampe, brannte über dem Tisch in der Mitte. Auf jedem der bronzenen Armleuchter auf dem Kaminsims hatte sie vier rote Wachskerzen angezündet. Die Bronzeleuchter stammten vom Vetter Jotham. Auch die beiden Studierlampen gegenüber auf dem Klavier, die mir zwei Freunde verehrt hatten, waren angesteckt. Und all dieser Glanz und dieses Licht strahlte zu Ehren von Tante Karolinens Geschenk, das am andern Ende des Zimmers, der Tür gegenüber, sich sofort den Blicken des Eintretenden aufdrängte.

Es war ein wirklich entsetzliches Gemälde, eine Darstellung des Gleichnisses vom verlorenen Sohn. – Durch was für List und Schlauheit die gute Tante Karoline in den Laden gelockt worden war, gerade als ihr die tausend Dollars, die sie für Elinors Hochzeitsgeschenk bestimmt hatte, in der Tasche brannten – weiß ich nicht; durch welche freche Betrügerei es dem Verkäufer glückte, das schreckliche Machwerk an sie loszuwerden, bleibt unaufgeklärt. Genug, unser Schicksal war besiegelt!

Das Gemälde war sechs Fuß hoch und acht lang, der Rahmen enorm groß und sehr kostbar, die Komposition im höchsten Grade abgeschmackt. In der Mitte des Bildes sah man bei einem Festmahl eine Gruppe von Leuten, nämlich den »Verlorenen Sohn«, seine Eltern und andere Gäste, die seine Rückkehr mitfeiern sollten. Im Hintergrunde stand singendes Volk oben auf einer Galerie, unter derselben – jedoch fern ab von den Gästen und nur schwach beleuchtet, – sah man Tänzer und Tänzerinnen, die das Tambourin über dem Kopfe schwangen. Alles dies ging im Freien, aber unter Säulen und Bogengängen vor sich. Rechter Hand und der Absicht nach in der Ferne stand ein Mann in Hemdärmeln und fütterte die Säue mit Maiskolben. Auf der anderen Seite, als Gegenstück, sah man einen Fleischer, der einem Kalb die Kehle durchschnitt. Nach einer Andeutung, die Tante Karoline fallen ließ, muß ich annehmen, daß die glückliche Vereinigung von drei Ereignissen auf einer Leinwand sie zu dem Entschlusse gebracht hatte, das Bild zu kaufen. »Es stellt das ganze Gleichnis auf einmal dar«, sagte sie voll Begeisterung, »nicht nur einen Teil davon!«

Da hing nun das Bild, und nahm eine ganze Wand unseres Wohnzimmers ein, das wir uns so hübsch eingerichtet hatten und in dem meine liebe Elinor die meiste Zeit am Tage zubringen wollte. Wir warfen einen Blick darauf, hörten Brigittes schwärmerische Bewunderung stillschweigend an und gingen so schnell wie möglich weiter, in das Speisezimmer und von da in mein Arbeitszimmer, um alles in Augenschein zu nehmen. Hier setzte ich schließlich Elinor in meinen Lehnstuhl, holte eine Lampe aus dem Wohnzimmer und befahl Brigitte, die übrigen Lampen und Lichter auszulöschen.

So ging es aber nicht alle Tage. Wenn Leute in Geschäften zu mir kamen, konnte Elinor nicht bei mir im Zimmer bleiben. Sie war zu stolz, um sich aus ihren eigenen vier Wänden vertreiben zu lassen und kämpfte lange tapfer gegen ihre Gefühle.

»Tante Karoline hat doch gewiß nicht die Absicht gehabt, mir die Ruhe in meinem eigenen Hause zu nehmen! Warum sollte ich oben im Schlafzimmer sitzen, wenn ich ein so hübsches Wohnzimmer habe!«

Mit solchen und ähnlichen Worten sprach sich Elinor Mut ein, aber sie hatte sich zu viel Kraft zugetraut.

»Wenn ich allein wäre«, sagte sie, »so ließe es sich ertragen; ich könnte den ›Verlorenen‹« – so nannte Elinor die Vier- und Zweifüßler auf dem Bilde mit einem Sammelnamen – »den Rücken zudrehen! Sieh, hier steht mein Nähkorb und alle meine Sachen und hier mein Schreibtisch. Ich sehe gerade nach der andern Seite. Aber die Bekannten! Jeder, der mich besucht, sieht immer und immer wieder nach den ›Verlorenen‹ und ich mag tun, was ich will – die ganze Unterhaltung dreht sich um sie.«

Mit Beziehung auf das Bild konnten wir unsere Besucher in drei Klassen teilen. Da waren zuerst die offenherzigen, freimütigen Leute, die eine eigene Meinung hatten. Sie sagten – wie hätte das auch anders sein können? – daß ihnen das Gemälde außerordentlich mißfiele. Einige gingen sogar so weit, Elinor zu fragen, wie sie etwas *so* Geschmackloses um sich dulden könne. Die meisten hielten dies zwar nicht für höflich, aber nur sehr wenige besaßen genug Takt und Selbstüberwindung, um ganz zu schweigen.

Die zweite Klasse war zahlreicher; sie bestand aus Personen, die gar nichts von den schönen Künsten verstanden, aber gern belehrt sein wollten über das, was für schön galt und zu einem richtigen Urteil gehörte. Nun stand ich aber als Kunstkenner in ganz Netherstone in hohem Ansehen – ich darf das sagen, ohne mich besonders zu rühmen –, und da die Leute das Bild in meinem Hause sahen, wußten sie, daß sie es eigentlich bewundern müßten, wenn es ihnen auch vom natürlichen Standpunkt aus noch so abscheulich vorkam. Bei solchen unglücklichen Versuchen erzwungener Bewunderung mußte dann meine arme Frau die ganze Zeit über mit ihnen vor dem Scheusal stehen. Kam ich nun aus dem Geschäft zurück und fand sie halbtot vor Ermattung, so antwortete sie auf meine besorgten Fragen nur mit dem tiefen Seufzer: »Wieder die schrecklichen ›Verlorenen‹.«

Die dritte Klasse, die kleinste, aber allerunangenehmste, bestand aus solchen Besuchern, die das Bild nach allen Richtungen hin bekrittelten. Nicht viele wagten es in meinem Hause, eines meiner Gemälde durch und durch wertlos zu nennen, und kein gutes Haar daran zu lassen, aber gerade die unliebenswürdigsten unserer Bekannten taten das mit Wonne. Und so wunderlich ist die menschliche Natur geartet, daß uns dieser Tadel am allerverdrießlichsten war. Wir hatten das Gefühl, als sprächen die widerwärtigen Menschen ihn nur aus, um uns etwas Unangenehmes zu sagen, und was konnten wir ihnen erwidern? Sollten wir unsere liebe gute Tante Karoline ihrem herzlosen Spott und Gelächter preisgeben? Nimmermehr!

Die unfreundliche Kritik war ebenso schwer zu ertragen als die freundliche.

»Es ist wahrhaft fürchterlich, ganz unerträglich!« Das war der Klageruf, den ich fast täglich von meiner armen Frau zu hören bekam.

Wir hätten das Monstrum gern auf den Boden oder in den Keller geschafft, oder es im Feuerofen brennen lassen – aber wenn Tante Karoline uns einen ihrer lieben Besuche machte, was oft geschah, merkten wir wohl, daß sie ihr Geschenk, ohne viel darüber zu reden, mit so zärtlichen Blicken betrachtete und eine solche Herzensfreude daran hatte, daß meine arme Elinor sich jedesmal wieder für ihre heldenmütige Selbstüberwindung belohnt fühlte. –

Als wir alle Anstandsbesuche empfangen und erwidert hatten, machte Elinor noch zum Schluß einen zweitägigen Besuch bei einer lieben alten Freundin. Ich benutzte sogleich ihre Abwesenheit, ließ den Tapezierer kommen und schaffte die »Verlorenen« mit seiner Hilfe in das Speisezimmer. Als Tante Karoline bei ihrem nächsten Besuch das Bild nicht an seinem gewöhnlichen Platz fand, machte sie ein betrübtes Gesicht. Ich aber versicherte ihr kühnlich, daß das Licht im Speisezimmer besser sei und die Abbildung des Festmahls am besten dorthin passe. Bei dem Vertrauen, das Tante Karoline zu meinem Kunstgeschmack hatte, pflichtete sie mir natürlich bei, wenn auch mit etwas trübseliger Miene. So konnte denn meine liebe Frau bei ihrer Rückkehr die Besuche ihrer Bekannten in Ruhe genießen.

Nicht etwa, als ob Elinor und ich uns mit der Zeit an das Bild gewöhnt hätten. Das war unmöglich. Aber ich saß immer mit dem Rücken dagegen und sie rechts davon, auch hatten wir uns angewöhnt, das Zimmer zu verlassen, ohne das Bild anzusehen. Außerdem verhüllten wir es im Sommer mit einem Gazevorhang gegen die Fliegen.

Leider war aber unser Triumph nur von kurzer Dauer. – Ich gab eine kleine Mittagsgesellschaft zu Ehren des berühmten Botanikers Sir William Hartley, der sich auf der Durchreise befand. Es war gerade um Weihnachten, also keine Zeit für Fliegen. Einen unterhaltenderen Gesellschafter als unseren Gast konnte man sich nicht vorstellen, und auch die anderen Freunde, die wir eingeladen hatten, waren in liebenswürdigster Stimmung. Sir William erzählte gerade bei der Suppe eine lustige Geschichte von dem Emir von Kabul und war bis zur Pointe gekommen, als Brigitte seinen Teller wechselte, und er beim Aufblicken die Säue und den unglücklichen »Verlorenen« bemerkte.

Obgleich ein Mann von Welt, geriet er doch außer Fassung. Das Wort erstarb ihm auf der Lippe, und es dauerte mehrere Sekunden, bis er sich mit erzwungenem Lächeln wieder zu Elinor wandte, um die Unterhaltung fortzusetzen. Natürlich blickten die übrigen Gäste einer nach dem andern auch in die Höhe, um zu sehen, was ihn so versteinert hatte.

Elinor erzählte später unter Tränen, daß Sir William von jenem Augenblick an mit ihr gesprochen hätte, als wäre sie unzurechnungsfähig. Als er dann abreiste, ohne ihr auch nur einen Abschiedsbesuch zu machen, fand sie es ganz natürlich, daß er nicht noch einmal ein Haus betreten wolle, wo man solch ein Unding an der Wand hängen habe.

Zu Weihnachten reiste Elinor auf Besuch zu ihren Eltern, und der Tapezierer mußte wieder herbei. Wir schafften das abscheuliche Ding in mein Studierzimmer. Ich ließ ein Büchergestell abbrechen und an dessen Stelle die »Verlorenen« an die Wand hängen. Sie hatten da ein total falsches Licht, aber das war um so besser. Ich stellte mein Stehpult so, daß ich ihnen beim Schreiben den Rücken wandte, und meine Besucher befahl ich dem Schutz des Himmels an. –

Am Neujahrstag war Elinor zurück, und Tante Karoline, die sie begrüßt hatte, blieb bis zum zweiten Frühstück bei uns. Vor wenig Tagen hatte ich ihr erst gesagt, wie gut das Licht im Speisezimmer sei und ich hätte vor Scham in den Boden sinken mögen, als ich sah, wie sie von ihrem Platz aus – demselben, auf dem Sir William Hartley gesessen hatte – nach der Wand blickte, wo jetzt Vernets »Gideon« an Stelle der »Verlorenen« hing.

Der Ausdruck des Erstaunens in ihrem Gesicht war nicht zu verkennen, aber die gute Tante sagte nichts.

»Wir haben das Bild – dein Bild – den ›Verlorenen Sohn‹ in mein Studierzimmer geschafft, liebe Tante«, sagte ich, und fügte wie durch plötzliche Eingebung mit dem Mut der Verzweiflung hinzu: »Ich will die Kinder aus der Sonntagsschule einladen, um es anzusehen.«

Tante Karoline erwiderte zwar nichts, aber ich hoffe, sie fühlte sich nicht gekränkt.

Noch vor dem Einschlafen machte ich meine grobe Unwahrheit wieder gut, indem ich an jeden meiner Sonntagsschüler eine Einladung auf Donnerstag Abend zum Tee schrieb, – und alle kamen.

Wir unterhielten die Kinder, so gut wir konnten, und nach dem Abendbrot warf mir meine Frau einen mahnenden Blick zu, der mich zu handeln trieb.

»Möchtet ihr nicht in mein Arbeitszimmer kommen, und mein großes Bild vom ›Verlorenen Sohn‹ ansehen?«

»Jawohl! jawohl!« riefen alle im Chor.

Wir zogen über den Vorsaal in mein Studierzimmer. Das Bild war gut beleuchtet, die Kinder stellten sich davor, Herr Clarkson, der Aufseher, stand an der einen Seite, ich an der andern. Zwei der Mädchen kicherten, glaube ich; nun räusperte ich mich und begann:

»Die Darstellung ist teils realistisch, teils allegorisch. Die großen Säulen in der Mitte trennen sozusagen das Bild der Gegenwart von den Bildern der Vergangenheit. Auf dem Bilde rechts sieht man den armen verlorenen

Sohn; er ist so bleich, weil er hungrig ist, und blickt gierig nach den Träbern. Seht ihr, wie die Säue sie fressen, gerade wie es in der Bibel steht! Im Hintergrund, auf dem Bilde der Gegenwart, sieht man die Tänzer, und die Leute auf der Galerie sind die Musikanten.«

Mir war ziemlich schlecht zumute, während ich dies verwirrte Zeug sprach, und Herr Clarkson mit einem Stabe auf die Figuren deutete, die ich erwähnte.

Keins der Kinder sprach ein Wort. Das Todesschweigen, das auf der Versammlung lag, fing an, drückend zu werden, alle fühlten, daß etwas gesagt werden müsse. Auf einmal unterbrach Josef Proctor die Stille. In der Sonntagsschule weiß er nie etwas, wenn es sich um Lehren des Glaubens oder der Moral handelt, jetzt aber stieß er plötzlich heraus: »Sind denn das englische Schweine oder was für welche? Für unsere sind die Schwänze zu fest gedreht und die englischen haben doch nicht so lange Beine!«

Nicht ich, sondern Herr Clarkson gab die kühne Antwort: »Das sind Schweine von der Zucht der Edomiter.«

Die ganze Gesellschaft brach in ein helles Gelächter aus; ich weiß nicht, ob mehr wegen der Frage oder wegen der Antwort. Von einer erbaulichen Stimmung war jetzt keine Rede mehr. Ich war froh, als es neun Uhr schlug und die Kinder sich empfahlen.

Der Winter war vergangen und wir befanden uns im Monat März. Zum Glück für Elinor und mich war es ein warmer Monat, und am 10ten bemerkte ich zwei große Fliegen auf meiner Fensterscheibe. Früher hätte ich sie totgeschlagen, aber jetzt lief ich zum Leinenschrank, holte die Gaze heraus und verhüllte damit den »Verlorenen Sohn«, um ihn vor Schaden zu schützen. Nachdem ich dies mit eigener Hand getan, fühlte ich mich auf eine Zeitlang wie von einer Last befreit.

Es wäre töricht, wollte ich sagen, daß wir uns in dem Hause nicht unseres Lebens freuen konnten. Wir taten das von Herzen, aber doch verging sicherlich kein Vormittag, kein Nachmittag, noch Abend, ohne daß der »Verlorene Sohn« oder sein Vater, sein älterer Bruder oder der Fleischer, einer der Tänzer oder vielleicht eine der Säue aus dem gräßlichen Bilde trat, um unsere Freude und unseren Genuß zu stören.

Vielleicht bestärkte mich dieser Zustand der Dinge, ohne daß ich es wußte, in dem Entschluß, das Haus zu schließen, die Dienstboten zu entlassen und zum Sommeraufenthalt nach Tower Hill zu gehen. Man hat dort eine hübsche Aussicht und braucht nicht unter der Hitze zu leiden.

Die Zeit verfloß uns hier aufs angenehmste. Elinor nähte, skizzierte und las nach Herzenslust. Ich schriftstellerte fleißig, nahm jeden Morgen ein Seebad und las am Nachmittag die besten neueren Produkte der Tagesliteratur vor. So verlebten wir den Sommer in Frieden, ohne Säue und Träber, ohne bußfertige Verlorene oder eifersüchtige ältere Brüder, bis es September wurde.

Eines Morgens saßen wir nach dem Frühstück mit einigen Bekannten plaudernd auf der Veranda des Hotels, als Vanderdyke auf mich zutrat. Er gehört zu den unangenehmen Menschen, die gern schlechte Nachrichten überbringen. »Sind Sie nicht Herr Throop?« fragte er.

»Jawohl!« versetzte ich.

»Aus Netherstone?«

Ich bejahte abermals.

»Dann sind *Sie* wohl gemeint«, sagte er und deutete nicht ohne sichtliche Befriedigung auf eine telegraphische

Notiz in dem Zeitungsblatt, welches er in der Hand hielt. Sie lautete:

»Feuersbrunst in Netherstone. Ohio. Gestern zerstörte eine Feuersbrunst in Netherstone, Ohio, die Häuser der Herren Felix Throop und William Jackson. Schaden 15000 Dollars.«

Ich teilte meiner armen kleinen Frau die Unglücksbotschaft mit und wir rüsteten uns so schnell wie möglich zur Abreise. Bald darauf erhielten wir Gewißheit durch ein Telegramm von John Bradford: »Zu spät, nur wenig gerettet.«

Am Nachmittage des nächsten Tages erreichten wir Netherstone. Auf der letzten Station sah mir Elinor lächelnd ins Gesicht.

»Felix, *ein* Trost ist doch dabei«, sagte sie.

»Jawohl!« erwiderte ich.

»Wir werden die schrecklichen Schweine nie wiedersehen!«

»Nie wieder!« sagte ich, »bei allem Unglück ist doch immer noch etwas Gutes.«

Ich hatte an Bradford telegraphiert, und er empfing uns nebst anderen Freunden auf dem Bahnhof.

»Es kam so plötzlich«, meinte Bradford, »es war schon Nacht und dabei starker Nordwestwind.«

»Aber etwas wird Ihnen Freude machen, Herr Throop«, sagte Clarkson.

»Wirklich?« versetzte Elinor heiter, »was denn?«

»Als der Qualm und Rauch gerade am schlimmsten war, kam der junge Proctor, Ihr Sonntagsschüler, mit drei Gefährten herbeigelaufen. Sie setzten Leitern an, schlugen die Fenster der Studierstube ein, mit seinem eigenen Taschenmesser schnitt er das große Bild aus dem Rahmen heraus – und das ist gerettet!«

WOLFGANG HILDESHEIMER

Eine größere Anschaffung

Eines Abends saß ich im Dorfwirtshaus vor (genauer gesagt, hinter) einem Glas Bier, als ein Mann gewöhnlichen Aussehens sich neben mich setzte und mich mit gedämpft-vertraulicher Stimme fragte, ob ich eine Lokomotive kaufen wolle. Nun ist es zwar ziemlich leicht, mir etwas zu verkaufen, denn ich kann schlecht nein sagen, aber bei einer größeren Anschaffung dieser Art schien mir doch Vorsicht am Platze. Obgleich ich wenig von Lokomotiven verstehe, erkundigte ich mich nach Typ, Baujahr und Kolbenweite, um bei dem Mann den Anschein zu erwecken, als habe er es hier mit einem Experten zu tun, der nicht gewillt sei, die Katze im Sack zu kaufen. Ob ich ihm wirklich diesen Eindruck vermittelte, weiß ich nicht; jedenfalls gab er bereitwillig Auskunft und zeigte mir Ansichten, die das Objekt von vorn, von hinten und von den Seiten darstellten. Sie sah gut aus, diese Lokomotive, und ich bestellte sie, nachdem wir uns vorher über den Preis geeinigt hatten. Denn sie war bereits gebraucht, und obgleich Lokomotiven sich bekanntlich nur sehr langsam abnützen, war ich nicht gewillt, den Katalogpreis zu zahlen.

Schon in derselben Nacht wurde die Lokomotive gebracht. Vielleicht hätte ich dieser allzu kurzfristigen Lieferung entnehmen sollen, daß dem Handel etwas Anrüchiges innewohnte, aber arglos wie ich war, kam ich nicht auf die Idee. Ins Haus konnte ich die Lokomotive nicht nehmen, die Türen gestatteten es nicht, zudem wäre es wahrscheinlich unter der Last zusammengebrochen, und so mußte sie in die Garage gebracht werden, ohnehin der angemessene Platz für Fahrzeuge. Natürlich ging sie der Länge nach nur etwa halb hinein, dafür war die Höhe ausreichend; denn ich hatte in dieser Garage früher einmal meinen Fesselballon untergebracht, aber der war geplatzt.

Bald nach dieser Anschaffung besuchte mich mein Vetter. Er ist ein Mensch, der, jeglicher Spekulation und Gefühlsäußerung abhold, nur die nackten Tatsachen gelten läßt. Nichts erstaunt ihn, er weiß alles, bevor man es ihm erzählt, weiß es besser und kann alles erklären. Kurz, ein unausstehlicher Mensch. Wir begrüßten einander, und um die darauffolgende peinliche Pause zu überbrücken, begann ich: »Diese herrlichen Herbstdüfte ...« – »Welkendes Kartoffelkraut«, entgegnete er, und an sich hatte er recht. Fürs erste steckte ich es auf und schenkte mir von dem Kognak ein, den er mitgebracht hatte. Er schmeckte nach Seife, und ich gab dieser Empfindung Ausdruck. Er sagte, der Kognak habe, wie ich auf dem Etikett ersehen könne, auf den Weltausstellungen in Lüttich und Barcelona große Preise, in St. Louis gar die goldene Medaille erhalten, sei daher gut. Nachdem wir schweigend mehrere Kognaks getrunken hatten, beschloß er, bei mir zu übernachten, und ging den Wagen einstellen. Einige Minuten darauf kam er zurück und sagte mit leiser, leicht zitternder Stimme, daß in meiner Garage eine große Schnellzugslokomotive stünde. »Ich weiß«, sagte ich ruhig und nippte von meinem Kognak, »ich habe sie mir vor kurzem angeschafft.« Auf seine zaghafte Frage, ob ich öfters damit fahre, sagte ich, nein, nicht oft, nur neulich, nachts, da hätte ich eine benachbarte Bäuerin, die ein freudiges Ereignis erwartete, in die Stadt ins Krankenhaus gefahren. Sie hätte noch in derselben Nacht Zwillingen das Leben geschenkt, aber das habe wohl mit der nächtlichen Lokomotivfahrt nichts zu tun. Übrigens war das alles erlogen, aber bei solchen Gelegenheiten kann ich der Versuchung nicht widerstehen, die Wirklichkeit ein wenig zu schmücken. Ob er es geglaubt hat, weiß ich nicht, er nahm es schweigend zur Kenntnis, und es war offensichtlich, daß er sich bei mir nicht mehr wohl fühlte. Er wurde ganz einsilbig, trank noch ein Glas Kognak und verabschiedete sich. Ich habe ihn nicht mehr gesehen.

Als kurz darauf die Meldung durch die Tageszeitungen ging, daß den französischen Staatsbahnen eine Lokomotive abhanden gekommen sei (sie sei eines Nachts vom Erdboden – genauer gesagt vom Rangierbahnhof – verschwunden), wurde mir natürlich klar, daß ich das Opfer einer unlauteren Transaktion geworden war. Deshalb begegnete ich auch dem Verkäufer, als ich ihn kurz darauf im Dorfgasthaus sah, mit zurückhaltender Kühle. Bei dieser Gelegenheit wollte er mir einen Kran verkaufen, aber ich wollte mich in ein Geschäft mit ihm nicht mehr einlassen, und außerdem, was soll ich mit einem Kran?

PETER ALTENBERG

Das Hauskonzert

Ich spielte meinem Vater zum Geburtstag (mein fanatisch geliebter Lehrer Rudolf Zöllner, derzeit zweite Violine im Hofopernorchester, nachmaliger beliebtester Bürgermeister von Baden bei Wien, begleitete am Klavier) »klassische Stücke« vor, von Gluck, Haydn, Bach, Händel, was weiß ich?! Ich hatte einen süßen wunderbaren Ton, einen edelmusikalischen Ausdruck, aber Technik *Null*, nein, nicht Null, überhaupt nicht. Mein geliebter Lehrer sagte über mich: »Ein *Genie* ohne *Fähigkeiten*! Gerade das, was *dazugehört* im Leben, fehlt ihm, schade, man wird ihn nie anerkennen! *Obzwar* er *besser* ist!« Mein idealer Vater, mein rührend idealer Vater, kaufte mir infolge dieses intimen Konzerts eine echte »Peter Guarnerius« für sechshundert Kronen, die gleichsam von sich selbst sang, jauchzte, weinte, wenn man auch nur die C-dur-Skala auf ihr spielte!

Eines Tages kam mein jüngerer Bruder Georg vom Gymnasium nach Hause, während ich gerade »Kreutzer-Übungen« zu bewältigen suchte. Er sagte gelassen: »Für deine *Kratzerei* hätte auch eine ›Marktgeige‹ für vierzig Kronen genügt!«

Infolge dieses kränkenden, durch nichts motivierten Ausspruches schlug ich ihm die Peter Guarnerius, 600 Kronen, auf seinen öden Gymnasiastenschädel. Leider zersprang nicht dieser, sondern die Geige. Bei Tisch sagte mein Vater: »Na, wenn er lieber auf einer Marktgeige weiterspielt! Ich habe es ihm gut gemeint! Georg, weshalb neckst du aber auch so einen exaltierten Burschen? Lasset ihn seinen Weg gehen, er wird ihn schon finden, hoffentlich! Er ist zwar mein Sohn, aber *verantwortlich bin ich noch lange nicht.*«

HERMANN BURGER

Ferrari humanum est

Mein Freund P., dem ich diese Geschichte verdanke, Nichtautomobilist, Mitglied des Schweizerischen Tunnelbegehungsvereins, war ganz versessen darauf, einmal in seinem Leben in einem Ferrari chauffiert zu werden, und ich beschloß, ihm dieses Vergnügen zum 50. Geburtstag zu schenken. Es gelang mir, was bei dieser Marke gar nicht so leicht ist, eine Garage ausfindig zu machen, die gewillt war, uns einen dieser kostbaren Boliden zu leihen für 500,– Franken im Tag, es handelte sich um jenes Fahrzeug, das als Renommierkutsche bei Hochzeiten eingesetzt wurde, offenbar war es das höchste Glück vieler Neuvermählter, nach der kirchlichen Trauung das Motorengeheul von Maranello zu hören.

Wir fuhren also in einem feuerroten Mondial 3,2 Liter, 270 PS, Spitzengeschwindigkeit 280 km/h nach Basel, in der Tat ein Formel-I-Gefühl, Kulissenschaltung, Straßenlage eines Bügelbrettes, erstens überholte uns niemand, und zweitens gaffte uns jeder Entgegenkommende nach. In der Messestadt freilich rauchte und dampfte der reinrassige Sportwagen mit dem Symbol des ungezähmten Pferdes aus allen Ritzen und Lamellen, und es blieb uns nichts anderes übrig, als notfallmäßig auf dem ersten freien Parkfeld zu parkieren. Was nun? Es fehlte nicht an Schaulustigen. Da ich wußte, daß in Basel keine Ferrari-Vertretung ansässig war, machten wir uns per Taxi auf die Suche nach einer Garage, die sich des defekten Luxusmobils annehmen würde. Die Exkursion wurde zu einer Odyssee durch alle Außenquartiere und bis in den Rheinhafen hinunter, denn es zeigte sich leider, daß kein noch so sensibler Mechaniker bereit war, sich die Finger an einem hochexplosiven »Italiener« zu verbrennen, da dürften nur Spezialisten ran.

In tiefster Depression und völlig demoralisiert kehrten wir zum Rathausplatz zurück, wo wir zu unserer Erleichterung gewahrten, daß sich der Qualm verzogen hatte, funkelnagelneu glänzte das Rosso-Ferrari, aber unter dem Scheibenwischer klemmte ein fingerdickes Bündel Bußenzettel, kein Wunder, denn auf der Tafel stand: Parkzeit 15 Minuten. Also der Canossagang zum Polizeiposten, demütigend. P. meinte, wir müssen uns etwas ausdenken, denn die wahre Geschichte glaubt uns kein Mensch. Ich erinnerte ihn daran, daß es dem Dichter Clemens Brentano einmal gelungen sei, an einer Soirée drei verschiedene Begründungen für sein Zuspätkommen anzugeben, und daß die Leute dreimal geweint hätten. Was aber würde forsche Basler Stadtpolizisten, die bei einem 270-PS-Motor nichts als Schadenfreude empfinden, zu Tränen rühren? Der Beamte blätterte die Strafzettel auf der Theke wie Wechsel durch und fragte ganz gerührt: »Könnt ihr das überhaupt bezahlen?« Da entgegnete P.: »Nein, wir waren am Evangelischen Kirchentag und haben den letzten Rappen gespendet. Sie wissen ja schon, Brot für Brüder.« Es ist mir unvergeßlich, wie der Polizeiwachtmeister andächtig Bußenformular um Bußenformular zerriß und sagte: »Dann wollen wir Ordnungshüter nicht hintanstehen.«

Der Erfolg mußte nach dem Umparkieren des offenbar plötzlich wieder intakten Ferraris gefeiert werden, und dieses Besäufnis im »Braunen Mutz« am Barfüßerplatz dauerte bis tief in die Nacht. Als wir mit korrekt aufgeklappten Schlafscheinwerfern und angegurtet auf der Autobahn Richtung Rheinfelden fuhren, deuteten blinkende Einspurungstafeln und die rot umrandeten Decrescendi der Geschwindigkeit unmißverständlich auf das Schlimmste, was einem nach Mitternacht passieren kann: auf eine Polizeikontrolle. »Jetzt sind wir dran«, sagte ich, aber P. blieb ruhig und verkündete, er übernehme jetzt das Steuer für die weiteren Aktionen. Erstens: rechts auf den Pannenstreifen fahren. Zweitens: Warnblinker einschalten. Drittens: das Pannendreieck im vorschriftsmäßigen Abstand von 30 Metern aufstellen. Viertens: Wir verkriechen uns auf die hinteren Notsitze und warten, was passiert.

Es dauerte keine drei Minuten, bis im Rückwärtsgang ein Streifenwagen auf uns zu kam, ein weißer BMW mit orangen Signalstromlinien und Blaufunzel. Der mit Sprechfunk ausgerüstete Polizist grüßte zum offenen Fenster herein und erkundigte sich höflich, was los sei. »Es ist so, Herr Leutnant«, hub mein Freund P. an, »wir sind beide schwer betrunken.« – »Dachte ich mir's doch.« – »Ja, aber unser Chauffeur war es offenbar auch, was wir nicht wissen konnten, als wir ihn in Basel engagierten. Als er die Festbeleuchtung da vorne sah, nahm er seine Papiere an sich und haute einfach ab. Er muß irgendwo im Wald vor Rheinfelden untergetaucht sein.«

Muß ich noch ausdrücklich beifügen, daß der Uniformierte uns wohl kaum glaubte, aber rein nichts gegen uns in der Hand hatte? Bedarf es der Coda, daß wir, da ein Ferrari zu diffizil ist, um mit martialischer Brutalität abgeschleppt zu werden, zumal er gar keinen Seilhaken hat, von einem Korporal der Großkontrollbrigade vorsichtig nach Hause gefahren wurden, von einem jungen Autofreak, der wie mein Freund P. darauf versessen war, einmal in seinem Leben einen Boliden aus Maranello zu steuern? Nun, das wäre dann doch wohl eher Dichtung als Wahrheit.

ALFRED POLGAR

Später Geburtstag

An dem Zwischenfall, geboren worden zu sein, schleppt man ein Leben lang. Über ihn kommt niemand auch nur einen Tag früher als am letzten hinweg. Sich mit ihm abzufinden, damit vergeht die ganze Zeit, die hier bewilligt ist; ihn für Augenblicke zu vergessen, erscheint als die einzige Möglichkeit, seiner Konsequenzen für Augenblicke nicht tragisch bewußt zu werden. »Nicht geboren werden ist das beste«, sagt der griechische Dramatiker. Deshalb wohl hat sich der Brauch eingebürgert, über den Geburtstag, das heißt die kalendarische Wiederkunft des Tages, der das war, dem von ihm Betroffenen durch Wünsche und Gaben hinwegzuhelfen. Überwiegend durch Wünsche. »Geburtstagskind« sagen wir auch von dem alten Esel, der bereits zum x-tenmal es ist: hier wird schon im Wort das dauernd Hilflose, Ohnmächtige, Rührende der Kreatur erfaßt, das mit ihr geboren wurde und ihr anhängt wie die Haut, aus der sie nie fahren kann, ihre zeitlebens dauernde Angewiesenheit auf väterlichen Schutz, die entweder als religiöses Bedürfnis oder als Geldkomplex in Erscheinung tritt.

X-ter Geburtstag. Sehr entfernt vom Anfang, sehr genähert dem Ende! Aber solche Näherung bringt schließlich jeder Tag, nicht nur der ans Geborenwordensein erinnernde, und wenn man in ihr etwas Schlimmes sähe, müßte bereits der ganz erste, mit Null zu beziffernde Geburtstag als verhängnisvoll empfunden werden; er würde es auch gewiß, wenn in jenem Lebensstadium der Mensch schon Fähigkeit zur Beurteilung seiner Situation hätte. Die meisten kehrten gewiß sofort wieder um, ohne die Entwicklung der Dinge, in die sie ohne ihren Willen hineingeraten sind, abzuwarten.

Es ist interessant, wie sich, erschaut von solch höherem (zumindest im räumlichen Sinn höherem) Aussichtspunkt, von solchem Tag mehrere Jahrzehnte überm Meeresspiegel des Nichts, die Landschaft ringsum, die durchschrittene sowohl wie die andere, darstellt. Weit hinten das dunkle, ungeheure Massiv der nicht erlebten Vergangenheiten. Hernach ein schmaler goldener Streifen: die erste Kindheit, das Zauberland erster bewußter Wahrnehmungen, in dessen Bezirk die kranke Seele, methodisch geführt, wiederkehren muß, um zu genesen. Und dann: Nebel! Dünner Nebel, dichter Nebel, Nebel in Fetzen, Nebel in Schwaden. Große Strecken durchwanderter Zeit: eine einzige rauchfarbene amorphe Masse, Jahre, eingehüllt in undurchlässiges, zähes Grau. Hier und da aus Rissen in ihm taucht noch schwach Erkennbares auf. Etwa, wo ein Weg entscheidend sich wandte; wo eine Tränenspur, tief eingeätzt, im Sande nicht verlief; wo Erkenntnis, jäh vom Himmel herabgefallen, ein abgrundtiefes Loch in den Boden schlug. Gipfel stechen aus dem Nebelmeer, Gipfel, zu denen Liebe hinangeleitete und die (o aller Geheimnisse Geheimnis!) gar nicht da waren, ehe die Liebe auf sie führte. Auch ein paar Menschen entdeckt das scharf eingestellte Fernglas der Erinnerung, Figuren, Figürchen, die eine Strecke lang Begleitung waren dem Wanderer. Und mit Verwunderung stellt er fest, daß er die vielen Gestalten, die noch mit ihm leben, von den vielen, die schon tot sind, kaum mehr zu unterscheiden vermag. Was in Richtung Zukunft wahrzunehmen ist von so spätem Geburtstag aus, kann der Mann nicht sagen. Er hat, aus Angst, sich nicht umgedreht.

Kleines Selbstexamen zum Geburtstag:

»Nun, mein Geburtstagskind, nachdem du einen so langen Lebenskursus durchgemacht hast – keinen Tag bist du, das ist anzuerkennen, der Schule ferngeblieben –, zeig einmal, was du weißt. Also: Warum hast du dieses getan und dieses nicht? Was weißt du überhaupt von dir? Was von den anderen? Worüber bist du dir klar? Welche Zweifel haben sich in dir beruhigt?«

Keine Antwort. Verlegenes Schweigen.

»Mein Sohn, deine Erwartung, daß dir nach diesem höchst bedauerlichen Ergebnis der Prüfung nun gestattet würde, den Kursus zu wiederholen, ist trügerisch. Du bist durchgefallen, endgültig.«

Das kleine Mädchen bekam zum elften Geburtstag eine Torte mit elf Kerzen darauf. Eine liebenswürdige Sitte. Ihre Beobachtung empfiehlt sich nicht für Geburtstage, an denen schon mehr Kerzen sein müßten als Torte. Da ist es besser, die Zahl der Jahre mit Zuckerschrift, in Ziffern, auf die Schokolade zu schreiben. Aber wenn man dennoch bei den Kerzen bliebe, würden sie, angezündet, ein viel helleres Licht geben als die illuminierte Geburtstagstorte der Elfjährigen: Symbol für die mit den Jahren zunehmende Erleuchtung ... die eine der unangenehmsten Altersbeschwerden ist. Wohl dem, der sich bis in die Greisenzeit hinein seinen Narrensinn zu erhalten weiß! Wenn das Sprichwort in der Umkehrung (Sprichwörter in der Umkehrung haben meist genau so recht wie in der Originalfassung), wenn das gewendete Sprichwort auch sagt: Torheit schützt vor Alter nicht – so schützt sie doch vor dessen fataler Würde und hat überdies das Gute, daß sie, wie ein Schleier vorm Auge, den Blick in den Spiegel wohltuend trübt.

FRANK WEDEKIND

Bajazzo

Seltsam sind des Glückes Launen,
Wie kein Hirn sie noch ersann,
Daß ich meist vor lauter Staunen
Lachen nicht noch weinen kann!

Aber freilich steht auf festen
Füßen selbst der Himmel kaum,
Drum schlägt auch der Mensch am besten
Täglich seinen Purzelbaum.

Wem die Beine noch geschmeidig,
Noch die Arme schmiegsam sind,
Den stimmt Unheil auch so freudig,
Daß er's innig lieb gewinnt!

Lob der Vergänglichkeit

JOHANN WOLFGANG GOETHE

Die Jahre

Die Jahre sind allerliebste Leut:
Sie brachten gestern, sie bringen heut,
Und so verbringen wir Jüngern eben
Das allerliebste Schlaraffen-Leben.
Und dann fällt's den Jahren auf einmal ein,
Nicht mehr, wie sonst, bequem zu sein;
Wollen nicht mehr schenken, wollen nicht mehr borgen,
Sie nehmen heute, sie nehmen morgen.

ARTHUR SCHOPENHAUER

Heiterkeit und Lebensmut

Die Heiterkeit und der Lebensmut unserer Jugend beruht zum Teil darauf, daß wir, bergauf gehend, den Tod nicht sehn; weil er am Fuß der andern Seite des Berges liegt. Haben wir aber den Gipfel überschritten, dann werden wir den Tod, welchen wir bis dahin nur vom Hörensagen kannten, wirklich ansichtig, wodurch da zu derselben Zeit die Lebenskraft zu ebben beginnt, auch der Lebensmut sinkt; so daß jetzt ein trüber Ernst den jugendlichen Übermut verdrängt und auch dem Gesichte sich aufdrückt. Solange wir jung sind, man mag uns sagen, was man will, halten wir das Leben für endlos und gehn danach mit der Zeit um. Je älter wir werden, desto mehr ökonomisieren wir unsere Zeit. Denn im spätern Alter erregt jeder verlebte Tag eine Empfindung, welche der verwandt ist, die bei jedem Schritt ein zum Hochgericht geführter Delinquent hat.

Vom Standpunkte der Jugend aus gesehn, ist das Leben eine unendlich lange Zukunft; vom Standpunkte des Alters aus, eine sehr kurze Vergangenheit; so daß es anfangs sich uns darstellt wie die Dinge, wann wir das Objektivglas des Opernkuckers ans Auge legen, zuletzt aber wie wann das Okular. Man muß alt geworden sein, also lange gelebt haben, um zu erkennen, wie kurz das Leben ist. – Je älter man wird, desto kleiner erscheinen die menschlichen Dinge samt und sonders: das Leben, welches in der Jugend als fest und stabil vor uns stand, zeigt sich uns jetzt als die rasche Flucht emphemerer Erscheinungen: die Nichtigkeit des Ganzen tritt hervor. – Die Zeit selbst hat in unserer Jugend einen viel langsameren Schritt; daher das erste Viertel unseres Lebens nicht nur das glücklichste, sondern auch das längste ist, so daß es viel mehr Erinnerungen zurückläßt, und jeder, wenn es darauf ankäme, aus demselben mehr zu erzählen wissen würde, als aus zweien der folgenden. Sogar werden, wie im Frühling des Jahres, so auch in dem des Lebens, die Tage zuletzt von einer lästigen Länge. Im Herbste beider werden sie kurz, aber heiterer und beständiger.

THEODOR FONTANE

Überlaß es der Zeit

Erscheint dir etwas unerhört,
Bist du tiefsten Herzens empört,
Bäume nicht auf, versuch's nicht mit Streit,
Berühr es nicht, überlaß es der Zeit.
Am ersten Tag wirst du feige dich schelten,
Am zweiten läßt du dein Schweigen schon gelten,
Am dritten hast du's überwunden;
Alles ist wichtig nur auf Stunden,
Ärger ist Zehrer und Lebensvergifter,
Zeit ist Balsam und Friedensstifter.

GEORG BRITTING

Der Geheimrat Zet

Der Leiter eines großen Unternehmens, der Geheimrat Zet, ein behäbiger Sechziger mit großem rundem Gesicht, stattlich und breitschultrig, ein Mann, zu dem der schwarze Schoßrock und der hohe, steife Hut gut paßten, hatte nicht nur zu planen und zu werken hinterm Schreibtisch, ihm oblag auch, wie sich das versteht, die Pflicht, bei feierlichen Anlässen, traurigen und heiteren, Ansprachen zu halten, das Wort zu ergreifen, wie die Zeitungen hernach in ihren Berichten zu schreiben pflegten. Am häufigsten traf es sich, daß er bei Beerdigungen ein paar teilnahmsvolle Sätze zu sprechen, einen großen Kranz mit schwarzen, wehenden Flügelschleifen am Grab niederzulegen hatte.

Wenn das Wetter gar zu schlecht war, wenn vom Himmel der Regen niederfiel in ein offenes Grab, und um das Grab standen viele schwarze Männer und Frauen und hatten viele schwarze Schirme aufgespannt, auf die der Regen trommelte – so waren sie immerhin vor der schlimmsten Nässe geschützt, nur in das Grab fiel der Regen ungehindert – wenn das Wetter dann also gar zu schlecht war, und er hatte seine kleine Rede gehalten, der Geheimrat Zet, und hatte seinen großen Kranz niedergelegt, und war wieder zurückgetreten in den Kreis der Trauergäste, so verstand er es vortrefflich, jede Gelegenheit wahrzunehmen, sich in die zweite und dritte Reihe der Zuschauer zu schieben, unmerklich, ganz wie zufällig, bis er der hinterste und allerletzte Mann war und nur mehr schwarze Rücken vor sich sah. Dann wandte er sich, dann ging er mit raschen, freien Schritten durch die Gassen der fröstelnd nassen Grabsteine, dahin zwischen weißen Marmorengeln und gelben Säulen, zum Friedhofsausgang, stieg in seinen Wagen, setzte sich in den Polstern zurecht, und fand es doppelt warm und gemütlich mit seinem Dach über sich, wenn er sich erinnerte, daß noch immer viele schwarze, nasse Schirme über einem offenen Grab schwankten.

Diese Geschicklichkeit, vor Beendigung von Feierlichkeiten sich davon zu schleichen, und das brauchten nicht immer nur Beerdigungen zu sein, und es brauchte auch nicht immer gerade zu regnen, bildete er immer kunstvoller aus, und die am nächsten Beteiligten, die trauernden und die jubelnden, merkten fast nie seine frühe Flucht. Die merkten nur Männer in wichtigen, öffentlichen Stellungen, die, wie er auch, gezwungen waren, viele Freudenfeste und Trauerversammlungen mitzumachen – die merkten es, mit Mißbilligung manche, die neidisch waren auf diese seine füchsische Gabe, andere mit Freude über seine Schlauheit, die sie bewunderten.

Aber dann kam einmal der Tag, da schwankten wieder viele schwarze Schirme über einem offenen Grab, und im offenen Grab und vernagelten Sarg lag der Geheimrat Zet, weit über die Siebzig nun, und sein Gesicht war noch rund, aber nicht mehr rot wie ehedem, und er lag im Sarg, wie wir alle einmal im Sarg liegen werden. Der Regen fiel, unter den Schuhen der Trauergäste platschte der klebrige Lehm und schrie auf, wenn der Schuh sich hob, schrie boshaft auf, weil er den Schuh loslassen mußte, und Reden wurden gehalten, kurze und lange, gute und schlechte, und Kränze häuften sich über dem Grab, und die Feier nahm kein Ende, und wenn ein Windstoß ging, fand der Regen trotz der Schirme seinen Weg in die Gesichter.

Einer, der oft den lebenden Geheimrat Zet hatte in solcher Stunde fuchsschlau entwischen sehen, einer, der den großen, schweren Mann gern gehabt hatte, legte die Hand im schwarzen Leder vor den Mund und flüsterte lächelnd und mit einem sonderbaren Zucken um die Augen seinem Nachbarn mit einem Kopfnicken auf das offene Grab hin zu: »Heut muß er aber bis zuletzt da bleiben!«

Wahrhaftig, heut blieb er bis zuletzt, der Geheimrat Zet, trotz der vielen Reden und des vielen Regens, aber ein guter Sarg ist besser als der beste Schirm, und Regen und Reden gleiten von ihm ab.

FERDINAND RAIMUND

Das Hobellied

Da streiten sich die Leut herum
Oft um den Wert des Glücks,
Der eine heißt den andern dumm,
Am End weiß keiner nix.
Da ist der allerärmste Mann
Dem andern viel zu reich.
Das Schicksal setzt den Hobel an
Und hobelt s' beide gleich.

Die Jugend will halt stets mit Gwalt
In allem glücklich sein,
Doch wird man nur ein bissel alt,
Da find man sich schon drein.
Oft zankt mein Weib mit mir, o Graus!
Das bringt mich nicht in Wut.
Da klopf ich meinen Hobel aus
Und denk, du brummst mir gut.

Zeigt sich der Tod einst mit Verlaub
Und zupft mich: Brüderl, kumm!
Da stell ich mich im Anfang taub
Und schau mich gar nicht um.
Doch sagt er: Lieber Valentin!
Mach keine Umständ! Geh!
Da leg ich meinen Hobel hin
Und sag der Welt Adje.

JAKOB WASSERMANN

Die Kaunzin

Die Kaunzin wohnt auf dem so benannten Sattel, der Paßhöhe zwischen den beiden Seen, im ansehnlichsten von fünf oder sechs kleinen Bauerngehöften, deren Häuser von weitem mit ihren grauen Schindeldächern und grauen Holzwänden wie heruntergestürzte Felsen aussehen; die Scheunen unterscheiden sich von den anderen Gebäuden nur durch das Fehlen der weißgegipsten Schornsteine. Der Paß ist eine riesige Wiesenmulde; betritt man sie aus der schluchtartigen Verengung, so hat die Welt plötzlich einen großgespannten Himmel, wenigstens in der Schrittrichtung, erst überm Tal drüben beginnt wieder Kuppel um Kuppel aufzusteigen, bis schließlich Felsenwände in blauer Ferne den Horizont von neuem vermauern. Zu beiden Seiten aber erheben sich die Hänge gleichmäßig schroff, links kahl zum steinigen Gipfel, rechts vom ewig schwarzen Wald bestanden.

Vor einigen Monaten hat die Kaunzin ihren fünfundneunzigsten Geburtstag gefeiert. Sie spricht von ihren Jahren mit Gelassenheit, aber wenn andere Leute sich anerkennend darüber äußern, nickt sie mit einer Art von Stolz und scheint nicht gesonnen, sich das Verdienstliche ihrer Leistung streitig machen zu lassen. Es ist, als wäre sie stolz auf ihren Körper, auf die Arme und Schultern, daß sie getragen haben, was sie getragen haben, auf die Augen, daß sie gesehen haben, was sie gesehen haben, und dabei immer noch hell und freundlich blicken, auf die Füße, die so viele Wege gegangen sind, freilich nur in dieser einen engen Landschaft, bergan, bergab, talwärts, dorfwärts, waldwärts, pflügend, säend, mähend.

Sie hat Kinder, Enkel und Urenkel. Viele sind gestorben. Fast in jedem Jahr einmal ist der Tod erschienen und hat sich einen geholt. Der letzte, den er rief, war ihr Mann, der ist nur sechsundachtzig geworden, wie sie mit einem Ton zwischen Bedauern und Geringschätzung bemerkt. Auch in den Nachbargebieten war ein beständiges Sterben, Jahr für Jahr. Vieh ist aufgewachsen, Jahr für Jahr, und ist weggeführt oder geschlagen worden, Jahr für Jahr. Unzähligemal ist es Frühling und Sommer geworden, unzähligemal Winter mit lang liegendem Schnee bis an die Fenstersimse. Der Föhnsturm ist ihr vertraut, das Brechen des Gehölzes in der Nacht, das dumpfe Gedröhn der Lawinen, das heftige Schlittern der Frühlingswässer. Sie kennt das Tauwettergewölk, die verschiedenen Färbungen, die das kalkige Gestein der Berge vor Regenzeit annimmt, sie weiß, was die Nebel zu bedeuten haben, die am Morgen aus dem östlichen und westlichen Talkessel steigen. Sie hat gewaltige Bäume noch als schlanke Reiser gesehen und ist im Unterland gewesen, als man noch mit der kaiserlichen Pferdepost über schwierige Straßen fuhr.

Sie muß einmal schön gewesen sein, die Gestalt zierlich und ebenmäßig. Noch heute, wo das Fleisch verdorrt ist und die Gelenke ihre Biegsamkeit verloren haben, bewegt sie sich mit einer eigenen tönernen Grazie, befremdend an einer Bäuerin, aus dem klein und hager gewordenen Gesicht mit dem spitzen Kinn und der bräunlich gegerbten Haut schauen adlerhaft ruhige Augen, unbeirrbar wie die Natur und wohl imstande, zu unterscheiden, ob du mit guten oder bösen Gedanken über die Schwelle trittst. Im Sommer kommen manchmal Städter und Städterinnen, die von ihr gehört haben und sie besuchen wollen; sie bilden sich ein, daß sie es aus Pietät tun, während sie nur schaulustig sind und ihre spaziergängerische Neugier unter lächelnder Herablassung schlecht verbergen. Höflich begrüßt sie die Zudringlichen, mit höflicher Geduld hört sie den unverständigen Reden zu, denn sie erwartet nicht viel von denen, die von da unten kommen, aus einem törichten Leben, aus einer unbegreiflichen Welt. Nein, sie versteht nichts von der Welt der Sommerleute, wo man in regelmäßigen Zeitabständen aus unbekanntem Grund gegen unbekannte Völker blutige Kriege führt, in die auch die jungen Burschen von hier oben ziehen müssen, um entweder gar nicht oder als unbrauchbare Krüppel wiederzukehren; wo man dem Kaiser die Krone wegnimmt, den Grafen und Baronen ihre Schlösser; wo die Weiber alle Jahre andere Männer heiraten, weshalb auch in den ungeheuren Steinhäusern, drin sie zu Hunderten leben, ihres Bleibens nie lange ist, beständig müssen sie sich mit all ihrer Sach von einem ins andere schleppen. Es ist ein ruheloses Wesen; sie hat es mit angesehen; sie war einmal in Wien; vor fünfundfünfzig Jahren hat sie die Fürstin zur Hochzeit ihrer Tochter eingeladen, es war eine große Ehrung für sie. Der Fürst ist wie der Herr hier herum; drüben auf dem Backenstein hat er die Gemsenjagd, er ist oft zur Kaunzin gekommen, nicht anders als wie man zur Nachbarin geht, im Vorüberwandern, hat von der Ernte geredet, von den Steuern, vom einreißenden Unglauben und daß die Sommer mit jedem Jahr regnerischer werden, worüber man eben spricht. Bisweilen haben ihn auch die Frau Fürstin und die jungen Herrschaften begleitet, gnädig gesinnt alle; wenn sie auf der Wiese mit vielem Scherz und Schwatz den Kaffee gekocht hatten, riefen sie die Kinder aus den Gehöften zusammen und verteilten Kuchen unter sie. Seitdem ist ein halbes Jahrhundert vergangen, Fürst und Fürstin sind längst in der Erde, Sohn und Sohnessohn sind auf sie gefolgt, aber es ist nicht mehr dasselbe.

Von jenem Aufenthalt in Wien erzählt sie nicht ungern, nicht weil sie im Hause der Fürstin gewohnt hat und in ihrer urtümlichen Tracht unter den Gästen hat weilen dürfen. Fürstin oder nicht Fürstin, das gibt keinen Ausschlag, da ist in ihrem Gemüt ein gleich und gleich; aber trotz der Kürze der Zeit, fünf Tage im ganzen, ist es in der Erinnerung etwas Mächtiges, vor allem eine Fülle von Rätseln, deren Lösung ihr niemals gelungen ist, trotzdem sie in vielen langen Winternächten unablässig darüber gegrübelt hat. Man hat sie in die Oper und die Gemäldegalerie geführt, sie war beim Hochamt im Dom, beim Blumenkorso im Prater gewesen, wenn sie davon sprach, schimmerte in ihren einfachen Worten etwas auf wie Marmor und Gold, Fahnen und Lichterglanz; ein Märchen; doch mit der fragenden Zaghaftigkeit (als müsse sie von geheimnisvoll Sündigem berichten), mit der sie heute die Bilder aus der Vergangenheit hebt, mit dem leisen, zweifelnden Kopfschütteln und dem tiefen, unerklärlichen Argwohn in den Augen mag sie auch damals, was Gegenwart war, aufgenommen haben. Das ist von solchen Menschen untrennbar: was sie leben, darf sich nicht entfernen von dem, was sie sind, sonst wird ihnen alles, unter Umständen die ganze Welt, zur Gaukelei. Zehn Jahre später war sie einmal mit ihrer Schwiegertochter auf einem Jahrmarkt im Ennstal; und so wie sie vom Palast des Fürsten, dem Hochzeitsprunk und den Wundern der großen Stadt erzählt, mit genau demselben Tonfall und schüchtern-ratlosem Lächeln erzählt sie von dem Seiltänzer und seinen buntgekleideten Affen, die sie auf dem Jahrmarkt gesehen. Es war irgend etwas von Lüge und Schein dabei, das eine und das andere Mal, so findet sie vermutlich, ohne daß sie sich Rechenschaft davon zu geben vermag. Jedenfalls ist es lang her; nichts aus ihrem Leben liegt in einer geschlossenen Zeit, und wenn sie auf ein Ereignis zu reden kommt, sagt sie etwa: das war in dem Jahr, wo der große Brand in der Kainisch war; oder: das war damals, als der Felssturz in der Gosau geschah.

Ihr Bett ist ein Brettergestell, kein bequemer Sessel steht in ihrer Stube, sie sitzt auf einer Bank, den Rücken gerade. Wenn der Knecht oder die Magd den Raum betreten, schaut sie sie eine Sekunde lang aufmerksam an und weiß, von welcher Arbeit sie kommen. Sie hat nicht nötig, zu fragen, wenn eine Kuh krank geworden ist, sie sieht es an der Miene des Sohnes; hat der Geier eine Henne geholt, so braucht sie nur ein gewisses Hin- und Herreden von draußen zu hören, da ruft sie schon die Schwiegertochter und läßt sich von der Mürrischen berichten, wie das Unglück vor sich gegangen ist. Nicht anders als vor sechzig und vor siebzig Jahren wacht sie über das Feuer und das Licht, und wenn eines von den Weibern in der Nachbarschaft vor der schweren Stunde steht, erteilt sie mit dürrer Deutlichkeit ihre Ratschläge. Eines Tages mischte sich bei solcher Gelegenheit eine Sechzigjährige mit ein wenig zu großem Eifer, obschon zustimmend, ins Gespräch. Die Kaunzin sah sie groß verwundert an und sagte verweisend, als hätte sie ein zwanzigjähriges Mädchen vor sich, so junge Personen seien nicht befugt, ihre Erfahrungen mit dem nämlichen Gewicht zu wiegen wie eine alte.

Die, in deren Mitte sie lebt, Söhne, Töchter, Urenkel, Erwachsene und Kinder, Greise und junges Volk, sie lieben sie nicht, sie hegen auch keine Ehrfurcht für sie und ihre Jahre. Es dünkt ihnen keines Aufhebens wert, daß die Neunzigerin noch immer wie seit Menschengedenken und Abergedenken mit ihnen ihre Feste feiert, ihr Tagewerk zählt, ihr Brot verzehrt und ihre Stuben bewohnt. Eher könnte man sagen, daß sie ihnen im Wege ist. Sie verrichten schwere Arbeit; dem armen Boden dahier das bloße Gras abzuringen, ist schwer und sorgenvoll. Die Alte schafft nicht mehr. Warum soll einer, der nicht mehr schafft, feiern und essen? Für ihn ist es gut und ratsam, zu sterben. Das sind die Gedanken, mit denen sie herumgehen.

Und alle warten auf ihren Tod. Sie wünschen ihn nicht, weit davon, aber sie finden, es gehört sich, daß sie stirbt, denn sie kann es nicht rechtfertigen, daß sie lebt. Am Abend, wenn alle um den Tisch hocken und die Milchsuppe aus der Schüssel löffeln, fällt zuweilen ein scheuer, dunkler Blick auf die Alte, die Uralte, und fragt: Nun, was ist mit dir, willst du denn ewig leben?

Sie aber, kerzengerade sitzend, das kleine Köpfchen auf dem ledernen Hals, mit dem adlerhaften Blick bald den, bald den ins Auge fassend, kümmert sich weder um ihre Gedanken noch um ihre Mienen, obschon sie vielleicht die dumpfe Auflehnung und das schweigende Staunen darin empfindet. Zwischen ihr und dem Tod besteht eine wunderliche Beziehung, ungefähr wie zu einem vornehmen und mächtigen Herrn, den man durch freundliches Wohlverhalten nachsichtig gestimmt hat. Man hat sich nicht feig vor ihm geduckt, man hat sich nicht frech gegen ihn vermessen. Man hat sich seiner manchmal ein wenig erwehren müssen, in aller Artigkeit und Zucht, aber man hat sich dadurch in Respekt bei ihm gesetzt. Sie hat nicht das Gefühl von schreckensvoller Majestät, wenn sie seinen Namen hört und von seinem Tun vernimmt; sie glaubt nicht an seine Furchtbarkeit, sie weiß, daß sie sich friedlich mit ihm einigen und daß er genau zu der Stunde bei ihr erscheinen wird, zu der jeder von ihnen beiden den anderen braucht.

FRIEDRICH HÖLDERLIN

Ehmals und jetzt

In jüngern Tagen war ich des Morgens froh,
Des Abends weint ich; jetzt, da ich älter bin,
Beginn ich zweifelnd meinen Tag, doch
Heilig und heiter ist mir sein Ende.

OVID

Philemon und Baucis

Endlos ist der Unsterblichen Macht, ohne Grenze und ewig
Dauert sie fort; was die Götter je wollten, ist schon vollendet.
Um nun dem Zweifel zu wehren; nah steht einer Linde die Eiche
Dort auf Phrygiens Höhn, von mäßiger Mauer umgeben.
Selber erblickt' ich den Ort; dorthin entsandte mich Pittheus,
Wo einst Pelops beherrscht, sein Vater, als König die Lande.
Dort liegt nahe ein See, bewohnte Erde vorzeiten,
Nunmehr ein sumpfiges Moor, belebt von Tauchern und Hühnern.
Jupiter kam in Menschengestalt, und es folgte dem Vater
Dort mit dem Stab der Enkel des Atlas, doch ohne die Flügel.
Tausend Gehöfte besuchten sie da und erbaten sich Obdach,
Tausend verschlossen ihr Tor, ein einziges Häuschen empfing sie,
Klein ist's gewesen, mit Stroh nur gedeckt und mit Halmen vom Schilfrohr,
Aber darin schloß Baucis und, gleich ihr an Jahren, Philemon
Einst in der Jugend den frommen Bund, in eben der Hütte

Wurden sie Greise zugleich, weil die Armut sie offen bekannten,
Machten sie diese sich leicht und ertrugen sie ruhigen Herzens.
Ob du nach Dienern, nach Herrren dort suchtest, das machte nichts aus: denn
Zwei nur sind da das Haus: sie befehlen zugleich und gehorchen.
Als nun die Himmelsbewohner die kleine Hütte erreichten
Und mit dem Haupte gebeugt durch die niedere Türe getreten,
Heißt sie der Greis auf der Bank, die er hinschob, der Ruhe zu pflegen.
Rasch noch warf eine Decke darüber die emsige Baucis,
Stößt auf dem Herd auseinander die warme Asche, entblößt dann
Gluten von gestern und nährt sie mit Blättern und trockener Rinde;
Drauf mit dem keuchenden Atem entfacht sie diese zur Flamme,
Holt nun vom Boden gespaltenen Kien und trockenes Astwerk,
Bricht es entzwei und schiebt es unter den winzigen Kessel.
Kohl, den der Gatte geholt aus sorgsam bewässertem Garten,
Putzt sie fein ab; er hebt mit der doppelzinkigen Gabel
Hoch vom schwarzen Gebälk des Schweines geräucherten Rücken.
Lange verschonte er ihn: nun schneidet ein Stück er vom Fleische,

Freilich ein kleines, und kocht es recht weich im siedenden Wasser.
Aber die Stunden verkürzen sie nun mit heitren Gesprächen,
Schütteln das Polster jetzt auf – es füllt nur Schilfrohr vom Flusse –,
Das auf dem Bette gelegen aus weidenem Rahmen und Füßen.
Teppiche legten sie über die Bank, die an festlichen Tagen
Selten nur wurden gebreitet, auch sie aus billigem Tuch und
Alt schon: sie paßten durchaus in der Art zur weidenen Bettbank.
Hier nun ruhten die Götter. Geschürzt und mit zitternden Händen
Setzte die Alte den Tisch: ein Fuß von dreien war kürzer.
Doch man gleicht mit dem Steine das aus: man schiebt ihn darunter,
Eben schon ist der Tisch. Sie reiben die Platte mit Minzen,
Legen darauf zweifärbige Früchte der Jungfrau Athene,
Herbstliche Kirschen dazu, die in klarem Safte bewahrt sind,
Rettich, Endivien auch und Stücke geronnener Kuhmilch,
Eier, nur leichthin gewälzt in der milden, nicht glühenden Asche,
Alles auf irdnem Geschirr. Sie stellen daneben den Mischkrug,
Der aus dem nämlichen »Silber« geformt, und Becher, gemacht aus

Buche und innen im Bauch verklebt mit gelblichem Wachse.
Wenig später, da sendet die warmen Speisen der Herd schon.
Wieder kredenzt man denselben Wein von neuester Lese.
Schob ihn ein wenig zur Seite, um Platz für den Nachtisch zu haben.
Nüsse und karische Feigen, gemischt mit der runzligen Dattel,
Pflaumen und duftende Äpfel, in offenen Körben geboten,
Saftige Trauben dazu, von purpurner Rebe gesammelt,
Ringsum Waben mit glänzendem Honig. Aber als bestes
Freundliche Mienen der Wirte und gerne gebender Wille.
Doch sie bemerkten indes, wie der Krug, sooft man ihn leerte,
Immer von neuem sich füllt und von sich aus das Glas wieder voll war.
Über das Wunder erstaunt, voll Angst, mit erhobenen Händen
Stammelt Gebete die Alte, Gebete noch zitternd Philemon,
Bitten um Gnade dafür, daß das Mahl nur in Eile bereitet.
Jetzt – da gab es im Haus eine Gans, zur Wache der Hütte,
Diese wollten die Hausherrn den himmlischen Gästen nun schlachten.
Schnell mit den Flügeln, ermüdet das Tier die erlahmenden Alten,
Spottet ihrer im Spiel und schien sich zuletzt zu den Göttern

Selber zu flüchten. Da wehrten die Himmlischen, diese zu töten.
»Götter sind wir!« so sprachen sie jetzt, »doch die ruchlosen Nachbarn
Werden es büßen, wie's ihnen gebührt; ihr sollt von dem Unglück
Aber bewahrt sein. Auf, verlaßt sogleich nun die Hütte,
Folgt nur unserem Schritt und hinauf zur Höhe des Berges
Wandert mit uns!« Die beiden gehorchen; gestützt auf die Stöcke
Streben sie sich, den lang ansteigenden Berg zu erklimmen.
Nur mehr so weit, als ein Pfeilschuß reicht, sind entfernt sie vom höchsten
Gipfel: da blicken sie um – und alles im Sumpfe versunken
Sehen sie da ringsum. Ihre Hütte allein war noch übrig.
Während sie staunen darob und das Schicksal der Ihren beweinen,
Wandelt die alte Hütte, die kaum zwei Leuten genügt hat,
Plötzlich zum Tempel sich um: die Stützen werden zu Säulen.
Goldgelb erglänzt das Stroh, und das Dach erstrahlt schon im Golde,
Kunstvoll mit Bildern geschmückt sind die Tore, von Marmor der Boden.
Jupiter also begann und sprach mit gnädiger Stimme:
»Sagt mir nun, redlicher Greis und eines redlichen Gatten
Werte Gemahlin, was wünscht Ihr?« Mit Baucis sprach nun Philemon

Weniges nur und eröffnet dem Gott die gemeinsame
Bitte:
»Eure Priester zu sein und eure Tempel zu hüten,
Bitten wir euch, und da wir in Eintracht die Jahre
verbrachten,
Nehme dieselbe Stunde uns fort: ich möge der Gattin
Grab nie schauen, noch möge im Grab sie je mich
bestatten.«
Was sie erbaten, es wurde erfüllt. Sie wurden des
Tempels
Hüter, solange sie lebten; erschöpft von den Jahren des
Alters,
Hatten sie einst das Schicksal des Orts vor den heiligen
Stufen
Wieder besprochen; da sahen zugleich Philemon und
Baucis,
Wie sich des anderen Leib mit grünenden Blättern
umkleidet.
Als über beider Gesicht schon wuchsen die Wipfel der
Bäume,
Sprachen sie noch, solang es vergönnt, zueinander die
Worte:
»Gatte, leb wohl!« Zugleich mit dem Ruf verhüllten ihr
Antlitz
Zweige und Laub. Dort zeigt der heimische Bauer noch
heute
Stamm neben Stamme sich nah, aus den beiden Körpern
gewachsen.

THEODOR FONTANE

Ja, das möcht ich noch erleben

Eigentlich ist mir alles gleich,
Der eine wird arm, der andre wird reich,
Aber mit Bismarck – was wird das noch geben?
Das mit Bismarck, das möcht ich noch erleben.

Eigentlich ist alles soso,
Heute traurig, morgen froh,
Frühling, Sommer, Herbst und Winter,
Ach, es ist nicht viel dahinter.
Aber mein Enkel, so viel ist richtig,
Wird mit nächstem vorschulpflichtig,
Und in etwa vierzehn Tagen
Wird er eine Mappe tragen,
Löschblätter will ich ins Heft ihm kleben –
Ja, das möcht ich noch erleben.

Eigentlich ist alles nichts,
Heute hälts, und morgen brichts,
Hin stirbt alles, ganz geringe
Wird der Wert der ird'schen Dinge;
Doch wie tief herabgestimmt
Auch das Wünschen Abschied nimmt,
Immer klingt es noch daneben:
Ja, das möcht ich noch erleben.

»Die Jahre nahmen dir, du sagst, so vieles:
Die eigentliche Lust des Sinnespieles,
Erinnerung des allerliebsten Tandes
Von gestern weit- und breiten Landes
Durchschweifen frommt nicht mehr; selbst nicht von
oben
Der Ehren anerkannte Zier, das Loben,
Erfreulich sonst. Aus eignem Tun Behagen
Quillt nicht mehr auf, dir fehlt ein dreistes Wagen!
Nun wüßt ich nicht was dir Besondres bliebe?«

Mir bleibt genug! Es bleibt Idee und Liebe!

Verzeichnis der Autoren, Texte und Quellen

PETER ALTENBERG (d. i. Richard Engländer, 1859–1919)

Die Kinderzeit 41

P. A.: Sonnenuntergang im Prater. 55 Prosastücke. Ausw. und Nachw. von Hans Dieter Schäfer. Stuttgart: Reclam, 1968 [u. ö.]. (Universal-Bibliothek. 8560.) S. 68–71.

Das Hauskonzert 273

Das große Peter Altenberg Buch. Hrsg. und Nachw. von Werner J. Schweiger. Wien/Hamburg: Zsolnay, 1977. S. 28.

BERTHOLD AUERBACH (d. i. Moses Baruch Auerbacher, 1812–1882)

Hausruhm 238

B. A.: Gesammelte Schriften. Bd. 17: Schatzkästlein des Gevattersmanns I. Stuttgart/Augsburg: Cotta, 1858. S. 166.

HEINRICH BÖLL (1917–1985)

Anekdote zur Senkung der Arbeitsmoral 208

H. B.: Werke. Romane und Erzählungen 3. 1961–1971. Hrsg. von Bernd Balzer. Köln: Kiepenheuer & Witsch, 1977, 1987. S. 312–314. – © 1977, 1987 Verlag Kiepenheuer & Witsch, Köln.
Auch in: Deutsche Anekdoten. Hrsg. von Jürgen Hein. Stuttgart: Reclam, 1976. (Universal-Bibliothek. 9825.) S. 317–320.

LUDWIG BÖRNE (d. i. Löb Baruch, 1786–1837)

Über das Schmollen der Weiber 64

L. B.: Monographie der deutschen Postschnecke. Skizzen, Aufsätze, Reisebilder. Ausw. und Nachw. von Jost Hermand. Stuttgart: Reclam, 1967 [u. ö.]. (Universal-Bibliothek. 11.) S. 112–116.

BERTOLT BRECHT (1898–1956)

Der Blumengarten 15

B. B.: Werke. Große kommentierte Berliner und Frankfurter Ausgabe. Hrsg. von Werner Hecht, Jan Knopf, Werner Mittenzwei und Klaus-Detlef Müller. Bd. 12: Gedichte 2. Sammlungen 1938–1956. Berlin/Weimar: Aufbau Verlag; Frankfurt a. M.: Suhrkamp, 1988. S. 307. – © 1988 Suhrkamp Verlag, Frankfurt am Main.

Fröhlich vom Fleisch zu essen 195

B. B.: Gesammelte Werke in 20 Bänden. Hrsg. vom Suhrkamp Verlag in Zsarb. mit Elisabeth Hauptmann. Bd. 10: Gedichte 3. Frankfurt a. M.: Suhrkamp, 1967. S. 1031. – © 1967 Suhrkamp Verlag, Frankfurt am Main.

Herrn K.s Lieblingstier 231

B. B.: Gesammelte Werke [...]. Bd. 12: Prosa 2. Frankfurt a. M.: Suhrkamp, 1967. S. 387 f. – © 1967 Suhrkamp Verlag, Frankfurt am Main.

GOTTFRIED AUGUST BÜRGER (1747–1794)

Die Weiber von Weinsberg 61

G. A. B.: Gedichte. Ausw. und Nachw. von Jost Hermand. Stuttgart: Reclam, 1961 [u. ö.]. (Universal-Bibliothek. 227.) S. 33–36.

GEORG BRITTING (1891–1964)

Der Sekt der Geizigen 189

G. B.: Anfang und Ende. Erzähltes und Dramatisches aus dem Nachlaß. München: Nymphenburger, 1967. S. 48–51.

Der Geheimrat Zet 287

Ebd., S. 16–18.
Mit Genehmigung von Ingeborg Schuldt-Britting, Höhenmoos.

HERMANN BURGER (1942–1989)

Ferrari humanum est 274

H. B.: Der Puck. Erzählungen. Nachw. von Adolf Muschg. Stuttgart: Reclam, 1989. (Universal-Bibliothek. 8580.) S. 72–75. – © Hermann Burger Erben, Brugg.

WILHELM BUSCH (1832–1908)

Früher, da ich unerfahren 126

W. B.: Gedichte. Hrsg. von Friedrich Bohne. Zürich: Diogenes Verlag, 1974. S. 87.

Pfannekuchen und Salat 170

Ebd., S. 164–166.

Der Einsame 164

W. B.: Die Kirmes. Bildergeschichten und Gedichte. Nachw. von Carl W. Neumann. Stuttgart: Reclam, 1981. (Universal-Bibliothek. 7330.) S. 41.

HANS CAROSSA (1878–1956)

Der Garten 22

H. C.: Sämtliche Werke in 2 Bänden. Bd. 2. Frankfurt a. M.: Insel-Verlag, 1962. S. 26–30. [Aus »Eine Kindheit«.] – © 1978 Insel-Verlag, Frankfurt am Main.
Auch in: H. C.: Aus den Lebensbüchern. Eine Auswahl. Nachw. von Albrecht Goes. Stuttgart: Reclam, 1953 [u. ö.]. (Universal-Bibliothek. 7782.) S. 14–19.

ADELBERT VON CHAMISSO (1781–1838)

Tragische Geschichte 145

A. v. Ch.: Gedichte und Versgeschichten. Ausw. und Nachw. von Peter von Matt. Stuttgart: Reclam, 1971 [u. ö.]. (Universal-Bibliothek. 313.) S. 5.

MARCUS TULLIUS CICERO (106–43 v. Chr.)

Lob der Mäßigkeit 193

M. T. C.: Gespräche in Tusculum. Übers., Komm. und Nachw. von Olof Gigon. Stuttgart: Reclam, 1985. (Universal-Bibliothek. 5027[5].) S. 204 f. [Titel vom Herausgeber.] – © Artemis & Winkler Verlag, Düsseldorf.

MATTHIAS CLAUDIUS (1740–1815)

Urians Reise um die Welt 81

M. C.: Aus dem Wandsbecker Boten. Ausw. und Nachw. von Konrad Nussbächer. Stuttgart: Reclam, 1949 [u. ö.]. (Universal-Bibliothek. 7550.) S. 41–44.

Erzählung vom Wirt zum Grünen Roß 196

M. C.: Sämtliche Werke. Textred. Jost Perfahl. Nachw. und Zeitt. von Wolfgang Pfeiffer-Belli. Anm. und Bibliogr. von Hansjörg Platschek. München: Winkler, 1968. S. 782–784.

ALPHONSE DAUDET (1840–1897)

Die Mauleselin des Papstes 241

A. D.: Briefe aus meiner Mühle. Übers. und Nachw. von Ilse Perker. Stuttgart: Reclam, 1971 [u. ö.]. (Universal-Bibliothek. 3227.) S. 38–49.

ANNETTE VON DROSTE-HÜLSHOFF (1797–1848)

Trinklied 199

A. v. D.-H.: Sämtliche Werke in 2 Bänden. Hrsg. von Günter Weydt und Winfried Woesler. Bd. 2. München: Winkler, 1979. S. 117 f.

MARIE VON EBNER-ESCHENBACH (1830–1916)

Aphorismen 71

M. v. E.-E.: Aphorismen. Nachw. von Ingrid Cella. Stuttgart: Reclam, 1988. (Universal-Bibliothek. 8455.) (1) S. 15. (2) S. 5. (3) S. 22. (4) S. 27. (5) S. 31. (6) S. 55. (7) S. 50.

ERASMUS VON ROTTERDAM (1469–1536)

Vom Glück der Toren 126

E. v. R.: Das Lob der Torheit. Encomium moriae. Übers. und hrsg. von Anton J. Gail. Stuttgart: Reclam, 1949 [u. ö.]. (Universal-Bibliothek. 1907.) S. 57–59. [Titel vom Herausgeber.]

THEODOR FONTANE (1819–1898)

O trübe diese Tage nicht 29

Th. F.: Werke, Schriften und Briefe. Hrsg. von Walter Keitel und Helmuth Nürnberger. Bd. 6. München/Wien: Hanser, ^{2}1978. S. 310 f.

Herr von Ribbeck auf Ribbeck im Havelland 35

Ebd. S. 255 f.

Seifenblasen 46

Ebd. S. 388.

Trost 77

Ebd. S. 314.

Aber wir lassen es andere machen 211

Ebd. S. 353.

Überlaß es der Zeit 287

Ebd. S. 390 f.

Ja, das möcht ich noch erleben 304

Ebd. S. 349 f.

Nach der Sommerfrische 106

Th. F.: Werke, Schriften und Briefe [...]. Bd. 7. München/Wien: Hanser, ^{2}1984. S. 17–26.

GÜNTER BRUNO FUCHS (1928–1977)

Kinderbuch, reich illustriert 57

G. B. F.: Gesammelte Fibelgeschichten und letzte Gedichte. Erinnerung an Naumburg. Ausgew. von Michael Krüger. München/Wien: Hanser, 1978. S. 66. – © 1978 Carl Hanser Verlag, München – Wien.

JOHANN WOLFGANG GOETHE (1749–1832)

Im Frühling 19

J. W. G.: Die Leiden des jungen Werthers. Nachw. von Ernst Beutler. Stuttgart: Reclam, 1948. Durchges. Ausg. 1986. (Universal-Bibliothek. 67.) S. 7 f. [Titel vom Herausgeber.]

Blumengruß 27

J. W. G.: Gedenkausgabe der Werke, Briefe und Gespräche. Hrsg. von Ernst Beutler [u. a.]. Bd. 1: Sämtliche Gedichte. Tl. 1: Die Gedichte der Ausgabe letzter Hand. Zürich: Artemis Verlag, ^{2}1961. S. 58.

Wirkung in die Ferne 69

Ebd. S. 140.

Weite Welt und breites Leben 105

Ebd. S. 507.

Der Narr epilogiert 123

Ebd. S. 565.

Die Jahre 285

Ebd. S. 460.

Weinlese 28

J. W. G.: Gedenkausgabe [...]. Bd. 10: Dichtung und Wahrheit. Zürich/ München: Artemis, ^{3}1977. S. 173 f. [Titel vom Herausgeber.]

Willst du dir ein hübsch Leben zimmern 165

J. W. G.: Gedenkausgabe [...]. Bd. 2: Sämtliche Gedichte. Tl. 2: Gedichte aus dem Nachlaß. Zürich/Stuttgart: Artemis Verlag, ^{2}1962. S. 390.

Maximen und Reflexionen 222

J. W. G.: Gedenkausgabe [...]. Bd. 9: Die Wahlverwandtschaften. Novellen. Maximen und Reflexionen. Zürich/München: Artemis Verlag, ^{3}1977. (1) S. 557. (2) S. 509.

Meine Hauptlehre aber 222

Goethe-Brevier. Hrsg. von Johannes John. Stuttgart: Reclam, 1989. (Lesebuch.) S. 311. [Gespräch mit Eckermann, 20. Oktober 1830.]

Die Jahre nahmen dir 305

J. W. G.: Gedenkausgabe [...]. Bd. 3: Epen. West-östlicher Divan. Theatergedichte. Zürich/Stuttgart: Artemis Verlag, ^{3}1966. S. 321.

OSKAR MARIA GRAF (1894–1967)

Der ungewöhnliche Zeuge 232

O. M. G.: Das bayrische Dekameron. Nachw. von Martin Sperr. München: Süddeutscher Verlag, 1977. S. 207–212. – © Ullstein Heyne List GmbH & Co. KG, München.

HANS JACOB CHRISTOFFEL VON GRIMMELSHAUSEN (um 1622–1676)

KOmm Trost der Nacht 255

Gedichte des Barock. Hrsg. von Ulrich Maché und Volker Meid. Stuttgart: Reclam, 1980 [u. ö.]. (Universal-Bibliothek. 9975.) S. 252f.

EDWARD EVERETT HALE (1822–1909)

Tante Karolinens Geschenk 259

Novelletten und Skizzen amerikanischer Meister der Short Story. Ausgew. und übers. von M. Jacobi. Stuttgart: Lutz, 1887. S. 293–307. [Orthographie und Interpunktion wurden behutsam modernisiert.]

JOHANN PETER HEBEL (1760–1826)

Das Mittagessen im Hof 183

J. P. H.: Schatzkästlein des rheinischen Hausfreundes. Krit. Gesamtausg. mit den Kalender-Holzschnitten. Hrsg. von Winfried Theiss. Stuttgart: Reclam, 1981 [u. ö.]. (Universal-Bibliothek. 142.) S. 64f.

HEINRICH VON MEISSEN (um 1250–1318)

Wie tötet man die Sorgen? 68

Frauenlob [d. i. Heinrich von Meißen]: Ausgewählte Gedichte mit versgetreuen Übertragungen und einem Nachw. von Bert Nagel. Heidelberg: Kerle, 1951. S. 13. – © Bert Nagel, Heidelberg.

HEINRICH HEINE (1797–1856)

Sie saßen und tranken am Teetisch 182

H. H.: Sämtliche Schriften. Hrsg. von Klaus Briegleb. Bd. 1: München: Hanser, ²1975. S. 95 f.

O. HENRY (d. i. William Sydney Porter, 1862–1910)

Frühling à la carte 172

O. H.: The Furnished Room / Das möblierte Zimmer. 4 Short Stories. Engl./Dt. Übers. und hrsg. von Siegfried Schmitz. Stuttgart: Reclam, 1978. (Universal-Bibliothek. 9886.) S. 5–19.

GEORG HERMANN (d. i. G. H. Borchardt, 1871–1943)

Der Guckkasten 37

G. H.: Die Riese nach Massow. Erzählungen und Skizzen. Berlin: Eulenspiegel – Das Neue Berlin Verlagsgesellschaft mbH, 1973, S. 151–154.

Die Pfirsiche 228

Ebd. S. 205 f.
© 1973 Eulenspiegel – Das Neue Berlin Verlagsgesellschaft mbH, Berlin.

WOLFGANG HILDESHEIMER (1916–1991)

Eine größere Anschaffung 270

W. H.: Lieblose Legenden. Frankfurt a. M.: Suhrkamp, 1962. (Bibliothek Suhrkamp. 84.) S. 88–90. – © 1962 Suhrkamp Verlag, Frankfurt am Main.

FRIEDRICH HÖLDERLIN (1770–1843)

Ehmals und jetzt 297

F. H.: Sämtliche Werke und Briefe. Hrsg. von Günter Mieth. Bd. 1. München: Hanser, ^{2}1981. S. 221.

HUGO VON HOFMANNSTHAL (1874–1929)

Mein Garten 20

H. v. H.: Gesammelte Werke in 10 Einzelbänden. Hrsg. von Bernd Schoeller in Beratung mit Rudolf Hirsch. [Bd.:] Gedichte. Dramen 1. 1891–1898. Frankfurt a. M.: S. Fischer, 1956, 1957, 1958. S. 122.

ERICH KÄSTNER (1899–1974)

Bürger, schont eure Anlagen 203

E. K.: Lärm im Spiegel. Zürich: Atrium-Verlag, 1985. S. 50 f. – © Atrium Verlag, Zürich, und Thomas Kästner.

GOTTFRIED KELLER (1819–1890)

Fabel 230

G. K.: Erzählungen. Nachw. und Anm. von Helmuth Nürnberger. München: Winkler, 1960. S. 1084 f.

FRANÇOIS DE LA ROCHEFOUCAULD (1613–1680)

Maximen und Reflexionen 151

F. d. L.: Maximen und Reflexionen. Übertr. und Nachw. von Konrad Nussbächer. Stuttgart: Reclam, 1948 [u. ö.]. (Universal-Bibliothek. 687.) (1) S. 55. (2) S. 55. (3) S. 54. (4) S. 3. (5) S. 10 f. (6) S. 17. (7) S. 33. (8) S. 16. (9) S. 22. (10) S. 22. (11) S. 61. (12) S. 61.

ALEXANDER LERNET-HOLENIA (1897–1976)

Koffertragödie 102

A. L.-H.: Das Bad an der belgischen Küste. Wien/Hamburg: Zsolnay, 1963. S. 33–35. – © 1963 Paul Zsolnay Verlag GmbH, Wien.

GOTTHOLD EPHRAIM LESSING (1729–1781)

Der Geizige 146

G. E. L.: Fabeln. Abhandlung über die Fabel. Hrsg. von Heinz Rölleke. Stuttgart: Reclam, 1967 [u. ö.]. (Universal-Bibliothek. 27.) S. 35.

GEORG CHRISTOPH LICHTENBERG (1742–1799)

Aphorismen 134

G. Ch. L.: Aphorismen. Ausw. und Einl. von Friedrich Sengle. Stuttgart: Reclam, 1953. Durchges. Ausg. 1984. (Universal-Bibliothek. 7812.) (1) S. 128. (2) S. 132f. (3) S. 103.

Aphorismen 207

Ebd. (1) S. 140. (2) S. 140. (3) S. 141.

DETLEV VON LILIENCRON (1844–1909)

Blümekens 31

D. v. L.: Gedichte. Hrsg. von Günter Heintz. Stuttgart: Reclam, 1981. Durchges. Ausg. 1987. (Universal-Bibliothek. 7694.) S. 5.

FRIEDRICH VON LOGAU (1604–1655)

Die Welt / ein Garten 30

F. v. L.: Sinngedichte. Hrsg. von Ernst-Peter Wieckenberg. Stuttgart: Reclam, 1984. (Universal-Bibliothek. 706.) S. 107.

MARTIN LUTHER (1483–1546)

Unterschied der Gaben 124

M. L.: Tischreden. Hrsg. von Kurt Aland. Stuttgart: Reclam, 1981. (Universal-Bibliothek. 1222.) S. 242.

Niemand ist mit seinem Los zufrieden 125

Ebd. S. 262.

GUY DE MAUPASSANT (1850–1893)

Der Schmuck 152

G. d. M.: Der Schmuck und andere Novellen. Übers. und Nachw. von Ernst Sander. Stuttgart: Reclam, 1979. (Universal-Bibliothek. 6795.) S. 3–13.

EDUARD MÖRIKE (1804–1875)

Restauration 200

E. M.: Gedichte. Ausw. und Nachw. von Bernhard Zeller. Stuttgart: Reclam, 1977 [u. ö.]. (Universal-Bibliothek. 7661.) S. 139.

MARTIN MONTANUS (geb. um 1537)

Ein koͤchin versaltzet alle suppen 169

Deutsche Anekdoten. Hrsg. von Jürgen Hein. Stuttgart: Reclam, 1976. (Universal-Bibliothek. 9825.) S. 10.

CHRISTIAN MORGENSTERN (1871–1914)

Der Aromat 184

Ch. M.: Alle Galgenlieder. Galgenlieder. Palmström. Palma Kunkel. Der Gingganz. Nachw. von Jürgen Walter. Stuttgart: Reclam, 1989. (Universal-Bibliothek. 10354.) S. 118.

Die drei Spatzen 237

Ch. M.: Sämtliche Dichtungen in 3 Abteilungen. (Neuherausg. und Nachw. von H[einrich] O. Proskauer.) Abt. 2. Bd. 16: Kindergedichte: Klein Irmchen. Klaus Burrmann, der Tierweltphotograph. Basel: Zbinden, 1978. S. 56.

ROBERT MUSIL (1880–1942)

Der Mensch ohne Charakter 136

R. M.: Gesammelte Werke. Hrsg. von Adolf Frisé. Bd. 7: Kleine Prosa, Aphorismen, Autobiographisches. Reinbek bei Hamburg: Rowohlt, 1978. S. 533–538. – © 1978 Rowohlt Verlag GmbH, Reinbek bei Hamburg.

AUS DEM NOVELLINO (13. Jh.)

Von zwei Edelleuten, die sich in herzlicher Freundschaft zugetan waren 135

Il Novellino. Das Buch der hundert alten Novellen. Übers. und hrsg. von Jánosz Riesz. Stuttgart: Reclam, 1988. (Universal-Bibliothek. 8511.) S. 89.

P. OVIDIUS NASO (43 v. Chr. – 18 n. Chr.)

Philemon und Baucis 208

P. O. N.: Verwandlungen. Auswahl. Bearb. und Nachw. von Wilhelm Plankl unter Mitw. von Karl Vretska. Stuttgart: Reclam, 1989. (Universal-Bibliothek. 7711.) S. 54–57.

ALFRED POLGAR (1873–1955)

Später Geburtstag 277

A. P.: Kleine Schriften. Bd. 3. Irrlicht. Hrsg. von Marcel Reich-Ranicki in Zus.arb. mit Ulrich Weinzierl. Reinbek bei Hamburg: Rowohlt 1984. S. 173–176. – © 1984 Rowohlt Verlag GmbH, Reinbek bei Hamburg.

FERDINAND RAIMUND (1790–1836)

Das Hobellied 290

F. R.: Der Verschwender. Original-Zaubermärchen in 3 Aufzügen. Nachw. von Wilhelm Zentner. Stuttgart: Reclam, 1952 [u. ö.]. (Universal-Bibliothek. 49.) S. 76 f.

JOACHIM RINGELNATZ (d. i. Hans Bötticher, 1883–1934)

Kindergebetchen. 57

J. R.: und auf einmal steht es neben dir. Gesammelte Gedichte. Zürich: Diogenes, 1994. S. 303.

Überall 119

Ebd. S. 180 f.
© 1997 Diogenes Verlag AG, Zürich.

EUGEN ROTH (1895–1976)

Der Urlaub 118

E. R.: Sämtliche Werke. Bd. 1: Heitere Verse. München/Wien: Hanser, 1977. S. 95.

Diät 194

Ebd. S. 372.

Ordnung 206

Ebd. S. 97.
© Dr. Eugen Roth Erben, München.
»Der Urlaub« und »Ordnung« auch in: E. R.: Menschliches in Scherz und Ernst. Eine Auswahl. Stuttgart: Reclam, 1966 [u. ö.]. (Universal-Bibliothek. 7486.) S. 8 f. und S. 10 f.

JOSEPH ROTH (1894–1939)

Eine Laune der Natur 98

J. R.: Werke 3: Das journalistische Werk. 1929–1939. Hrsg. von Klaus Westermann. Köln: Kiepenheuer & Witsch, 1991. S. 89–91. – © 1991 Verlag Kiepenheuer & Witsch, Köln, und Verlag Allert de Lange, Amsterdam.

FRIEDRICH RÜCKERT (1788–1866)

Parabel 225

F. R.: Gedichte. Hrsg. von Walter Schmitz. Stuttgart: Reclam, 1988. (Universal-Bibliothek. 3672.) S. 130–132.

FRIEDRICH SCHILLER (1759–1805)

Punschlied 188

F. Sch.: Gedichte. Eine Auswahl. Hrsg. von Gerhard Fricke. Stuttgart: Reclam, 1952. Neuausg. 1980 [u. ö.]. (Universal-Bibliothek. 7714.) S. 47.

ARTHUR SCHOPENHAUER (1788–1860)

Heiterkeit und Lebensmut 285

A. Sch.: Aphorismen zur Lebensweisheit. Hrsg. und Vorw. von Arthur Hübscher. Stuttgart: Reclam, 1949 [u. ö.]. (Universal-Bibliothek. 5002.) S. 238f. [Titel vom Herausgeber. Die Orthographie wurde behutsam modernisiert.]

LUCIUS ANNAEUS SENECA (um 4 v. Chr. – 65 n. Chr.)

Vom Übel rastloser Untätigkeit 212

L. A. S.: Vom glückseligen Leben und andere Schriften. Übers. nach Ludwig Rumpel. Hrsg. von Peter Jaerisch. Stuttgart: Reclam, 1953. Neuausg. 1984 [u. ö.]. (Universal-Bibliothek. 7790.) S. 54f. [Titel vom Herausgeber.]

HEINRICH SPOERL (1887–1955)

Freischaffend 204

H. Sp.: Ich vergaß zu sagen. Heiteres aus der Schublade. München: Piper 1956. S. 60–64. – © Gustav Kiepenheuer Bühnenvertriebs-GmbH, Berlin.

THEODOR STORM (1817–1888)

Sommermittag 21

Th. S.: Gedichte. Auswahl. Hrsg. von Gunter Grimm. Stuttgart: Reclam, 1978 [u. ö.]. (Universal-Bibliothek. 6080.) S. 25.

August 28

Ebd. S. 24.

Von Katzen 239

Ebd. S. 56 f.

LUDWIG THOMA (1867–1921)

Der vornehme Knabe 46

L. Th.: Gesammelte Werke in 6 Bänden. Bd. 4: Erzählungen und Satiren. Textred.: Albrecht Knaus. München: Piper, 1961. S. 55–63.

Auf der Elektrischen 146

Ebd. S. 149–151.
»Auf der Elektrischen« auch in: L. Th.: Der Heiratsvermittler. Erzählungen. Ausw. und Nachw. von Walter Schmähling. Stuttgart: Reclam, 1977 [u. ö.]. (Universal-Bibliothek. 8244.) S. 46–49.

ANTON TSCHECHOW (1860–1904)

Der Orden 129

A. T.: Der Sack hat ein Loch. Humoresken. Übers. und Nachw. von Johannes von Guenther. Stuttgart: Reclam, 1953 [u. ö.]. (Universal-Bibliothek. 7801.) S. 47–51.

KURT TUCHOLSKY (1890–1935)

Ein Ehepaar erzählt einen Witz 72

K. T.: Gesammelte Werke. Hrsg. von Mary Gerold-Tucholsky und Fritz J. Raddatz. Bd. 3. Reinbek bei Hamburg: Rowohlt, 1960. S. 952–954.

Der Floh 240

K. T.: Ebd. S. 987. – © 1960 Rowohlt Verlag GmbH, Reinbek bei Hamburg.
»Der Floh« auch in: K. T.: Gruß nach vorn. Gedichte und Prosa. Ausw. von Richard Müller-Schmitt. Nachw. von Wolfgang Werth. Stuttgart: Reclam, 1989. (Universal-Bibliothek. 8626.) S. 146.

MARK TWAIN (d. i. Samuel Langhorne Clemens, 1835–1910)

Eine Rigibesteigung 85

M. T.: Der berühmte Springfrosch der Provinz Calaveras. 7 Humoresken. Nachw. von Helmut M. Braem. Stuttgart: Reclam, 1986. (Universal-Bibliothek. 8675.) S. 52–63.

KARL VALENTIN (d. i. Valentin Ludwig Fey, 1882–1948)

Semmelknödel 185

Karl Valentin's Gesammelte Werke. München: Piper, 1961. S. 95 f. – © 1985 Piper Verlag GmbH, München.

ROBERT WALSER (1878–1956)

Der Blumenstrauß 15

R. W.: Das Gesamtwerk. Hrsg. von Jochen Greven. Bd. 8: Verstreute Prosa 1 (1907–1919). Hrsg. von Jochen Greven. Frankfurt a. M. / Zürich: Suhrkamp, 1978. S. 137–140. © 1978 Suhrkamp Verlag, Frankfurt am Main / Zürich. Abdruck mit Genehmigung der Inhaberin der Rechte, der Carl-Seelig-Stiftung, Zürich.
Auch in: R. W.: Kleine Wanderung. Geschichten. Nachw. von Herbert Heckmann. Stuttgart: Reclam, 1963 [u. ö.]. (Universal-Bibliothek. 8851.) S. 46–49.

JAKOB WASSERMANN (1873–1934)

Die Kaunzin 291

J. W.: Tagebuch aus dem Winkel. Nachw. von Dierk Rodewald. München: Langen Müller, 1987. S. 9–18. – © 1987 Langen Müller in der F. A. Herbig Verlagsbuchhandlung GmbH, München.

FRANK WEDEKIND (1864–1918)

Bajazzo 281

F. W.: Gedichte und Lieder. Hrsg. von Gerhard Hay. Stuttgart: Reclam, 1989. (Universal-Bibliothek. 8578.) S. 19 f.

GEORG WEERTH (1822–1856)

Der Korrespondent 214

G. W.: Humoristische Skizzen aus dem deutschen Handelsleben. Hrsg. von Jürgen-Wolfgang Goette. Stuttgart: Reclam, 1971 [u. ö.]. (Universal-Bibliothek. 7948.) S. 12–19.